江口厚仁
林田幸広
吉岡剛彦
編

EGUCHI Atsuhito, HAYASHIDA Yukihiro, YOSHIOKA Takehiko

圏外に立つ法／理論

法の領分を考える

ナカニシヤ出版

プロローグ

いまや大抵の人が持ち歩くケータイ（携帯電話）。だが、ケータイは常に通信「圏内」にあるわけではない。地形や通信エリアの関係で電波が届かない場合、自分から電源を切って通信網の外に出た場合、いずれも「圏外」となる。このケータイの「圏内／圏外」と同じく、法にも「圏内／圏外」の区別があるのではないか。本書のタイトル『圏外に立つ法／理論』は、こうした着想から生まれた。「法は社会生活にあまねく貫徹しており法の圏外などありえない」と反論される向きもあろう。だが、ここで前提とされているのは次のような、ごくごく〝素朴〟な現実だ。私たちの日常生活では、自他の言動に対し、そのつど明確に法的判断をくだす（「今の君の発言は適法だ」）とか、法専門家の判断を仰ぐ（「私の今日の行ないを裁判官にジャッジしてもらいたい」）といったことは、ほとんどありそうもない。私たちユーザー側から見れば、法への意識的・持続的・直接的なアクセス回線がオンであることは稀である。この局面において、私たちは法の「圏外」にいるといえるのではないか。逆に、一定の紛争やトラブル（典型的には、みずからの生命・財産・評判などが脅かされる事態）に出くわしたとき、私たちは法の回線にアクセスし、さまざまな法の専門知と接触しながら、問題解決を図ろうとするだろう。この局面では、私たちは、法の「圏内」に入っているといえそうである。こう考えると、私たち＝社会の側は、法の「圏内／圏外」をいちおう区別し、使い分けることができているのである。

一方、法の側もまた、法の「圏内／圏外」を使い分けている。たとえば、「司法判断は、高度に政治的な事件や宗教上の教義には及ばない」「近代法は、人の内心や感情には踏み込まない」などの基準を立てて、法自身が法の領域の外側を指示することがある。法は、法の「圏外」を法的に切り出すことができるわけだ。このように考えれば、社会の側ばかりでなく、法の側もまた、法自身の都合に応じて、法の「圏内／圏外」の区別をしているといえる。

ところで、この法の「圏外」——より正確には、法の圏内／圏外の区別——は、社会の側／法の側のおのおのから設定されるため、両者が一致する保証などなく、むしろそこには絶えずズレ＝差異が生じてくる。たとえば、かつては当然に法の「圏外」とみなされた現象や、圏内／圏外の区別とは無関係とされたテーマが、次第に法的解決を要する法の「圏内」の事柄として意識され、法に対する社会の側のニーズが高まりをみせることがある。この要請に真摯に応えようとすれば、必然的に法はその「本来の」守備範囲からの「逸脱」を余儀なくされ、場合によっては、これまで法の通常運行を支えてきた論理のラディカルな再編を迫られることにもなろう。他方、社会の側のニーズがすべて法で満たされるとは限らず、法の「圏内」に立ち入ったばかりに、かえって厄介な問題を抱え込んでしまう場合もありうる。このように、法の「圏内／圏外」の区別をめぐる問題は、幾重にも「錯綜」したものとならざるをえない。本書の狙いは、まずは個別具体的な問題領域に分け入ることで、こうした「錯綜」のさまを露呈させ、そこから「法の領分」をめぐるアクチュアルな論点を多元的／重層的に導き出すことにある。明解な「模範解答」を導くためではなく、法と社会のあるべき関係を模索していく思考の力を錬磨する手がかりを得るために、である。

こうした「法の活動圏域の変動」と、それが「法／社会の双方にもたらす影響」という問題関心に照らせば、二十世紀後半にこの問題に正面から取り組んだ「法化論」と呼ばれる法理論の系譜が恰好の導きの糸となる。本書の序章に「法化論」を扱う論考を配置し、本書全体を貫く問題意識を明確にしたのはそのためである。序章は、米独各系統の「法化論」の違いを見定め、それらが日本社会に、いかに歪曲された形で受容されてきたのかを指摘したうえで、法化論をいまなお「未完のプロジェクト」として緊張感をもって引き継ぐべきだと説く。

続く各章は、序章を「転車台」とし、法と社会の境域を実に多岐にわたって闊歩する。扱われるテーマの大枠を順不同に列挙すれば、民事紛争処理、市民の刑事司法参加、都市空間設計と街づくり、地域コミュニティ、マイノリティの人権、市民社会と市民的公共性、社会的子育て、情報化社会と監視社会、国家と学校教育といった法学分野の〝定番〟に見えるものが並ぶが、その実、死者に対する悼みの作法、紛争解決を約束できない裁判手続、法の門前に立つ一般市民＝生活者の葛藤、ショッピングモール広場の利用法、捨て子救済政策の歴史、女性の乳房、通販サイトのおすすめ商品、学校経営への地域住民参加＝動員といった、さしあたり法の「圏外」扱いになりそうな事象が、あるいは

「圏内」とされるにせよ、あまり真顔では受け取ってもらえそうもない事象ばかりが取りあげられていく。だが、いまやそうした法と社会の「汽水域」をなすテーマ群こそが、法／理論を批判的に再構築していく営為の最前線に位置するものだと、私たちはかなり真顔で考えている。

各章はいちおう独立しているため、各章の冒頭に掲げられた「提題」を手がかりに、どこから読み始めても構わない。読み進めるうちに、さながらグリュイエールチーズの孔《あな》のように、ある孔は別の孔とつながり、こちらから入ったかと思えば、思いもよらぬ方向に出口が開いていることを発見するだろう。見た目の乱調にもかかわらず、各章の視角は相互につながっており、全体が「法の領分」という主題をめぐる変奏曲となって響き合っている姿が見えてくるはずだ。それはまさに錯綜を通じたまとまり、である。読者には、ぜひとも、このグルーヴ感に共鳴していただきたい。

あわせて、本書には「現場からの声」を伝える八本のコラムを収めた。コラム執筆者のご尽力により、簡潔かつ平易な文章で、どれもたいへん読みやすく仕上がっている。それなのに、読者に訴えかけ、迫ってくる力強さがある。読み手を第三者的な傍観者としてではなく、なかば当事者の立場へと引き込んでいく迫力があると言ってもよい。法の「圏外」への感度は、こうした外部からの声に対する共感的イマジネーションにかかっていることを実感していただけるはずだ。

法と社会のインターフェイス（接触面）は不動ではない。法の「圏域」はたえず変容してきたし、これからも変容してゆく。それゆえ法の「圏内／圏外」をめぐる思考には終わりがなく、思考停止は許されない。法の「圏内」を画定しながら「圏外」に立つ想像力を手放さないこと、法／理論はこのアポリアを直視したうえで、「圏外」に向けてアンテナを立てる思考の回路に、たえず充電を企てなくてはならない。法／理論が、社会の側から電源を切られ、社会にとっての「圏外」にならないために、つまり社会から法が見限られないために、である。

さて、どうやら出発準備は整ったようだ。どの楽章から聴き始めるか、その判断は読者に委ねよう。とりあえずアンテナ三本立てて、さあ、出発だ。

編者一同

圏外に立つ法／理論
——法の領分を考える——

＊

目次

圏外に立つ法／理論

——法の領分を考える——

序　章　法化論――未完のプロジェクト

江口厚仁

❖提　題

「法化社会」の到来、ここ十数年来、わが国における「法システムと社会の変容」を指し示すキャッチフレーズの一つとして、人口に膾炙《かいしゃ》した言い回しである。しかしその含意は論者によってまちまちであり、しばしばまったく異なる主張が、この同一のフレーズに安易に包摂され、かなり野放図な使われ方をされてきた感も否めない(1)。各論者が自己の主張を正当化するワンフレーズ・ポリティクスの資源として、勝手に／便利に使い回されてきたと言ってもよいほどに、である。もちろん政策スローガンとは、社会的アピール力をもつ言語表現に、どのような内容を盛り込むかをめぐる「意味の争奪戦」の舞台なので、その含意の曖昧《あいまい》さ（玉虫色の多義性）そのものを直截《ちょくさい》に批判したところであまり意味はない。だが、今般の「司法制度改革」がさしあたり一巡した現時点においてこそ、この改革を牽引《けんいん》した「日本型法化社会への対応」というフレーズに潜む錯綜《さくそう》した含意を、その背景的／政策的スタンスの差異に照らして整理しなおす作業に正面から取り組んでおく必要がある。

加えて、各論者のスタンスの違いにもかかわらず、法化社会の到来をおしなべて肯定的に評価する雰囲気が醸成されたこと、それ自体への問い直しも必要である。わが国の文脈においては、法化社会論が本来もっていたはずの意味、すなわち社会変化に応じて「法の領分」の線引きもまた流動化することの「光と陰」を見据え、社会と法の両面から今後の動向を探るという問題関心は、二重の意味で「裏切られた」(換骨奪胎された／簒奪《さんだつ》された)のではないか、と考えるからである。だとすれば、裏切られた「未完の可能性」とは何かを、現在の状況との対比においてあらためて提示すること、これもまた本章の／本書全体の基本的なモチーフとなる。

1　法化論の源流と現在

まずは、社会が「法化」するとはどういう意味なのか、この根本的問いについて「法化論の源流」に遡って確認しておきたい。

一九七〇年代から八〇年代初頭にかけて、現代社会の「法化」を論じる／問題視する議論潮流が、アメリカとドイツでほぼ同時期に起動した。日本ではやや遅れて、八〇年代後半になって、こうした海外の議論動向への注目が生じた。このタイムラグと日本社会特有の法的／政治的環境が、法化社会をめぐる内外の議論に、一定のバイアス／齟齬《そご》を生じさせることになる。

† アメリカにおける法化論の源流

まず、アメリカの議論に目を向けると、「法化」とは主に「争訟化」（juridification）を意味する言葉として論じられた。すなわち、もともと訴訟制度や法曹人口において先進的な裁判アクセスの水準を実現していたアメリカ社会は、この時期、家族や近隣関係・コミュニティ空間での日常生活／人間関係トラブルの争訟化をはじめ、消費者保護・PL（製造物責任）・独占禁止法・知的財産法・企業買収などをめぐる新たな訴訟類型の勃興《ぼっこう》、政策形成型の集団訴訟・懲罰的損害賠償訴訟の拡大、フェミニズム・社会的マイノリティ等の権利要求の進展といった社会的圧力を受けるかたちで、実際に訴訟の数的増加（「訴訟の爆発」）に直面し、そのことの「弊害」もまた無視できないレベルにまで達しつつあったのである。たとえば、それは法廷で争うべき問題なのかと首を傾げざるを得ないような訴訟が頻発したり、弁護士人口の大きさと法サービス市場における自由競争が、いわゆる法曹倫理に照らして正当性を疑わしめるような訴訟の震源地になったりすることへの違和感として、である。あるいは、陪審裁判における判決予測の立ちにくさが、両当事者に勝訴への過大な期待を抱かせ、それが紛争の先鋭化や長期化をもたらしたり、争訟化の背後で膨らむ社会的コストがその便益と引き合わなくなるおそれが高まったり、これまで紛争予防とその自治的解決に寄与してきたはずのコミュニティや中間団体に備わる自治的紛争マネジメントのポテンシャル、すなわち、いきなり公権力に依存することなく当事者たちの自主交渉をつうじて自前で紛争解決を図ろうとする気構え・人材・交渉能力が減退していくことなど（これらはみな社会の争訟化と「鶏と卵の関係」にあるわけだが）、社会全体の争訟化に伴う「負の側面」が、次第にクローズアップされてきたのである。

もちろんアメリカ社会において、あらゆる紛争が争訟化していくことは、少なくとも理念的には必ずしもネガティヴな意味ばかりをもつわけではない。こうした文脈でしばしば引き合いに出される多民族社会アメリカの「神話」、すなわち人種や文化や価値観を異にする多民族国家アメリカにあっては、市民社会の紐帯《ちゅうたい》を確保するミニマムの共通基盤は公正な法の支配（法＝権利と裁判所に依拠したフェアな紛争処理）以外にはない、という命題のもつ物語的リアリティもあるだろう。また、自律的市民によるリベラルで民主的な社会編成の容器としての法、というイメージも少なからずあるだろう。いわば「争訟化社会に対する自負と嫌悪のアンビバレント」のただ中で、規範密度の向上／超訴訟社会の功罪を問題視する視角、それがアメリカ法化論の原像であった。

それとほぼ時期を同じくして、いわゆる「双子の赤字」への対応策として、アメリカは新自由主義的政策へと急速に舵《かじ》を切る。訴訟の社会的コストの削減と訴訟の効率化、規制緩和と法サービス市場の自由化／国際化、訴訟とＡＤＲ（裁判外紛争処理）の棲み分け共存的な活性化などがアクチュアルな課題として浮上する一方、法秩序へのコミットメントを媒介にして、みずからを自立的な統治主体（自己決定／自己責任、コミュニティ参加型民主主義の主体）としてアイデンティファイする、あるべき「アメリカ公民」の物語が強化されていく。その延長線上に、いわばアメリカ基準の輸出とも言うべき「人権外交」や「グローバル・スタンダード」論が華々しく登場するわけだ。そうした過程をつうじて、「争訟化社会に対する自負と嫌悪のアンビバレント」という当初のニュアンスは次第に薄らいでいき、争訟化のはらむ問題は司法システムのいっそうの効率化と社会の市場化をつうじて克服すべき／しうる問題へと再編成されていく。

†ドイツにおける法化論の源流

他方、もう一つの法化論の源流たるドイツの場合はどうか。ドイツにおける法化論はアメリカとは異なり、法の「政策化」（Ver-recht-lichung）というニュアンスを色濃く纏《まと》うものであった。法の政策化とは、かねてより「行政国家化」というタイトルの下に論じられてきた問題領域と符合する部分が多い。すなわち、福祉国家的政策の拡大は行政による社会介入立法の数を増大させ（「規制立法の爆発」）、それは結果的に行政権の肥大化（官僚制化）を招来し、法制度の中核たる立法府や司法府の権限が簒奪されていく、という診断である。またそれと並行して、社会保障・福祉・治安政策に対する社会的ニーズの高まりは、いわゆる「管理国家化」を後押しし、人びとの社会生活の細部にわたって国家（行政的マネジメント）の介入を呼び込むことになる。それはひいては、市民社会の自由と自治のポテンシャルを掘り崩し、市民たちの全般的クライアント化（行政の顧客化）という事態を招く結果になるだろう、と。いわば自由の拡大／自由の切り詰めの同時進行という「福祉国家のアンビバレント」を問題視する立場から（それも新自由主義的な福祉国家解体論としてではなく、福祉国家を擁護する立場からの福祉国家再建論として）展開されたのが、ドイツ法化論の基本的スタンスであった。

そこでは、現代福祉国家体制下における法の機能変容（法の一般的／形式的ルール性の弛緩と便宜主義的法運用の増大、法の行政管理テクノロジー化、目的‐手段的合理性＝道具的合理性の支配、法の結果志向的運用の拡大など）が問題点として指摘され、それらが目前の問題解決や社会のニーズに応える形で野放図《のほうず》に進行すれば、ゆくゆくは法の支配の原理や人びとの自由を脅かす大きな危険につながりかねない、というのである。たとえばJ・ハバーマスの「メディア法」（機能システムの円滑な運行を担保すべく道具主義的合理性に準拠する法）と「制度法」（人権規程のように生活世界の自治と自律性を防御する防波堤の役割を果たす法）の区別による後者の擁護論をはじめ、G・トイプナーの「システムの自己制御の制御（間接的制御）」に照準する「自省的法」の構想、多様なシステムのつながりを媒介する「ネットワーク法」の拡充を説くK・H・ラドゥアーの提言、あるいは新造語「法政治学」（Rechts-politologie）の旗印の下、法の社会制御能力（政策的ツールとしての有効性）の射程と限界を確定しようとしたR・フォイクトらの試みは、いずれもこうした問題関心の下に、法システムの自律性と福祉国家的介入の調整（それに寄与する新たな法の機能形式の模索）を企図するものであった。

その後、福祉国家見直し論は欧州各国においても活況を呈すが、その基調はアメリカと同様、財政再建・次世代産業の振興という観点から規制緩和／自由化路線に向かい、福祉国家の行政国家化・規制立法の爆発という問題関心は次第に後景に退いていく。あるいは国際的な自由市場化と脱福祉国家

（小さな政府）政策によって、その問題は早晩克服されるはずの時代遅れなテーマとみなされるようになった。福祉国家を擁護する立場からする見直し論は、福祉国家の不効率と資本のグローバル化に対する桎梏《しっこく》としてこれを全面的に批判する圧力を前に、充分な抵抗力を示すことができないまま、むしろそのアイディアの一部を換骨奪胎されるかたちで掠《かす》め取られていったのである。

† 日本における法化論の展開

それでは日本の場合はどうだろうか。この間の司法制度改革をめぐる議論を概観してみると、そこでは法化社会というキャッチ・フレーズの中に「近代化論」的視点と「ポスト福祉国家論」的視点とが、充分に整理されることのないまま併存しているさまを見て取ることができる。

近代化論的視点からは、いまだ西欧諸国と比較して市民社会の成熟度が充分とは言えない日本社会が、ますますグローバル化する社会経済情勢に適応していくうえで、「日本社会の法化」が決め手になる、という処方箋《しょほうせん》が導き出される。もはやわれわれは、社会関係の調整や紛争処理を「伝統共同体（ムラ社会）的な非公式秩序」に依拠して処理することはできない。それはグローバル・スタンダードとなった透明でフェアな法的枠組みによる紛争解決への足枷《あしかせ》となるばかりか、すでに都市化・個人化の進んだ現代日本社会にあっては、そうした非公式秩序それ自体が当てにならないものとなっているからである。紛争処理の伝統的受け皿を失った日本社会は、いまや法化社会へと脱皮することにより、ようやく「紛争が生じたら法を使って解決していこうと人びとが考える社会」、あるいは「共同体をまとめるものとしての法制度」を必要とする社会になった、と位置づけられるのである。

ポスト福祉国家的視点では、行政丸抱えの不透明な事前規制・談合的体質を色濃く帯びた利害調整・官僚依存型の社会を徹底的に見直し、「最大限規制緩和をなし、必要最小限の規制以外は自由として、トラブルが起これば憲法と法律により解決する社会」、あるいは「「社会生活上の医師」たる法曹による法的サービスがあまねく行き渡り、「社会の法化」が促進され、「法の支配」が貫かれる」よ
うな、透明でフェアなルールと公正な裁判に準拠した事後調整型の社会が志向されることになる。こうしたポスト福祉国家（脱行政国家）路線を説く議論の多くは、規制緩和、脱官僚主義、法曹・裁判を軸とする事後的紛争調整といった理念を掲げることで、「法の政策化」（事前調整型の官僚国家）批判を経由しつつ、最後は「法の支配」と「裁判による事後調整」を原理とする法化社会の実現という枠組みへと収斂《しゅうれん》していく。それはいわば「近代法システムの理念的先祖返り」を企図するものであった。このスタンスは、奇しくもネオ・リベラルの掲げる「自由市場秩序の理念的先祖返り」と高い親和性をもったがゆえに、そもそもは出自を異にする福祉国家見直し論の多くが、いつしかネオ・リベラル的構造改革路線に吸収・統合されていくことになったのである（もちろん、そのすべてが「宗旨替え」をしたわけではなく、近代法システムの理念が内蔵する民主的ポテンシャルに期待し、いわばネオ・リベラル的潮流の逆手を取ることで、日本社会の法化＝民主化を実現しようとする戦略的意図が込められていたことは指摘しておくべきだろうが）。

こうした流れの中で、日本社会の「法化」（というイメージ）を、総じてポジティヴな意味合いで

語る傾向が生み出されていった。たとえば、企業／学校／病院／家族などの社会的中間団体の法化（コンプライアンス）、行政・企業の透明性と説明責任の法化（アカウンタビリティ）、市民に開かれた司法（司法制度改革）と日常生活で生起する多様な紛争の法化（争訟化）といった文脈において、である。法が社会関係調整・紛争処理の中軸的役割を担うようになり、市民たちもまた、いわば「下駄履き感覚」で法に準拠した日常生活を営むようになる、これは日本社会の公正・透明で、民主的で、効率的な運営にとって決定的に「善き」ことである、と。

† 日本の法化論がもつ歪み

以上を見る限り、この間わが国で展開されてきた法化社会論は、アメリカ型法化社会の影響を色濃く受けていることが分かる。だが、当初そこに込められていた「争訟化社会に対する自負と嫌悪のアンビバレント」というニュアンスが、本邦の議論においては希薄化していることには注目しておかねばならない。また、ドイツ法化論との親近性は、官僚主義批判・規制緩和政策という文脈では登場するものの、この理論の背後にあった「福祉国家のアンビバレント」（自由の拡大と剥奪《はくだつ》の両義性）と正面から対峙する感覚は、やはり希釈化されていると言わざるをえない。もともと法化社会論の源流は、法化現象を手放しで肯定するものではなかった。むしろ法化社会の進行に「アンビバレントな感覚」を読み込むことで、「問題はそう単純明解ではない」という現実を浮き彫りにし、既存の枠組みには還元できない（先祖返りではない）「法システムの新たな機能様式」を模索することにこそ、その主眼が置かれていたのである。

こうした問題関心が、どこか歪んだ（悩みのない／クリアな／怠惰な）かたちで受容されていったことは、わが国の法化社会をめぐる議論状況に決定的なバイアス（偏り）をもたらすことになった。(2)だが、あえて強い表現を選べば、アイロニーを欠落させた法化社会論は「法化社会論の堕落」を意味する。以下の議論に先立ち、まずはこの点をしっかりと再確認しておきたい。

2　近代化論としての法化論

近代化論と法化論は、かねてより緊密な関係をもっていた。いわゆる「前近代的で遅れた社会」を「近代的で進歩的な法」をつうじて近代化／民主化するという問題関心は、とりわけ「戦後改革」の基本方針として、当時、わが国法学界あげての最重要テーマと位置づけられた。日本社会の「市民社会化」は、単に近代的な法制度・社会制度の整備にとどまらず、その担い手たる自律的権利主体・民主的統治主体として市民の育成、および市民的公共性のインフラとも言うべき公民道徳の涵養《かんよう》という、相互に関連したワンセットの複合的課題としてイメージされていた。そこでは日本社会の「法化」は（当時はこのコトバは用いられてはいなかったが）、社会関係全般の半封建的共同体秩序（ムラ社会／家父長制的秩序（イエ社会）からの解放と、権利‐義務に基づく対人関係全般の近代的再編を実現するうえで、最優先課題と捉えられていたのである。そうした改革が、いわば「上からの改革」として追求された点でも、近代化論としての法化論は、戦後の日本社会を象徴する（呪縛《じゅばく》する）思考枠組みであったと言えるだろう。

もちろん歴史的コンテクストを無視して、当時の近代化論的改革それ自体の意義を否定しているわけではない。戦後改革の基本方針の正しさは、その後の歴史によってさしあたり証明されている。ただ、そうした思考の形式が、歴史的コンテクストを越えて事あるごとに／執拗《しつよう》に反復される事実、そこには日本社会に固有のバイアスが潜伏しているのではないかと疑ってみる余地があることを指摘したいのである。

†「隣人訴訟」に対する二つの意味づけ

日本社会の近代化＝法化という観点から、ほとんど定番のように参照される有名な事例として、いわゆる「隣人訴訟」（津地判昭和五十八年二月二十五日、『判例時報』一〇八三号、一二五頁）をめぐる顛末《てんまつ》がある。日頃から近所づきあいをしていた隣人宅に子どもを預けて買い物に出かけたところ、近所の農業用溜池で子ども同士で遊んでいるうちに、その子が不幸にも溺死してしまう。子どもたちをしっかり見守っていてくれなかったことを不満に思った被害者側両親は、隣家との話し合いの場を求めていくが、相手方はなかなかそれに応じてくれない。隣人夫婦の「不誠実」に業を煮やした被害者側両親は、溜め池を管理する行政と隣人夫婦を相手に訴訟を提起し、津地方裁判所で五百万円あまりの損害賠償認容判決（相手方は被告夫婦、行政の過失は認定せず）を得る。

ところが、この判決が大きく報じられるや、原告夫婦に対して、「隣人の善意に仇を返すとは何事か」「近所づきあいに冷水を浴びせる行為」といった非難の手紙・電話が押し寄せ、そこには少なからず侮辱的・脅迫的な言葉も見られたため、こうした不穏な空気に疲弊《ひへい》した被害者側夫婦は、やむなく訴えを取り下げる決断をする。他方、被告夫婦側も控訴して争う構えだったが、彼らに向けても同様に嫌がらせの手紙や電話が殺到し、結局のところ訴えの取り下げに同意することで裁判は終結する。法務省は、こうした一連の「遺憾な事態」に対して、国民の「裁判を受ける権利」が侵害されたことを理由に、国民一人ひとりに慎重な行動を求める異例の見解を発表するに至った(3)。

この事例については、近代化論＝法化論の視点からすると、二つの異なるタイプの意味づけが可能だろう。一つめは「法務省見解」が述べるように、近代的人権の要諦である裁判を受ける権利(争訟化の権利)を侵害した「世間の反応」は、あるべき近代的な法化社会実現にとっての阻害要因であり、一刻も早く解消すべき「悪しき体質」と捉える見方である。日本社会の権利意識・人権意識はいまだ未成熟であり、慣習・習俗・伝統・義理人情といった前近代的な文化構造と未分化な「暗部」を引きずっている。ふだんは近代化した社会システムの外皮に覆われ、ストレートな形では表出してこないが、それを刺激するきっかけさえあれば、一気にエスカレートした形で噴出してくる。こうした陰湿な中傷・個人攻撃は、現代社会に残存する一種の「魔女狩り」であり、「村八分的排除」という差別的色彩を色濃く帯びるものであるため、そうした「旧弊」は近代法の理念の社会への浸透＝社会の法化によって「啓蒙」されるべき対象ということになる。

もう一つの見方は、こうした「上からの啓蒙」に対する違和感とともに、近代法システムの作動形式それ自体の問い直しに向かう。すなわち、こうした個人攻撃的クレイムがエスカレートしていく背景に、事件の当事者間のいわば「気詰まりな関係」をうまく解決していく手段として本当に民事訴訟が適切であったのか、という「世間の違和感」が関与していた可能性を考えるのである（だからといって匿名の中傷が正当化されるはずもないのはもちろんである。むしろ問題なのは、そうした違和感の表出形式として、中傷電話というオプションしか選び取れなかった「発想の貧困」こそが、わが国の市民社会の陥穽として論じられるべきだろう）。

「法務省見解」が述べるように、民事訴訟は「どのような事実関係であっても、自己の権利または利益が不当に侵害されたと考える場合には、裁判所に訴えを提起してその主張の当否についての判断及び法的救済を求める」ための最有力のツールであり、そうした意味でトラブルを争訟化する権利は、「国民の権利を保障するための有効かつ合理的な手段として近代諸国においてひとしく認められている最も重要な基本的人権のひとつ」である。しかし、そうした理念的主張の枠内では、この隣人紛争をうまく解決できなかったこともまた事実である。

原告夫婦が被告夫婦に求めたのは、おそらく金銭賠償ばかりではなかっただろう（民事訴訟という形式上、こうした形の請求しか成り立たないという限界の中での、やむを得ぬ選択という側面があったに違いない）。かといって、本当は「行政の過失」を紛争の主軸に据えたかったという一審判決時の原告夫婦のコメント（一審判決ではこれが全面否定された）も、ひょっとすると訴訟提起当初の原告夫婦の本意とは、微妙にずれた見解だった可能性がある。社会の「法化」が進行していくにつれて、まさしく「どのような事実関係であっても」それを争訟化していく可能性が開かれていく。だが現行の訴訟制度は、そうした多様な社会のニーズを引き受けるポテンシャルを、どの程度まで保障することができるだろうか。あるいは、あらゆる紛争が権利−義務の形式に加工され、最終的には金銭賠償というかたちで「救済」が図られることの意味を、われわれはどのように受け止めるべきだろうか。

†「ウルトラ近代」の暴走と法システム

思うに、現代日本社会に残存する前近代性の克服という近代化論の物語は、いまや「コインの片面」にすぎない。しばしば「日本人の法意識の前近代性」という標語の下に語られてきた、裁判沙汰を嫌う風潮、権利意識の曖昧《あいまい》さ、権利要求を公式ルートに乗せて主張するノウハウの未成熟といったイメージは、法文化概念をどこか実体化／擬人化し、あたかもそれが不変の構造であるかのように説明する文脈に持ち込まれた途端に、ある種のいかがわしさを帯びるようになる。もしもこれらの仮説に意味があるとすれば、現実社会のコミュニケーションの中で、この種の文化仮説が事ある毎に繰り返し持ち出され、その結果として、人びとの行動が一定の方向に誘導されていく（たとえば「日本社会では一般に訴訟が好まれない傾向があることをふまえて行為せよ」という発言で、人びとの選択肢の幅を文化仮説を援用しつつ枠づけていく）といった事実がある場合だろう。文化構造は自動的／必然的に人びとの行動を規定するわけではなく、文化構造に関する仮説を一種の「権力資源」として活用するコミュニケーションをつうじて再生産されると考えた方が現実的である。また同時に、人びとの多様なニーズをうまく掬《すく》い取ることができない現行社会制度の不備が、文化仮説によって隠蔽《いんぺい》されている可能性（「もともと日本社会はそういう文化なのだから下手に制度いじりをしてみても仕方がない」）についても真剣に再検討してみる必要がある。

他方で、「ウルトラ近代性」とでも呼ぶべき現実が、われわれの社会を覆っているという視点も重要であろう。自己の生活利益や安心安全などの日常的ニーズに直結した権利意識の高揚を背景に、権利要求のインフレとも呼ぶべき事態も進行している。その奇形的形態としてモンスター・ペアレンツやクレイマーが引き合いに出されることも多いが、いわゆる迷惑施設をめぐるＮＩＭＢＹ問題（「日本に原発は必要だがウチの自治体には要らない」）や、官民を問わずあらゆる組織を企業－顧客関係をモデルに評価しようとする趨勢《すうせい》、あるいは社会全体のゲイテッド・コミュニティ化（不可視のバリアによる異質者排除）などは、その多くが「権利要求」という形式の下に進行していくのである。あるいは、自己利益の貫徹と結びついた「経済的合理性万能主義」と徹底した「法道具主義」とが結合すると、形式的に違法でさえなければ一切が免責されるような風潮や、経済効率性を旗印とする合法的搾取が蔓延《まんえん》していくことになる。いわゆる派遣切りや地方都市のシャッター商店街はその典型例だが、世界金融市場を舞台とするマネーゲームとその深刻なインパクト、そして広範な自己責任論の擡《たい》頭《とう》もまた、同様の構造の上に成立していることは明らかだろう。

こうした状況下では、一方で、これまで泣き寝入りを余儀なくされてきた人びとの「正当なニーズ」の救済に向けた法制度の拡充改革が求められよう。また、自己利益最大化を志向する「当面は合法だが不公正な行為」を制御する枠組みとして、紛争の法制化／争訟化がよりいっそう求められることにもなるだろう。こうした法化要求は、もはや近代化論が想定する「社会啓蒙」の問題というよりも、むしろ「前近代の物語」によっては糊塗《こと》することができなくなった「ウルトラ近代」の暴走に対して、法システムはどこまで現実的な解決策を提示できるか、またそのための制度的枠組みとして、現行の法システムはどの程度の有用性を備え、どこに制度改革の余地を残しているか、という問題として理解されねばなるまい。

† 「反法化の壁」は撤廃されるべきか

近代化論＝法化論をめぐるもう一つの論点として、社会の中間団体による紛争の囲い込みを「反法化の壁」と捉え、その内部秩序に固有の論理に基づく非公式でアンフェアな紛争処理を批判し、これを争訟化をつうじて公式な紛争処理へと転換していこうとする理論動向にも触れておこう。社会経済構造の転換により、これまで非法的／非公式に紛争処理を担ってきた「伝統的共同体」の紐帯《ちゅうたい》が弛《し》緩《かん》し、それに代わって法的社会関係をモデルとする近代的な公民（民主主義の担い手）／市民（私的自治・自己決定主体）が社会の表舞台に登場してきた以上、他のあらゆる中間団体についても、基本的には法的／公式な紛争処理が適用されるべきである。それらが固執する「反法化の壁」は撤廃され、団体独自の内部秩序もまた「市民社会の風」に晒《さら》されなくてはならない、と。

ここで想定されている中間団体には、具体的には、家族・地域コミュニティ・学校・病院・教団、そしてもちろん企業などが含まれる。これらに対して、近時の流行語を用いて言えば、高度のコンプライアンス（法遵守《ほうじゅんしゅ》）が要請されているわけだ。中間団体は基本的にプライベイトな存在であり、従来はその内部秩序に法が積極的に介入することは、あまり望ましいこととは考えられてこなかった。しかしだからこそ、これらは非公式な抑圧の温床として、長らく法の射程外に放置されてきたのである。近年、ドメスティック・バイオレンス、児童虐待、自殺、孤独死、体罰、いじめ、医療過誤、組織暴力、宗教犯罪などが注目を集め、中間団体の内部秩序に関しても、市民社会の論理に照らしておかしなものについてはより深く法的規制をかけていく、あるいは争訟化のチャンネルを開いていくことが重要だ、という主張が支持を集めるに至っている。

こうした主張は、基本的に正当である。ただし、そこに一定の留保を付すならば、伝統的共同体に代わる紛争処理システムとは、近代法の枠組みに沿って、あらゆる社会関係を権利‐義務化し、紛争の争訟化を推進することに尽きるのか、あるいはコンプライアンスの名の下に、形式的に法を遵守していることが免罪符になってはいないか、という問いを手放さないことが重要である。さらに言えば、法的規制の方式として、法が団体内部秩序を直接規制する方式よりも、団体内部の自律性を尊重しつつ、それを間接的に制御・支援する制度的工夫を考案した方が望ましい場合も少なくない、という発想（トイプナーの「自省的法」のアイディア）も、充分考慮に値するだろう。理想的には、近代化した「市民社会の論理」に裏打ちされた社会が、人びとに法を自在に活用する多様なチャンスを提供すると同時に、すべてを法へと回収することのできない重層的な人間関係を支えていけるだけのポテンシャルを備えることが望まれる。また、各々の中間団体が自前の秩序原理を発展させ、それが市民社会の秩序に抵触しないよう、うまくバランスをとっていける（直接規制ではなく、いわばインターフェイスを拡充する方向での）制度枠組みを構築することも肝要だろう。裁判制度をそうした目的に利用可能なものにアップデイトするか、それが無理なら、裁判外に多様な（民営の調停を含む）紛争調整メカニズムを増殖させていく戦略も充分に有効である。そして、これらいずれの方針にとっても、市民社会の「黒衣」としての法が、「主役」たる市民・中間団体をサポートするという関係が、その基本コンセプトとなるはずである。

一方で、社会の近代化＝法化は、われわれの社会にとって、いまなお重要な課題であり続けているのかもしれない。しかし他方で、社会の法化＝争訟化の進展は、近代化論が想定するほど合理的でも、有効でもない可能性がある。こうした「法化社会の光と影」を同時に射程に収めつつ、とりあえずの「達成目標」の設定が「代替選択肢」の模索と常に表裏一体となった思考を継続すること。法化論本来の持ち味を生かすためには、こうしたアンビバレントな思考態度を絶対に手放すわけにはいかないのである。

3　ポスト福祉国家論としての法化論

† ネオ・リベラル路線の福祉国家見直し論

福祉国家見直し論と法化論の関係を考えるにあたっては、いささか常套的で紋切り型の議論に陥る危険性を否定できないものの、議論の見通しを良くするために、ネオ・リベラル路線と左派リベラル路線を対比させつつ論じるのが順当だろう。

ネオ・リベラル路線の福祉国家見直し論は、さしあたり市場の自由化・規制緩和による国際競争力の向上＋行財政改革＋セキュリティ管理を鼎《かなえ》とする政治経済構造改革という視点から見ていけばよい。いわゆる小さな政府のスローガンの下、福祉国家／行政国家的規制立法を後退させ、より効率的な市場原理による資源配分と各種サービスの品質管理を行なおうとするスタンスからすれば、法システムの主要な機能は公正な競争秩序を支える一般ルールの整備とその確実な運用ということになろう。政府・官僚機構による不効率で不透明な経済規制（いわゆる「護送船団方式」の産業保護政策・参入障壁）を撤廃し、もはや後戻りはきかない市場のグローバル化に耐えうる先端産業（ＩＴ・バイオ・知財・金融・環境など）の創出と国際競争力の育成が主要な政策課題となる。こうした社会関係全般の市場化路線においては、一般ルールとしての法は、国家からの自由を保障された市民たちの関係を制御する透明・公正な事前ルールと、裁判をつうじた事後的調整・救済という「法の支配」が想定する近代法の原像へと純化されていく。

それは同時に、伝統的共同体や行政依存体質からの個人の解放という物語と共鳴する形で、新たなグローバル社会に順応した「人的ファクター」と「社会制度的ファクター」の産出に有利な制度改革を要請する。人的ファクターとは、チャレンジ精神・起業家精神に溢れる「私的自治」（自己決定／自己責任／自助自立）の主体、および雇用の流動化・機会均等の能力主義・業績主義的評価への耐性を備えた自己開発に余念のない「勤労主体」のことである。

他方、社会制度的ファクターとしては、不透明な行政指導を典型とする「事前規制」の撤廃と「事後的紛争処理」の受け皿たる市民に開かれた（アクセス容易な）裁判制度の拡充、および「社会の医師」としての法曹人口の増加が提唱される。今般の司法制度改革の背景に、来るべきグローバル市場化＝争訟化＝法化社会に備えた司法制度の見直しという要請が、有力な動機の一つとしてあったことは疑いない。もちろん、それが唯一の動機であったと主張しているわけではない。弁護士過疎や有形無形のアクセス障害のために争訟化が阻まれていた紛争への法的援助、市民参加をつうじた司法民主化といった動機もまた、司法制度改革の理念として一定のインパクトをもったことは、あらためて言うまでもない。しかし同時に、「法の支配」の貫徹というスローガンが、こうした出自を異にする多様なニーズのアマルガムとして機能していたことには注意を要する。この外見的には同一の概念をめぐる「意味の争奪戦」の帰趨《きすう》は、近年ますます予断を許さないものとなっているからである。

† 市場競争が生む「格差」と「階層化」

市場競争をつうじた社会の活力向上という戦略は、社会内部に「格差」と「階層化」を生み出す要因となる。社会経済状況の急激な変化に適応力のある社会とは、雇用と生活環境の「流動化」した社会であり、それは裏返せば、構造的に雇用不安や生活不安を抱えた社会ということでもある。また、そうした情勢と連動する形で急激に進行する少子高齢化も、それ自体がただちにネガティヴな現象というわけではないが、今後の国民経済や財政のことを考えるとあまり好意的に評価できる傾向とも思えず、社会全体が将来に対する漠たる不安に包まれているのも理由なしとは言えない。また、マスメディアやインターネット空間で、自然災害・大規模事故・治安に対する政府当局の無策・危機管理の甘さを批判する悲観的なトーンの言説ばかりが流通していることも見逃せない。

こうした不安の高まりが社会全体の「体感治安の悪化」という物語と結びつくとき、そのインパクトはさらに重大なものとなる。刑事統計上は、そうした傾向は顕著ではない（むしろ逆の傾向が見られる）にもかかわらず、悪質・重大・異常な犯罪が増加しているというイメージが広く流布するや、犯罪リスクに対して過度に敏感な社会が立ち上がる。それは社会の内部に「犯罪予備軍」を探し求めていくムードを醸成し、統計的現実とは無関係に新たな社会的階層（分断・排除）を生み出す引き金となる。そこで作動するのは、正常／異常の区別である。まっとうな市民／社会の余計者という（確たる根拠があるとも思えない）分断線に沿って、日常生活のあらゆる場面で、社会の「正常化」と「異質者排除」に向けた圧力が高まっていく。いわば社会の自発的総セキュリティ化と、法の治安機能のいっそうの強化を求める声の拡大として、である。

この疑心暗鬼によって捏造《ねつぞう》された階層化が社会経済的な階層化と短絡するとき、事態は最悪の展開を迎える。なにしろそれは、あまりにも分かりやすい「脅迫のメッセージ」として機能するからである。社会の余計者になりたくなければ、自己の責任において不断の自己開発に取り組みなさい、そこからドロップアウトすることは、犯罪予備軍としてマークされ、異質者排除のターゲットとなることを意味するが、そうなるかどうかはまさに貴方自身の気構えにかかっているのだから、と。

† ネオ・リベラル路線が打ち出す法政策

かくしてネオ・リベラル路線は、福祉・治安・統治のいずれの局面においても、新たなタイプの法政策を打ち出していく。福祉国家的介入主義のツールとしての法＝法の政策化を後退（非‐法化）させつつ、それに代わって国家の負担を軽減する（しかし統治能力は後退させない）新たな法の作動形式が探求されていくのである。

福祉の局面では、生活支援型給付（「バラマキ型給付」）を削減する一方、自立支援型給付（「再チャレンジ型給付」）が、産業構造の転換や雇用の流動化に対するセイフティネットの柱に据えられる。いわゆる「福祉依存症」に陥った市民は、活力ある市民社会にとっても、またその個人本人にとっても、不効率で不幸な状態を意味する。政府は人びとの自己開発（職業訓練・資格取得）をつうじた再チャレンジを支援し、福祉依存体質からの脱却を促し、自立自助の市民を育成する方向に、その社会保障政策を大胆に転換せねばならない。こうした福祉（welfare）から人的投資（workfare）への重心移動は、社会からドロップアウトしそうな人びとを正常な社会に「再包摂」するためのセキュリティ装置としての位置づけも担っている。

こうした社会保障政策の転換は、逼迫《ひっぱく》する財政の再建と措置型福祉行政の受動的クライアントに甘んじていた人びとをエンパワーするという点においては、ポジティヴな評価も可能である。だがその反面、こうした政策的援助にもかかわらず、なお「自立した主体」に向けた自己開発に取り組まない／取り組むことができない人びとは、いわば「自業自得」として社会から排除されても仕方がない、という圧力が強まっていく危険性も無視できない。本人の自業自得による社会的排除と遺棄、これはまさに、M・フーコーが「生権力」の名の下に論じた現代型権力の作動形式そのものだと言えるだろう。

治安の局面では、社会不安を理由とする犯罪や社会的リスクの増大をコントロールするために（正確に言えば、そうした「イメージ」の肥大化をリソースにして）、監視と予防を主軸とするセキュリティ国家／セキュリティ社会への転換が図られていく。割れ窓理論やゼロ・トレランス政策はその典型だが、それは一方で、テクノロジーの進展に支えられた監視技術の高度化（監視カメラの洪水）によって、他方では、安心・安全を共通利益とする地域社会のコミュニティ・ポリシング（住民パトロール・通報システム・防犯アーキテクチャー）の組織化・支援をつうじて、いわば「官民協働」の形をとりつつ、社会の総セキュリティ化を後押ししていく。

周知のとおり、ネオ・リベラルが掲げる「小さな政府」は、社会経済政策においては規制緩和を推進するが、国防治安政策における「強力な国家」を決して否定しない。軍や警察が小さくなる保証はないのである。強力な治安権力を保持する一方で、人びとの「自発性」を動員しつつセキュリティ・

システムの社会化を推し進めることで、「正常な社会」から見たあらゆる逸脱行動の封じ込めと取り締まりの精度を上げていこうとする。こうした趨勢が、近代刑法の理念たる「市民的自由の保障」と「治安権力への掣肘《せいちゅう》」という目的に照らして、どこまで正当性を担保できるかは未知数である。とりわけ、治安と安全という抽象的なスローガンのレベルでは誰も反対しようがない目的を盾にとり、外部からは不透明な組織や機関（その代表が警察である）の権限において、予防的社会介入の強度を上げていこうとするのは、それ自体がきわめてリスキーな選択であることが意識されねばなるまい。もちろん治安政策は、法秩序の維持と規範意識の浸透という意味では、法化社会を支える要諦である。しかしそれは、法化＝犯罪化・厳罰化という意味に短絡されてはならない。むしろ問題とすべきは、法化社会の最重要パーツでありながら、これまで法化の水準が不十分だった「治安システムそれ自体の法化」（適正手続化・透明化）であろう。

統治の局面では、政府・行政による直接的な社会介入の不効率、および財政・実効性上の限界を理由に、いわゆる「官民協働」型の統治システムが模索される。行政機能の一部を民営化し、企業やNPOとの連携を図り、環境・都市計画・まちづくりといった政策課題に応じて市民参加のチャンネルを開くことで、関係するアクター間に資金・情報・労力のネットワークを構築し、それらの連携をつうじて脱官僚型の「新たな公共性」を実現していこうとする。あるいは、社会的中間団体に対する規制において、その内部秩序に向けて直接規制をかけるのではなく、規制対象の「自己規制」を法的に枠付け、これを間接的に監督・活性化・支援していこうとするのである。統治行政の作動形式におけるガバメントからガバナンスへの構造転換。これは、ラドゥアーの提唱した社会ネットワークの媒介を旨とする法メディア論や、トイプナーの提唱する間接的・手続的制御に軸足を置く自省的法の理論との親近性をもつアイディアであろう。

† 国立大学の現状に見る改革の成否

こうした改革の成否は、その理念自体の当否とは別に、具体的な制度化や運用のレベルで評価されなくてはならない。これもまた、外見上は同一のイメージをめぐる「意味の争奪戦」のフィールドだからである。詳細に論じる紙幅はないが、一つの事例として、ガバナンス型改革の切り札として鳴り物入りで導入された独立行政法人制度、とりわけ（少なくともその実数においては）独立行政法人の中核をなす国立大学法人の現状を概観してみよう。

全国一律の規制から国立大学を解放し、各大学の自由なイニシアチブによる個性化・多様化・高度化を推進するための枠組みとして、二〇〇四年四月、すべての国立大学が非公務員型の国立大学法人へと改組された（実際には、見かけ上の公務員定数削減の切り札として政治的にうまく利用された側面も無視できないのだが）。予算は運営費交付金として全額国庫から支出されるが、大学設置基準や予算・人事運用上の規制緩和（大学の多様化）、および大学ごとに設置される法人理事会の権限強化（大学の独立性）といった制度枠組みにより、各大学の自律性・自由度は飛躍的に高まるはずであった。(4)

だが、その実態はどうか。間接的制御（自己規制の規制）の制度として導入された大学自己評価制度について見れば、中期計画・年度計画の策定およびその達成度評価は各々の大学自身の責任において実施する（政府・文科省はそれを間接評価する）という制度枠組みは、なるほど理念どおりだが、実際には、各大学は競争的予算の獲得をめぐる「横並びの競争」へと追い込まれていった。毎年度、交付金の額が定率削減される状況下で、これまでの事業内容の維持すら困難になった大学側は、競争的に配分される新規予算獲得をめぐって、いわば国策への迎合競争にしのぎを削ることになる。政府・外部評価機関が何を考えているかを先読みし、それにいち早くすり寄ったところが勝利する、という疑心暗鬼の空気が全体を覆うと、それは国立大学時代に受けていた規制を越えた（いわば自発的に自己を飼い馴らしていく）「規律権力」として大学の自治を蝕《むしば》んでいく。政府側はもはや直接的な規制も命令も発する必要はない。政府・外部評価機関の高評価を引き出せそうな計画を先取り的に立案し、その成果を自己評価し、改善策を積み上げていく営みは、すべて大学側の「自由」と「創意」に委ねられ、仮にそれに失敗すれば、その責任も当然大学側が負うことになる。

こうした間接制御システムの下では、「強権的命令」よりも「示唆」（暗黙の仄めかし）が、「自由な自己決定」よりも「結果としての自己責任」が、有効な権力資源として機能する。「自由」や「自発性」の旗印の下に、より強力で巧妙な「権力」を呼び込んでしまう逆説が、ここにはある。

また、大学評価を行なう際の指標として、いわゆる民間の経営手法を導入するという発想も同様の問題を抱えている。短期一年、中期五－六年のスパンで棚卸し的に業績評価を行なうシステムの下では、そのつどの節目に、何らかの「目に見える成果」を上げなくてはならない。これでは大学本来の使命である長期的基礎研究の裾野が「自発的」に切り詰められてしまうだろう。また、あえて悪趣味な比喩を使って言えば、民間の顧客満足度調査をまねて教育サービスの品質管理を行なったり、工業製品の工程管理のようなスキームで入学生／卒業生の品質管理を行なおうとする発想が、この自己評価制度の中に密輸入されていることも指摘しておきたい。

もちろん従来の予算・定員・業務・組織編成のあらゆる場面で、過度に細かな規制がかかっていた国立大学の方が良かったというわけではない。公務員制度の枠内では不可能だった多様な産学連携のチャンスを生かし、先端産業部門に新たなビジネス・チャンスと雇用を創出していく使命を大学は担っているという主張は正論である。だが、大学は企業ではない。もしも経営的手法なるものの内実が短期的業績主義や品質管理のテクノロジーに矮小化されてしまうなら、それは大学という教育研究機関のアイデンティティにとって死活問題ではないかと思うのである。

このように、福祉国家／行政国家型法化からの脱却をめざし、脱介入主義的法政策の切り札として期待された自立支援・自発性促進システムが、その理念どおり自由の領域拡大に寄与するか否かは、状況に依存した不確定性を帯びている。とりわけ、規制緩和・民営化のスローガンの下に非政府化されたセクターや官民協働プロジェクトの活動評価を行なうにあたり、「非政府なもの」はすべて「市場」という短絡的思考に基づき、市場的効率性を金科玉条化するのは大きな誤りである。しばしば誤解されているが、ドイツ法化論による福祉国家見直しの要諦は、不効率な政府を市場的効率性によって代替するための規制緩和や民営化と同義ではなかった、ということが再確認されるべきだろう。彼らがポスト法化社会の受け皿として期待したのは、市場ではなく、非国家的／非市場的な「市民社会（市民的公共性）」のポテンシャルだったのである。

4　市民的公共性論としての法化論

†左派リベラル路線の福祉国家見直し論

それでは、非国家／非市場の市民社会のポテンシャルに期待する左派リベラル路線の福祉国家見直し論について、駆け足で説明していこう。

左派リベラルの福祉国家批判の主眼は、その行政国家的／管理国家的性格に向けられていた。彼らが挑戦しようとしたのは、経済的規制・社会保障（所得の再分配）政策からの撤退を志向する「小さな政府」の実現ではなく、なによりもまず行政国家の帰結である過度の政治的・社会的規制からの自由であり、かつまた財政赤字と市民生活全般にわたる国家介入（保護と監視の同時進行）によって危機に瀕した社会保障システムの再建というテーマであった。大衆消費社会化した市民社会にあっては、自律的な統治主体であるはずの市民は、市場のアウトプットに対する受動的な消費者へと変貌し、社会保障制度の場面でも、福祉受給者たちは次第に福祉行政の受動的クライアントに変質していく。そうした趨勢は、自由で自立した個人の連帯によって生成・維持される市民社会のポテンシャルを甚だしく損なうリスクをはらんでいる。それゆえ、福祉国家体制の下で過剰に肥大化した行政国家／管理国家的側面の見直しを進め、不必要な政治的・社会的規制を撤廃していくとともに、統治システムへの市民参加のチャンネルを確保することで、市民社会が内蔵する民主的自治能力（内発的な秩序形成・規範形成のパワー）を再活性化させねばならないというのである。

法システムについては、「法の支配」の原理が尊重されねばならないのは当然のことながら、それは市場秩序をモデルとする形式ルールと裁判による事後的規制という次元に純化される必要はないことになる。むしろ法の機能は、市民たちが相互に公共問題を論じる公正な民主的・自治的フォーラムの枠組みとして、より重要な意義を発揮することが期待されるのである。ポスト共同体社会の秩序形成メカニズムの核心は、形式的に透明・公正なルールの共有にとどまらず、それを共通インフラとする市民たちの自発的結社（アソシエーション）をつうじた規範的コミュニケーションのプロセスそれ自体の活性化に求められることになる。「法の支配」とは、「法専門家の支配」ではなく「法を活用する自治的市民たちの支配」を意味するのである。

† 自治的市民による討議民主主義

ここで人的ファクターのモデルとされる自治的市民とは、自己決定／自己責任の主体としての「逞《たくま》しい市民」ではない。自己決定は単に自分で決めるということ以上に、言葉の真の意味で「自分らしく決める」ための条件確保を要請する。あらかじめ選択肢が奪われている状況下での決定は自己決定とは呼べないからである。自己決定が自己決定の名に値するためには、できる限り広範な選択肢のメニューを保障する社会的サポートが不可欠である。また自己責任についても、失敗のコストのすべてを失敗した個人に帰責して問題を片づけるやり方は、決して必然的でも、自明なものでもなく、近代社会に固有のリスク管理の形式の一つにすぎない、ということが理解されるべきだろう。

たとえば自営業を営む人は、常に倒産のリスクと向かい合っているが、倒産は彼本人の選択とは無関係な偶発的原因から生じることもあるし、倒産に至る因果関係をすべて彼に帰責することができるほど、われわれは因果必然的な生を営んでいるわけでもない。それでも倒産リスクを彼個人が引き受けるのは、現代社会が倒産をそういうものとして意味づけているからにほかならない。

自己決定－自己責任論も、まったく同様に期待外れのリスク／損害をどこの誰に配分するかをめぐる意味的人工物であり、意味づけの形式を少し変更すれば、いくらでも社会的にシェアリングしていく可能性が開かれるのである。現にわれわれは、失業・貧困・事故・病気・突然の死などのリスクについては、社会保障制度や保険の形式で、そのコストを分散する（社会的にシェアリングする）社会を生きている。

だとすれば、いまや自己責任とはリスクに備えてあらかじめ民間保険に加入しておく責任のことだ、という割り切った考え方もありうるが、リスクと責任をシェアリングするための形式を必ずしも保険（すなわち金銭補償）に限定する必要はない。民事訴訟における救済が結果的には金銭賠償という形式に限定され、それ以外の当事者のニーズが漏れ落ちてしまうように、リスクと責任の社会的シェアリングもまた、保険に限定されない多様な形式を必要としていることは間違いないのである。

この議論の成否は、適切に「サポートされた自己決定」と「責任／コストの社会的共有」に支えられた「普通の市民」たちの自治と連帯の潜勢力にかかっている。法システムは、これを支援・促進するための制度的枠組みを提供する。この市民たちのフォーラムにおいて、法はコミュニケーションの資源でありつつも、コミュニケーションをつうじて吟味され、ひいては見直しの可能性を獲得していく循環構造のうちに置かれる。いささかスローガンめいた言い方をすれば、自由と寛容の市民的アソシエーションを母体とする討議民主主義（デリバレイティブ・デモクラシー）の実現、これが行政国家／管理国家型の法化社会から脱出するにあたっての左派リベラルの処方箋だったのである。

† 左派リベラル路線が打ち出す法政策

左派リベラルの立場からすれば、「市民に開かれた司法」を掲げた今般の司法制度改革についても、その要諦は「司法の民主化」に置かれ、人権侵害に敏感な社会の創出と市民感覚を備えた法曹の育成、および司法権力の民主的統制に向けた一般市民の司法参加という点が議論の柱であった。「法の支配」という用語も、ほとんど「司法の民主化」と同義に使われている場面が少なくない。それゆえ国民の司法アクセスの拡充という点では、ネオ・リベラル路線と歩調を合わせるものの、司法の効率化・裁判の迅速化という点では、当事者ニーズや被疑者の人権へのきめ細かな配慮を求めて、むしろ見解の対立が前面に出てくることになる。訴訟のコスト（「正義」のコスト）は存外に大きい。このコストを割に合わないものと考えるか、たとえ割に合わなくても社会的に不可欠のコストと考えるかで、結論は大きく変わってくる。

また民事の場合、訴訟コストを紛争当事者のみが負担する（もちろん裁判所自体は公費で運営され、経済困窮者を支援する法律扶助制度も存在しているが）という訴訟コストの配分形式が、今後も現行どおりでよいか否かについても、ことは同様である。この論点は民事訴訟制度の根幹に関わる問題なので、これ以上立ち入った検討はできかねるが、少なくとも司法の民主化を重視する立場からすれば、訴訟類型（民事／刑事／行政／労働など）を問わず訴訟コストを社会的にシェアリングしていく可能性について、より深く考えていく必要があるのではないかと思われる。

福祉政策については、やはり生活支援型給付よりも自立支援型給付を重視する「社会的包摂」戦略が有力に語られているが[5]、リベラルの根幹である市民の「人格的自律」を実質的に保障するための条件として生存権を重視する（憲法一三条と二五条の密接不可分な関係を強調する）立場からすれば、生活支援型給付もむやみに削減することは許されないであろう。さらに、商品価値をもつ賃労働だけが労働ではないという立場からすれば、家事労働や介護労働についても一定の支援・給付が要請されようし、そもそも労働する能力がありながら賃労働しない者（失業ではなく自発的に賃労働しない者）には生活する資格がないとなぜ言えるのか、というラディカルな問いから出発し、現に生活していることそれ自体に平等の給付を保障しようとするベイシック・インカム論（いわば逆人頭税的給付）まで、多様な立場が併存／競合している。ネオ・リベラル派の中にも、ベイシック・インカムを肯定する論者もおり、議論の戦線は錯綜しているのが現状である。

治安政策においては、そもそも議論の出発点が国家介入型法化による管理社会／監視社会化への批判と抵抗にあったことを考えれば当然だが、セキュリティ国家／セキュリティ社会の歯止めなき進行（安全・安心のためなら一切を許容してしまいかねない傾向＝「安全の専制」）への強い警戒感を抱き、社会的逸脱行為の全般的犯罪化や厳罰化に対しても概して否定的立場をとる。犯罪についてもペナルティ（応報的身体刑）ばかりに重点を置くのではなく、むしろ社会的／制度的なキュアとケア（治療・教育・保護監察・社会福祉・環境整備など）の仕組みを拡充することで、予防や更生を図ろうとする立場との親和性が高い。また、刑事裁判に犯罪被害者・法律家以外の専門家・コミュニティを組み込み、犯罪によって傷つけられた社会関係をＡＤＲ（裁判外紛争処理）的技法を用いて回復させようとする修復的司法や刑事和解についても、犯罪事件の前向きな解決法の一つとして積極的に評価する論者が少なくない（ただし、被疑者の人権保護、被害者の関与方式・心理的圧迫感、受け皿となるコミュニティの潜在能力などをめぐっては、必ずしも一枚岩の議論ではないのだが）。

ともあれ左派リベラルからすれば、社会的マイノリティの排除やスティグマ化（否定的なレッテル貼り）につながる予防法学的治安政策に対しては一貫して批判的であり、いま法化＝規制強化すべきは社会よりむしろ治安当局の側であるとする点では意見の一致が見られ、そのスタンスは基本的に賛同しうるものである。

† 市民的公共性に基づく福祉国家は可能か

繰り返しを厭《いと》わず確認すれば、左派リベラルの福祉国家見直し論は福祉国家の原則擁護論であった。それは福祉国家的社会介入への「反発」と「共感」というアンビバレントな思いを抱きつつ、福祉国家体制下での法の機能変容を見据え、「悪しき法化」現象の批判をつうじて福祉国家の体質改善を図ろうとする理論戦略だった。これは次のように言い換えることもできよう。ポスト福祉国家とは、非政府／非市場の市民的公共性を母体として起動する、脱官僚主義的／脱管理国家的な「新たなタイプの福祉国家」を展望するものであった、と。あるいは、あるべき法化社会とは、市場的効率化を基準に法規制を撤退させることではなく、たとえ不効率が生じようとも社会共通の枠組みとして必要不可欠なものを守り育てる合意形成と、そのコストの社会的共有に向けた市民的討議をつうじて、法システムの適切な作動水準（いわば「過剰」でも「過小」でもない適切な規制濃度）を模索していく社会のことである、と。

もちろんこうした議論を手放しで受け入れることはできそうもない。そこで想定されている市民社会の「民主的自治能力」や「抵抗のポテンシャル」なるものが、どこまでアクチュアルな仮説たりえているかは、それ自体が決定的に重大な問題である。この問いにあらかじめ all or nothing な判定を下すことなどできないので、まずは市民社会のポテンシャルを信じ、それが社会構造的に剥奪《はくだつ》されている場面を析出して、そこへの批判を突破口に、市民的公共空間の活性化に向けたヘゲモニー闘争を展開していく討議的実践活動の充実に賭ける、というスタンスをとることも可能だろう（論理的には論点先取りのトートロジーだが、戦略的には充分に成り立つ説明として許容してもよい）。

だが他方では、これを社会運動論の次元に還元すれば事足りる問題として片づけてしまうのも早計だろう。公共問題への前向きなコミットメントを厭わない自律的市民の存否（その可能性の条件）は、左派リベラルの理論的根幹に関わる問題だからである。現代日本社会において、市民的公共性論に足場を置いた福祉国家再生の処方箋が、どこまでのアクチュアリティをもちうるかは、やはり個別具体的な現実に即した分析を積み重ねないことには判定しようがない。あまりに当然のことではあるが、この点だけはしっかりと確認しておきたいと思う。

5　法化論のポテンシャル

†　法化論における二重の裏切り

冒頭で筆者は、法化論は二重の意味で裏切られた、と述べた。その含意を要約的に確認することで、とりあえず本章の議論を閉じたい。

ここ十数年の日本社会の流れを戯画的に表現すれば、アメリカ型ネオ・リベラル路線の構造改革をつうじて、かつての「保守」が「改革派」に、かつての「革新」が「守旧派」へと転倒していく潮流を描き出すことができよう。福祉国家見直しをめぐる議論もまた、その大多数がネオ・リベラル流の「小さく効率的な政府」を目指すものへと合流し、ドイツ法化論が企図した「福祉国家の体質改善」

と、それに適応する法システムの新たな機能形式の模索という観点は、経済のグローバル化と規制緩和の大波を前に、いつしかかき消されていったのである。福祉国家の再生を肯定的に論じることそれ自体が、ダメな守旧派というレッテル貼りのターゲットとなり、それはぬるま湯的で脆弱な精神の現われとして忌避される傾向すら生まれた。経済も、社会も、国家も、国民も、もっと逞《たくま》しくならなければ生き残れない、という半ば脅迫めいた言説が流布し、福祉政策についても自立支援・人的投資・再チャレンジといった常に前向きの意味づけが付与されていく。前進を続けよ、立ち止まると負けである、という生き方が、「まっとうな市民」の「正常」な生活スタイルになる。

だが、「タフでなければ生きていけない」の台詞の直後には、次の一節が続くのではなかったか。「優しくなければ生きている資格がない」、と。(6) これもまた、普通の市民の正常な生活スタイルの一面に違いあるまい。人間存在のアイロニーに目をつぶり、それを逞しく／平板に割り切ってしまおうとするのは、むしろそちらの方が怠惰で脆弱《ぜいじゃく》な心性の表われではないのか。まずはこの点を、おずおずと確認することから出発する社会観察者としての気構えが大切である。決して大声ではなく、しかし深い確信をもって。

なるほどドイツ法化論が模索した可能性は、その一部がポスト福祉国家的構造改革の中に組み込まれてはいる。自立した市民たち（政府の統制－保護主義から自己決定－自己責任主義へ）による、法の支配の原理（事前規制から事後調整へ）に準拠した、自発的な公共空間の創出（ガバメントからガバナンスへ）という物語は、括弧書きの部分を外して読めば、左派リベラルの福祉国家見直し論とほとんど重なる論調になる。だがその内実は対極的なものだと言ってもよい。この間の「意味の争奪戦」の帰趨《きすう》は明白であろう。この点においてドイツ法化論本来の課題意識は、ネオ・リベラル路線の圧倒的なインパクトを前に手痛い裏切り／敗北を被ったのである。

さらにアメリカ法化論に目を向ければ、それは争訟化社会の進行を肯定的にのみ捉える視点ではなく、むしろそうした傾向に対するアンビバレントな問題関心から、法化＝争訟化社会の克服を志向するものであった。この問題関心を真摯《しんし》に受け止めるなら、「来るべき法化社会」という言説は、単なる「獲得目標」ではなく、それは同時に「警鐘」としても理解されねばならなかったはずである。ところがわが国の議論の多くは、そうしたアンビバレントな感覚を見失い、法化社会の到来をもっぱらポジティヴなトーンで語る論調へと回収されていった。この点において、アメリカ法化論本来の問題意識もまた、いわば無邪気に裏切られたのである。

†「新たな法の機能形式」を求めて

こうした意味において、法化社会論が本来内蔵していた理論的ポテンシャルは、いまだ充分に汲み尽くされたとは言えない状況にある。とりわけ、現代社会における「法システムの射程」と、その「新たな機能形式」の可能性を、いまいちど原理的な地点まで遡って問い直す、という問題関心は、そもそも法化論の中核的テーマであったにもかかわらず、その後まとまったかたちで議論されるチャンスを逸してきた未開拓の理論領域だと思われる。法化論の基調は、現実社会の錯綜する問題を、そのアンビバレントな実態を直視しつつ、まさしくアンビバレントな方法論を用いて徹底的に考え抜いていこうとする点にある。またそれは、現実社会の偶発性を前にアイロニカルな観察者であることにこだわろうとする。自明で単純明快な説明を疑い、それが隠蔽しているかもしれない他の可能性への感度を保持しようとする。そうすることで初めて見えてくるかもしれない「新たな法の機能形式」を求めて、である。

法化論——未完のプロジェクト、このタイトルが意味しているのは、いまわれわれの目前にある、こうした問題状況のことである。

（1） たとえば以下の文章を読み比べてみよ。各論者の主張は、日本社会の法化社会への進展を不可避／不可欠な現象と捉え、それを全体として肯定的に評価する点では足並みを揃えるものの、それぞれが前提とする状況認識や課題設定という点では微妙なすれ違いを示している。

「法化社会」について久保利英明弁護士（当財団企画運営委員）の著書『法化社会へ日本が変わる』による定義では「最大限規制緩和をなし、必要最小限の規制以外は自由として、トラブルが起これば憲法と法律により解決する社会」とする。官僚支配から自由競争世界へという規制緩和という政策論を取り込んだ説明であり、昨今の不祥事を見ると、この法化社会は緊急課題ではあるが、本講演では、広く「紛争が生じたら法を使って解決していこう」と人々が考える社会と考える。（新堂幸司「法化社会と法

律家の役割」、一九九八年五月八日、日弁連法務研究財団法律実務研修記念講演：http://www.jlf.or.jp/work/recture/980508.shtml)

グレゴリー・クラーク多摩大学長から「21世紀の日本社会—共同体社会からバラバラの社会へ—」についての説明が行われた。クラーク氏の説明に関して、以下のような質疑応答があった。○人間関係中心の「人本主義」から理性中心の「合理主義」へという価値観の発展に照らし、我が国社会の今後をどのように考えるか。(回答：共同体社会から個人主義社会へ移行するにつれて、道徳、恥の規範が解体され、代わりに宗教、イデオロギー、法制度などが必要となる。しかし、日本では宗教的価値観は無いに等しく、イデオロギーもその役割を果たさないので、共同体をまとめるものとしての法制度が必要となる。その意味で、日本は、「恥社会」から「罪意識社会」へ移らざるを得ないだろう。)○「人本主義」から「合理主義」への流れは不可避と考えるか。法律制度だけに頼らざるを得ないのか。(回答：伝統的な恥の道徳が通用しなくなってきているのを元に戻すことは難しい。元に戻すための一つの方法は、コミュニティの形成だ。日本には、企業・学校・家庭等の集団はあるが、それを超えたコミュニティというものが無く、未だ社会は成熟していない。若い世代には、地域でのスポーツ活動や奉仕活動なども重要で、これらを通じて社会のルールを自然に身に付け、社会意識を強く持ち、大人になっていくのである。)○我が国でも「法化社会」という論議がある。それは、行政や企業行動等をいかにして法のルールに従わせるかという問題意識だが、御説明の法制度による秩序維持とはどういう関係にあると考えるか。(回答：共同体道徳で社会が運営できれば理想的だが、現実には若者も大人社会もルールが必要。企業の不祥事問題などにも見られるとおり、法制度の整備で対応する必要がある。)(司法制度改革審議

会第3回議事概要、一九九九年九月二十八日：http://www.kantei.go.jp/jp/sihouseido/991001dai3.html）

法科大学院は、司法制度改革審議会の意見書で述べられているように、「21世紀の司法を支えるにふさわしい質・量ともに豊かな法曹」を養成することを目的として構想され、設置されるものである。それは、「国民が自律的存在として、多様な社会生活関係を積極的に形成・維持し発展させていくためには、司法の運営に直接携わるプロフェッショナルとしての法曹がいわば『国民の社会生活上の医師』として、各人の置かれた具体的な生活状況ないしニーズに即した法的サービスを提供することが必要であ」り、「法曹が、『法の支配』の理念を共有しながら、今まで以上に厚い層をなして社会に存在し、相互の信頼と一体感を基礎としつつ、それぞれの固有の役割に対する自覚をもって、国家社会の様々な分野で幅広く活躍することが、強く求められる」からである。そうだとすれば、全国の津々浦々に住む人々に、「社会生活上の医師」たる法曹による法的サービスがあまねく行き渡り、「社会の法化」が促進され、「法の支配」が貫かれるように、地域の需要に応える、地域に密着し地域の実情に通じた法曹が数多く育っていくことが必要である。（中部弁護士会連合会「よりよき法科大学院の実現に向けての決議・提案理由」二〇〇二年十月十八日：http://www.chubenren.jp/news/h14_02_01riyuu.html）

（2）もちろん学問研究の専門領域では、当初からこの両義性は充分に認識されていたのだが、「法化」という言葉が政策論争をつうじて社会に浸透するに従い、各論者の立場に即した択一的な肯定／否定論（政策的スローガン）へと単純化されていったことを問題にしているのである。あるいは、そうした平板な二者択一的な選択のためのスキームとして流通していく状況に、充分な抵抗と歯止めをかけられなかった法化論者（筆者自身）の発信力の弱さに対する反省として、である。

（3）「いうまでもなく、裁判を受ける権利は、どのような事実関係であっても、自己の権利または利益が不当に侵害されたと考える場合には、裁判所に訴えを提起してその主張の当否についての判断及び法的救済を求めることができるとするものであり、国民の権利を保障するための有効かつ合理的な手段として近代諸国においてひとしく認められている最も重要な基本的人権のひとつであるところ、前記のような多数の者の行為により、これが侵害されるに至ったことは人権擁護の観点からは極めて遺憾《いかん》なことというほかはない。法務省としては、かねてより自己の権利を主張する場合にあっても、相手の立場を配慮し、互いに相手の人権を尊重することが必要である旨強調してきたところであるが、本件を契機として、国民ひとりひとりが、法治国家体制のもとでの裁判を受ける権利の重要性を再確認し、再びこのような遺憾な事態を招くことがないよう慎重に行動されることを強く訴えるものである。」（昭和五十八年四月八日「法務省見解」より抜粋）

（4）筆者自身は、こうした「希望的観測」に対して当初から懐疑的であり、反対運動にコミットした経験もあるが、改革・改組にあたり法人化のポジティヴな側面ばかりが宣伝され、その内実が功罪両面から充分に議論されたとは言い難い、という印象を今なお強く抱いている。参考資料として、大学審議会答申「21世紀の大学像と今後の改革方策について――競争的環境の中で個性が輝く大学」（一九九八年十月二十六日）、国立大学等の独立行政法人化に関する調査検討会議「新しい「国立大学法人」像について」（二〇〇二年三月二十六日）などを見よ。

（5）イギリス労働党の「第三の道」政策（A・ギデンズ『左派右派を超えて――ラディカルな政治の未

来像』而立書房、二〇〇二年）は、福祉政策切り詰めに対するネオ・マルクス主義／左派リベラルの側からの巻き返しを意図するものであったが、その当否・功罪をめぐっては議論の分かれるところである。わが国でも、平成21年版厚生労働白書『暮らしと社会の安定に向けた自立支援』において、この方向性が示されている。

（6）アイロニー文学の代表格であるハード・ボイルド小説のヒーロー、フィリップ・マーロウ（作家レイモンド・チャンドラー）の名台詞《ぜりふ》としてあまりにも有名である。

第1章 「死別の悲しみ」と金銭賠償

——法は死者を悼みうるか——

小佐井良太

❖提 題

死亡事故における金銭賠償のあり方をめぐっては、近年、交通事故遺族を中心にさまざまな事件・事故・犯罪の被害者遺族から、強い不満や疑問の声が挙がっている。画一的かつ機械的な「賠償処理」が日常化している法制度の現状／実務家の姿勢を批判の俎上《そじょう》に載せて、遺族が「かけがえのない存在」の死と折り合っていく「困難なプロセス」をこそ尊重すべきとの主張が、多くの被害者遺族の共感を呼んでいる。他方、賠償実務に携わる実務家や研究者の間でこうした「声」は、「当事者としての気持ちはわかるが、制度的には応えられない、過大かつ無理な要求」として否定的に受け止められる傾向が強い。こうした「死別の悲しみ」と金銭賠償をめぐる問題について、近年話題となった損害賠償請求における定期金賠償方式の活用例（「命日払い」請求）を検討する作業を通して、死者の追悼にかかわる法のあり方を反省的に検討することが本章の課題である。

1 はじめに

†大震災・津波死亡事例での損害賠償請求訴訟と「死別の悲しみ」

二〇一一年三月に発生した東日本大震災では、津波による被害を中心に死者・行方不明者合わせて約二万人もの尊い人命が失われた。多くの人びとがかけがえのない人との死別を経験し、困難な状況の中で「死別の悲しみ」を抱えながら生きていくことを余儀なくされている。こうした中で注目されるのは、震災時に発生した津波によって子どもを亡くした遺族両親らが、保育園、幼稚園、自動車学校をそれぞれ相手取って提起した複数の損害賠償請求訴訟である。(1) これらの訴訟ではいずれも、津波発生時に避難の判断を誤り、適切な避難行動をとらなかったことが子どもたちを死に至らしめる結果につながったとして、園/学校側の安全配慮義務違反を問う形での損害賠償を求めている。一方、訴えられた側の被告(園/学校)側は、それぞれ、震災時の大津波発生により子どもたちが亡くなった結果について、その予測と回避いずれも不可能だったことを主張して、責任の所在について争う姿勢を見せている。(2)

これらの訴訟において、当事者双方が今後どのような法的主張・立証を展開し、最終的に裁判所がどのような判断を示して判決を下すのか、今後の展開が注目される。本章の問題関心からは、これらの訴訟における法的責任の所在をめぐる議論の展開と帰結もさることながら、原告当事者(津波で子どもを亡くした遺族両親)が抱える「死別の悲しみ」の問題と訴訟を通じた金銭賠償に基づく法的な責任追及とのかかわりこそが、より直截に問われねばならない。そのためには、①原告当事者（子どもを亡くした遺族両親）は、なぜ被告（園／学校）を訴えたのか、その理由ないし動機が何であったのか、②当事者は訴訟に何を求め期待したのか、また、③訴訟が提起されるに至った経緯／訴訟に至るまでの当事者間のやり取りはどのようなものであったか、といった点も合わせて解明する必要がある。原告当事者による訴訟／法的責任追及に対する意味づけを、その「死別の悲しみ」の心情に即して理解する必要があると言えよう。

† 本章の内容・構成と問題設定

かけがえのないわが子を亡くした「死別の悲しみ」を抱える遺族両親が原告当事者となり、わが子の死の責任をめぐって損害賠償を求める訴訟を提起したという面では、これら大震災・津波死亡事例をめぐる訴訟もかつての「隣人訴訟」事件（序章2参照）と同じカテゴリー、すなわち、「死別の悲しみ」を伴う訴訟事件のカテゴリーに属するものと位置づけることができる。以下、本章では、さまざまな事件・事故によりかけがえのない存在を亡くした遺族が原告当事者となって提起する民事訴訟事件（損害賠償請求事件）を「死別の悲しみ」を伴う訴訟事件のカテゴリーに属する事件として広く類型的に捉えて、この種のカテゴリーに属する事件における法と「死別の悲しみ」のかかわり方をめぐる問題全般について論じていくことにしたい。

本書の全体テーマとのかかわりで、本章に与えられた役割は、長らく「法の圏外」に置かれるべきものとして理解され扱われてきた当事者の「死別の悲しみ」をめぐる問題について、「法と感情は峻《しゅん》別《べつ》されねばならない」とする従来の考え方を見直す必要があることを確認し、法はもはや、「死別の悲しみ」をめぐる問題と無関係の立場を維持・貫徹することはできず、むしろ適切な関係性を再構築していく必要に迫られていることを明らかにすることである。

このために、まず次節で、近代法的「金銭賠償原則」に基づく法的責任制度の意義と前提を確認したうえで、近年、とりわけ交通死亡事故の分野において、法的責任制度に基づく金銭賠償のシステム化が進行し、責任のあり方に「変容」が生じていること、また、そうした金銭賠償のシステム化に対して「死別の悲しみ」を抱える遺族当事者の側から法への「異議申し立て」がなされている状況を概観する。そのうえで、**3**では、具体的な法への「異議申し立て」の一つと位置づけられる裁判例として、損害賠償の支払いに定期金賠償方式を活用した「命日払い」請求がなされた事例をとり挙げて検討する。最後に、**4**において、本章における議論のまとめとして、法と「死別の悲しみ」をめぐる問題の適切な関係性の構築にかかわるいくつかの示唆を提示することとしたい。

2　金銭賠償のシステム化と「死別の悲しみ」

†近代法的「金銭賠償原則」に基づく法的責任制度の意義と前提

近代法の下での法的責任／法的解決は、故意または過失により人を死なせたような場合に人命の喪失を埋め合わせることができないような場合であっても、「金銭賠償の原則」に基づく解決を旨とする。「人命の喪失」を「金銭的損害」であると捉え、損害の貨幣的価値換算に基づき、金銭を唯一の象徴的メディアとして損害の回復と問題解決を図るのが近代法における前提である。人命の喪失という本来「回復不能＝解決不能な事態」についても、限定的であるにせよ、一定の合理的な解決を図る道筋を制度として開かれたものとしている点にこそ、金銭賠償原則に基づく法的解決の妙味・意義が存在するものと言える。

このように、近代法における不法行為責任の制度は、本来、人の生命に対する畏敬の念をもちつつ、取り返しのつかない事態を前に、「人命を贖《あがな》うこと」の本来的不可能性と不条理性(3)が意識される中で、それでも何らかの事態の解決を図ることに意味を見出していく性質をもったシステムであったと見ることができる。不法行為責任システムの下では、人命の喪失という事態に対する最低限実行可能な合理的対処（＝損害に対する金銭賠償）のみが問題とされ、死そのものを悼み悲嘆する「感情／心の領域」に法は踏み込まず、埒外《らちがい》のものとする解決を旨としてきた。法のこのような姿勢は、法的な不法行為責任を果たす上で金銭的な賠償という外形的行為のみを強制可能と位置づけ、賠償を強制される加害当事者の内心にまでは立ち入らない／追悼や謝罪を強制しないという意味で、近代的な個人の自由（内心の自由）確保の要請に従うものであった。ここには近代法理念の下、人命の喪失にかかわる領分における「法の謙抑性」という基本的スタンスが、「一つの望ましい形」として位置づけられてきたことを確認できる。

こうした近代法の下での人命の喪失をめぐる「法の謙抑性」スタンスは、一方で、共同体社会における一定のルールに従い、加害者が法的責任とは別個に、死者に対する追悼や謝罪といった道義的責任を自発的に引き受ける形での「責任の補完」を、おそらくは想定していたものと思われる。(4)本来、「法の謙抑性」という線引きは、こうした線引きの「向こう側」を想定してこそ有効に機能するはずのものであり、そもそもは「謙抑性」スタンスのみの一方的な貫徹で事足りる、とするものではなかったはずなのである。

† 金銭賠償のシステム化と責任意識の希薄化

しかし、近年、人命の喪失に伴う加害者の責任のあり方をめぐって、法的責任の履行＝金銭賠償にのみ応じていればよいのであり、死者に対する追悼や謝罪といった道義的責任まで果たさなければならない謂《い》われはないとの「責任の切り捨て」とも言うべき現象が、とりわけ交通死亡事故など、損害保険制度に基づく賠償金の支払い方式が確立した分野を中心に見られるようになってきている。

周知のように、交通死亡事故をめぐっては、被害者遺族に対する迅速な被害救済を図るべしとの理念の下、損害保険制度に基づく賠償支払いの担保とコスト分散が進み、例外的なケースを除けば、人命の喪失に伴う損害の補塡《ほてん》がほぼ行なわれる制度構築・運用がなされてきている。

「責任の切り捨て」現象は、こうした損害賠償金支払いシステムの確立に一方で裏打ちされつつ、他方、共同体社会の衰退を含めた社会状況の変化に伴う道義的責任意識の希薄化・有名無実化を背景にしているものと考えられる。

†「交通死」遺族による「異議申し立て」

こうした主として交通死亡事故の分野における人命喪失に対する責任の希薄化／法的責任への縮減ないし切り詰めをめぐっては、交通死亡事故を不可避の社会的リスクと捉える見方と合わせて、被害者遺族の中から一定の異議申し立てがなされてきている（その代表的なものとして、二木 一九九七）。これらの異議申し立てにおいては、本来贖《あがな》えないはずの人命をも資本主義社会の原理に基づく貨幣価値システムの中に組み入れ、換算可能なものとして扱う（いわゆる「生命の値段」を算出する）ことを許容する近代法の下での法的責任のあり方そのものに対して、原理的に反省を迫っている点に注目しなければならない。

二木は、自身かけがえのない娘を交通犯罪によって奪われたことにより「交通犯罪が今の日本でどのように処理されているかを否応なしに体験させられた」被害者遺族の立場から、現在の交通事故処理の現状、とりわけ交通事故賠償システムを構成している諸局面（刑事裁判、民事裁判、保険会社との賠償交渉、等）について鋭い批判を行なっている。ひとまずここでは刑事裁判に関する問題は措《お》き、民事の損害賠償にかかわる問題を一言で言えば、現状の交通事故賠償システムの下で行なわれている機能的でシステマティックな事件処理が、事故の被害者遺族に対して「加害性」をもたらしていることである。

現状の交通事故紛争処理の制度的枠組みは、一般に「交通戦争」と呼ばれ交通事故件数がピークに達した一九七〇年代を契機に、事件の大量処理に対する要請（＝裁判所の負担軽減要請）を背景として成立してきた。(5) したがって、この制度枠組みが有効に機能する（＝機能的である）ということは、とりもなおさず、事件の大量処理が滞りなく遂行されるということにほかならない。そこでは、事件処理に適した形で個別の事件を徹底的に定型化することで、できるだけ費用と時間のコストをかけない事件処理が一定の経済的合理性に基づいて行なわれていくことになる。こうした現状での交通事故紛争処理の制度的枠組みのあり様は、それ自体、現代社会における高度な機能システムの一つのあり方でもある。

しかし、他方で、このような制度的枠組みの下での交通事故をめぐる賠償交渉の現場に身を置くことは、被害者遺族にとって、どのような意味をもつ過程でありうるのか。この点について二木は、次のように述べている（二木 一九九七、七四頁）。

当事者が失われた生命を金銭の支払いで償うのが当然の方途ではないと認識している場合はどうだろうか。それを認識しているからといって、金銭で償う以外に適当な方法を見つけ出すことができるわけではない。それが矛盾だと分かってはいても、結局のところ金銭で片を付けるしか途はない。したがってこのような立場の人にとっては、賠償交渉というのは、金銭では評価できないものを金銭の授受で片付けなければならないという矛盾を自分の心の中でどのようにして解決するか、という過程全体だということになる。問題なのは金額ではなく、失われた生命を金額で表示し、金銭と交換することの意味そのものを自分自身に納得（あるいは諦め）させるプロセスなのである。

交通事故紛争をめぐる賠償交渉の現場において、一方当事者である被害者遺族の側が上記のようなプロセス志向で交渉に臨むならば、交渉に携わる両当事者間の「ズレ」は避け難く、埋められないものとなる。賠償交渉のもう一方の当事者である専門家たち、弁護士や保険会社がそのことに無自覚なまま、一方的に自らの立場の専門性のみを主張し、専門性の中での自明的前提（たとえば金銭賠償の原則）を信じて疑わない態度を崩すことなく、ルーティンな対応に終始しているというのが、二木の指摘である。

しかし、彼ら専門家の立場からしてみれば、そうしたルーティンな対応に徹することこそ、制度を円滑に機能させることにほかならないという認識も一方であるだろう。そのような彼ら専門家の視点に立てば、「納得（諦め）のプロセス」を掲げて賠償交渉に臨むような被害者遺族は、ただ「迷惑な存在」としか映らないに違いない。事件の迅速かつ大量な処理という要請を担う制度であることを前提とする以上、「制度の論理」は制度の目的とする機能を遂行しようとする側、すなわち専門家の側の見方に立つことになる。

結果として、この「ズレ」の構図が賠償交渉の場を支配するのはもちろんのこと、「裁判をも含めたあらゆる段階で必然的につきまとってくる」（二木 一九九七、七五頁）。「ビジネスとしての賠償交渉」の論理を受け入れ難いと思う被害者遺族が、その受け入れに抵抗の意思を示せば示すほど、被害者遺族は苦しめられ、傷ついて行かざるをえない。[6] 二木が自身の経験に基づいて描いているのは、交通事故の賠償交渉をめぐるこうした現状認識であり、そのことに対する「告発」であると理解できる。こうして、現状の交通事故賠償システムの下で行なわれている機能的でシステマティックな事件処理のあり様は、そこで自明の前提とされているさまざまな論理（金銭賠償の原則はその最たるものである）をただちに受け入れ難い事故の被害者遺族に対して、「加害性」を発揮していくことになる。

3　損害賠償の「命日払い」請求／判決をめぐって

†「命日払い」請求事案の概要

このような文脈の下、以下では、「死別の悲しみ」を伴う紛争事例における責任の問い方として、一定期間にわたって亡くなった被害者の命日毎に損害賠償金を支払うことを加害者に求める損害賠償の「定期金方式」を活用した支払い請求、いわゆる「命日払い」請求／判決を検討の対象にとり挙げる。損害賠償の「命日払い」請求／判決は、「死別の悲しみ」を伴う紛争事例という文脈において、どのような意義をもち得るのか。この点については、筆者の見るところ、実は十分な検討がなされないまま法理上ないし判例上、あるいは法解釈上の議論がなされてきたように感じられる。

損害賠償の「命日払い」請求／判決を語る上で、主要な判例として触れなければならないのは、いわゆる「東名高速飲酒トラック追突死傷事故」（以下、「東名飲酒事故」）をめぐる損害賠償請求事件、東京地裁判決（平成十五年七月二十四日）[7]である。今から十三年前の一九九九年に東名高速上で起きた飲酒運転のトラックによる追突事故で、二人の幼い姉妹の命が奪われた。この事件をめぐって原告当事者である遺族両親が定期金賠償方式を活用し、亡くなった子どもたちの命日毎に損害賠償金を支払ってほしいという請求（＝「命日払い」請求）を行なったところ、判決によってこの請求がほぼそのまま認容されたという事例である。

この事案において、幼い二人の娘を亡くした遺族両親が求めた裁判、当事者による「訴訟への意味づけ」は、どのようなものだったのか。これについては、三点、すなわち、①長年にわたって償ってほしい（生涯をかけての償いを求める）、②「事故の悪質さを十分に考慮してほしい」、③「運送会社の管理責任を認定してほしい」との内容が挙げられている。このうち、「命日払い」請求との関係では、主として①が問題となる。

ここで注意すべきは、一方で被告（＝加害者運転手）に対して「生涯をかけての償いを求める」としながら、実質的には十五年間という限定された期間での「命日払い」が一定の合理性の下で選択されていることである。この点について、原告当事者の遺族両親は、支払い期間について被告や自分たちの年齢等も考慮して現実的な年限を切ったことに加え、「社会通念上の三十三年(8)という区切りをも考慮した」としている。また、通常の方法である損害賠償金の一時金払いを避けた理由として「一時金ですべてが支払われてしまえば、それで償いがすべて終わってしまったと、被告に思われる」ことを挙げた上で、「ある一定の期間にわたって定期金で支払ってもらうこと」の意味を、次のように述べている（井上 二〇〇九、八五頁）。

「亡くなった子どもの年を数える」という言葉がありますが、私たちはそれを無意味、無益なこととは思いません。そしてまさにそれを加害者に求めていました。「貴方があのようなことをしなかったら、今頃、子どもは十八歳になっていた。」さらに、成人式を迎えていた。社会人になっていた。結婚をして、子どもを持っていたかもしれない……。従来の一括払いでは無く、ある一定の期間にわたって賠償をすること、そしてその支払い日には特別な意味があることによって、被告と被告運送会社には長きにわたって飲酒運転による事故の教訓を忘れないで欲しいという願いを込めました。

ここでは、原告両親が被告加害者に求めたことの趣旨として、一つには、事故で亡くなった子どもが、もし事故に遭わなければ、将来ありえたであろうさまざまな可能性について、毎年の命日に具体的に想像し思いを馳せるというような意味で考えられていること、もう一つは、忘れないでほしいことの対象として「飲酒運転による事故の教訓」も含められていて、「忘れない」でいることの対象・内容にさまざまな意味を込められる形となっていることに留意すべきだろう。このことは、損害賠償金の「命日払い」について、これを認容した判決と棄却した判決との違いの一つでもある。次に、この点を見てみよう。

†「命日払い」請求認容判決と棄却判決の比較検討

損害賠償金の「命日払い」請求を認容した判決は、「東名飲酒事故」判決を除くと、他にはわずかに二例を確認できるにすぎない。「東名飲酒事故」判決に前後する形で、全国各地の下級審裁判所を中心に、損害賠償金の「命日払い」を求める訴訟が確認できるだけで少なくとも十数件以上提起されているが、そのほとんどで「命日払い」請求を退ける判決が下されている。「東名飲酒事故」判決に前後する一定の時期に、損害賠償金の「命日払い」を求める訴訟が集中して提起され、全国各地に広がっていったことを考えれば、損害賠償金の「命日払い」請求／判決がおそらく同様に「死別の悲しみ」を抱えた原告当事者たちによって一定の支持を集めたことがうかがわれる。それにもかかわらず、なぜ、請求を棄却する判決が続いたのか。端的に言えば、裁判所／法の側の論理に従う限り、「命日払い」請求には従来の法的紛争解決とは相容れない「困難さ」が認められるからにほかならない。そしてこのことは、当事者が抱える「死別の悲しみ」に対する法のスタンスの取り方と大きくかかわっているものと見ることができる。この点について、「命日払い」請求が棄却された具体的な事例をもとに、確認しておこう。

事例は、「東名飲酒事故」からちょうど一年後の同じ日に起きた、飲酒運転の軽トラックによる小学生の死亡事故をめぐる訴訟である(9)。小学校一年生の娘を亡くした原告両親は、加害者運転手を被告とする損害賠償請求訴訟を提起し、定期金賠償方式を活用した損害賠償金の「命日払い」請求を行なった。裁判所は、原告両親の「命日払い」請求を認めず、一時金方式による損害賠償の支払いを認めた。以下は、判決文中「命日払い」請求を認めない理由を示した部分の一部[10]を引用したものである。

原告らは、本件事故により死亡した一江（被害者・仮名）の存在を忘れて欲しくないという素朴な感情から、定期金賠償を求めたと主張しており、その本人尋問で……被告にも命日を忘れてほしくない、また、それが被告の義務ではないかと述べた。……遺族としては、命日だけでも被告に思っていてもらうのが願いである旨述べた。しかし、被告が一江の命日を忘れないでいることは、本来、法的な強制の及ぶところではないであろう。原告……の言い分の本質は、将来にわたって、被告に一江を死なせた罪の重さと遺族の果てない苦しみを認識させたいという被害感情であり、すなわち精神的苦痛の表れであるとしか考えられない。遺族が将来にわたり苦しむのに対し、加害者がどのように思っているのか、それを問い続けたい気持ちはもっともであるが、そのような問題が損害賠償の支払方法如何で解決されるのか、なお疑問であるし、死亡逸失利益を定期金賠償とすることを一般に認める根拠とはなり得ないと考える。

ここでの「損害賠償金の「命日払い」請求は認められない」とする判決の論理こそ、先に見た近代法の下での人命の喪失をめぐる「法の謙抑性」スタンスの現われにほかならない（本章**2**参照）。判決の論理は、原告両親が「命日払い」請求に込めた「意味づけ」や「思い」を法的には受け入れ難いものとみなしている。すなわち、本件判決では原告両親が被害者の存在を「忘れて欲しくない」と求めたことに対して、そうした気持ちは「法的な強制の及ぶところではない」とした上で、「死別の悲しみ」を抱える原告両親の「被害感情」や「精神的な苦痛の表れ」であるとして、きわめて否定的な評価しか与えていない。また、原告両親が損害賠償金の支払い方法を「命日払い」とすることで、被害者の命日を特別な日として加害者に想起してもらうことを求め、その意味でも一時金方式ではなく「命日払い」とすることの意味を見出しているのに対して、本件判決は、そうしたことが「損害賠償の支払い方式如何によって解決されるのか、なお疑問」であるとして、またも否定的な見方に止まっているのである。

本件判決と「東名飲酒事故」判決のこうした違いは、より子細に見ると、被告に「忘れない」ことを求める気持ちを表明した「場所」の違いと、損害賠償金の「命日払い」請求の根拠づけをめぐる違い、以上の二点に求められるように思われる。前者については、本件判決文の先ほどの引用部分をみると、原告両親による被告に「忘れない」ことを求める心情の表明が、本人尋問という訴訟手続／法廷空間の内部で行なわれている。これに対して、「東名飲酒事故」の原告両親は、実はこうした心情を訴訟手続／法廷空間の「内部」よりもむしろ訴訟／法廷「外」の場で表明していたことを確認できる(11)。

次に、後者の「命日払い」請求の根拠づけをめぐる違いについては、「東名飲酒事故」の原告両親が「損害賠償金の支払い方式は、その支払いを受ける当事者の希望により、「一時金方式」か「定期金方式」かのいずれかを選択できる」とするきわめてシンプルな法的根拠に基づく主張（正確には、

「処分権主義」に基づく主張）を行なったのに対し、本件訴訟においては、原告両親の被告に対する「忘れない」ことを求める気持ち（「素朴な感情」）が直接、「命日払い」請求を行なう根拠づけとしても援用されている。

以上から、本件判決が「東名飲酒事故」判決と異なり「命日払い」請求を棄却する判断を行なった背景に、「法の謙抑性」スタンスが当事者の「死別の悲しみ」に対する裁判所の否定的な理解ないし警戒感として否定的に作用した側面を見てとることができる。つまり、訴訟手続／法廷空間の「内部」で原告当事者が「死別の悲しみ」に基づく心情を直接語った本件訴訟においては、そうした心情が否定的な法的評価に結びついて損害賠償金の「命日払い」請求を棄却する一つの判断根拠とされたのである。他方、「東名飲酒事故」訴訟では、原告両親は訴訟手続／法廷空間の「外部」でこそ損害賠償金の「命日払い」を求めたことについての意味づけや心情を積極的に語っているものの、訴訟手続／法廷空間の「内部」ではシンプルな法的根拠づけのみを主張し、「死別の悲しみ」に基づく心情と損害賠償金の「命日払い」請求を求める根拠づけを結びつけることはしなかった。そのため裁判所は、「命日払い」請求の当否を判断するに際して、法的には原告両親の「死別の悲しみ」に基づく心情を埒外《らちがい》のものとする「法の謙抑性」スタンスを堅持しつつ、法的な主張に対する判断評価のみに依拠して「命日払い」請求を認容することができたのである。

敷衍《ふえん》してまとめれば、本件訴訟では、当事者の「死別の悲しみ」が直接、訴訟手続／法廷空間の内部に持ち込まれたことにより、判決は「法の謙抑性」スタンスに基づいてこれに否定的な対応をとったのに対し、「東名飲酒事故」訴訟では、当事者の「死別の悲しみ」を「命日払い」請求の根拠と結びつけることをしなかったために、判決は「法の謙抑性」スタンスに反することなく、当事者の「死別の悲しみ」と結びつけない純粋に法的な論理の枠組みにおいて、その請求を認める根拠を示し得たということになる。(12)

†「命日払い」請求とその認容判決の意義

ここで、「命日払い」請求と「法の謙抑性」スタンスとの関係を改めて整理してみよう。「命日払い」請求は果たして、賠償を命じられる加害者（被告）の内心に立ち入る形で被害者や事件のことを「忘れない」よう強制するものであり、加害者（被告）の「内心の自由」を侵害するものであると言えるだろうか。「命日払い」請求の意義は、損害賠償金が命日に支払われるという「象徴的意味合い＝形」にこそ求められているのであり、実質的な損害賠償金の支払いが保険会社によって行なわれ、加害者（被告）が全くタッチせずとも済むことを考慮すれば、加害者（被告）には「忘れる自由」も排除されてはいない。「命日払い」請求はあくまで、賠償金の支払いが加害者（被告）にとって「忘れない」ことの契機となるよう期待するにとどまるものであり、加害者（被告）の「内心の自由」を実質的に侵害するとまでは言えないだろう。認容判決は、おそらくこうした判断に基づいている。

問題はむしろ、棄却判決の論理が「命日払い」請求を「死別の悲しみ」に基づく「感情的要素」を法の内部に持ち込むものと理解し、これを否定した点である。棄却判決は、原告両親が「命日払い」

請求に込めた意味づけを実質的な判断の対象とし、「被害感情」や「精神的苦痛の表れ」と評価してこれを排斥している。だが、原告両親が「命日払い」請求にどのような意味を付与しようとも、それは法が本来関知すべき事柄ではなく、法の外部に留めおくとする判断も可能だと言える。認容判決における「法の謙抑性」は、この面でも考慮されていたと見ることができる。

まとめると、「命日払い」請求／認容判決は、「死別の悲しみ」を伴う紛争の解決に際して損害賠償金の支払い方法という法の形式（定期金賠償）に当事者が「命日払い」としてさまざまな意味を付与する可能性を見出し、これを通じて、金銭賠償原則の下での「生命の金銭的評価」に伴うディレンマに一定の「折り合い」をつける一つの可能性・道筋を開いて見せた点にこそ、その意義があったと言えよう。

4　おわりに

これまで「命日払い」請求／判決をめぐっては、賠償金の支払いを死者の命日毎に行なうよう加害者に請求／強制する形式をとらえて、「法の謙抑性」要請に反して加害者に死者を悼むことや「償い」を強制することの問題点が指摘され、否定的な見解が主流と目されてきた。(13) しかし、「命日払い」請求／判決を子細に分析していく中で浮かび上がってくるのはむしろ、本来、法の外部にあって多様かつ個別具体的であるべきはずの「死者の悼み方」や遺族の「救済」のあり方が、近代法としての不法行為責任システムの下で過剰な一律化／縮減化に直面することの問題性である。すなわち、人命の喪失に伴う「厄介事」は早急に処理することが望ましいとする価値観が押しつけられることに伴い[14]、遺族の「喪の作業」を困難なものとしてしまう問題[15]や、社会の中で人びとが遺族とその悲嘆に向き合う機会とそのための能力・忍耐を失い、加害者／被害者の当事者間のみに問題を囲い込むことにより、社会の中で「不慮の死」に伴う死者を「悼むこと」そのものが困難さを帯びる状況の問題性である。

筆者のみるところ、日本社会における法と「死別の悲しみ」をめぐる問題は、二重の困難の下に置かれているものと思われる。一方では、近代法の論理・枠組みに基づいて法の世界から感情的なものを排除しようとする／排除されて然るべきとする理解によって、もう一方では、法の外部であるコミュニティーにおいてすら、「死別の悲しみ」を含む激しい感情が表出されることを嫌い忌避しようとする社会のあり方において、である。こうした状況が日本社会に特有のものであるかは定かではないが、法と「死別の悲しみ」をめぐる上記の構図は、日本社会における公共性のあり方ともかかわるものであろう。「死別の悲しみ」はそれ自体、きわめて私的な領域に属するものであるが、同時により公共性に開かれた意味空間においても、位置を占め得るもの[16]であるはずである。

法が、人の死をどのように悼むかという実質ないし中身についてまで立ち入ることは、確かに妥当ではなく、ましてや「死者を悼むこと」を強制することは、明らかに「法の過剰」であると言える。これに対して、「命日払い」請求／判決、とりわけ保険会社が加害者‐被害者の当事者間に介在し、賠償金の支払いに関与するケースでは、こうした「法の過剰」を回避することは十分可能であり、ある意味ではきわめて合理的かつ象徴化された「償い」の方法を提供し得る可能性すら秘めている。「命日払い」請求／判決は、損害賠償保険制度に裏打ちされた法的責任のあり方（金銭賠償）を前提としつつも、「生命の値段」算出を原理的に否定してみせることに一部成功していたものとみることができる。[17] 近代法の下での「金銭賠償原則」に基づいた法的責任のあり方それ自体は動かし難いものであるにせよ、賠償金の支払い方式／形式に対する「象徴的な意味づけ」付与を可能とすることで、死者の悼み方や遺族の「救済」のあり方を過剰な一律化／縮減化から救い出し、豊饒《ほうじょう》化し得る可能性を示して見せた点に、「命日払い」請求／判決の意義があったと言えよう。

現状では、他者に対して法的な責任追及を行なうことにより、かえって死者に対する追悼から他者を遠ざけ、追悼を形式化させてしまう側面がある一方で、「死別の悲しみ」を抱えた遺族当事者にとって他者に対する法的責任追及のプロセスは、遺族当事者自身が被害者の死を悼む意味でも、もはや避けては通れないものとなっているように見える。かけがえのない人の死を社会的に位置づけたいと願う遺族当事者の視点に立てば、社会の中で死を位置づけることのできる「然るべき場所や機会」が見出し難くなっている、ということにもなるだろう。社会の中で人の死を悼む場所や機会が失われてきており、法に一定程度その役割を担うことが期待されているとするなら、人の死を悼む場としての法制度のあり方について、[18] その可能性を改めて問う必要があると言えよう。

とはいえ、法的解決の一般性／普遍性要請と「死者を悼むこと」の個別性要請との原理的矛盾は、根本的には解消されない。近代法原理に基づく「法の謙抑性」が一般的に妥当することを前提とした上で、法的解決は、象徴的意味付与を通じた当事者の個別具体的な被害「救済」をどこまで許容し得るのか。法の根本原理を掘り崩すことなく制度としての「懐の深さ」をどれだけ示せるかが、「法と感情」のかかわり方と合わせて今後、問われるべきものと思われる。

（1）　報道等で確認できただけでも、これまで合わせて三件の訴訟が提起されている。提訴の日付順（いずれも、二〇一一年）に概要を記すと、①宮城県石巻市の私立幼稚園を被告とするケース。死亡した園児五人のうち四人の遺族が八月十日に提訴（『朝日新聞』同日付記事）、②宮城県山元町の自動車学校を被告とするケース。死亡した教習生二十五人の遺族が十月十四日に提訴（『毎日新聞』同日付夕刊記事）、③宮城県山元町の町立保育園を被告とするケース。死亡した園児三人のうち二人の遺族が十一月十四日に提訴（『産経新聞』同日付記事）、以上、三件である。

（2）　宮城県石巻市の私立幼稚園のケースについて、『読売新聞』十月十一日付記事、参照。

（3）　人身損害の金銭的評価をめぐって、岡本（一九九八）は、ローマ法以来の伝統が近代に至るまで「自由人の身体は値踏みをつける余地がない」としてきたことを指摘する一方で、「近代法（人格の平等・私的所有・契約の自由）の確立と産業革命を経由した経済社会の発展」が、「「人の価値」を法的に評価しうる諸条件を用意したものと思われる」と指摘している。

（4）　この点を指摘するものとして、和田（二〇〇三）、参照。

（5）　たとえば、このことを説明した法社会学の代表的なテキストとして、村山・濱野（二〇〇七）における記述を参照。

（6）上田（二〇〇六）は、こうしたプロセス志向をもつ遺族当事者（上田の用語では、「反目的的コンフリクト」を仕掛ける訴訟当事者）が、それ自体、合目的的な紛争処理プロセスである民事訴訟手続において「自らの切実な思いを誰も真摯に汲み取ってくれないという、果てしない「受難」」の経験にさらされざるを得ないことを指摘している。

（7）『判例時報』一八三八号、四〇頁以下、参照。

（8）一般的に法要等の一つの区切りとされる三十三回忌を意識したものと思われる。

（9）盛岡地裁二戸支部判決（平成十七年三月二十二日）、『自動車保険ジャーナル』一五九五号。

（10）損害賠償金の「命日払い」判決が認められないことについて、判決は、他にもいくつかの法的論点を挙げているが、ここでは省略する。詳しくは、小佐井（二〇一〇）を参照。

（11）筆者が行なった、原告両親、代理人弁護士に対する聴き取り調査の結果による。

（12）「命日払い」請求に対する裁判所のこうした対応については、常松（二〇〇九）が「東名飲酒事故」についての東京地裁判決を子細に検討し、同様の見解を提示している。詳細については、常松（二〇〇九）、とりわけ、同、二〇一頁以下を参照のこと。

（13）定期金賠償請求をめぐる判例動向をまとめたものとして、中園（二〇〇八）を参照。

（14）この点は、損害賠償制度が掲げる「被害の迅速な救済」理念についても、一定の範囲で反省を迫るものであると言えよう。「死別の悲しみ」を伴うような紛争の法的解決においては、被害回復（＝金銭賠償の実現）の迅速性よりも、当事者遺族が一定の時間プロセスを経ながら「喪の作業」を進めて行く機会の確保とこれに対する支援こそが求められると言えよう。このことは、犯罪被害者に対する支援についても同様である。

(15) 野田（一九九二）は、精神科医の立場から、法律家による賠償交渉の論理・進め方が遺族の「喪の作業」の妨げになっていることを批判している。

(16) もちろん、両者は絶えざる緊張関係の下に置かれている。たとえば、戦死者に対する慰霊や追悼のあり方が、また集団的な犠牲者を伴う大事故におけるそのあり方が、遺族の私的な「死別の悲しみ」を妨げ篡奪《さんだつ》してしまう問題は、常に意識されねばならない。

(17) 損害賠償請求に際して、亡くなった子どもの「生命の金銭的評価」というものを否が応にも突きつけられ直面せざるを得なかった原告両親にとっては、「命日払い」請求に象徴的な意味を付与することにより、「子どもの生命をお金に換えること」に対する忌避感・拒絶感をある程度和らげつつ折り合う意味合いも込められていたことが理解される。

(18) 犯罪被害者の権利にかかわる制度、たとえば、被害者参加制度や意見陳述の機会等も、こうした文脈に位置づけて理解することが可能であるように思われる。

■参考文献

井上郁美（二〇〇九）『東名事故から十年目の訴え――飲酒運転撲滅のために』河出書房新社。

上田竹志（二〇〇六）「紛争処理プロセスと目的概念」『法の理論』二五号。

近江幸治（二〇〇七）『民法講義Ⅵ　事務管理・不当利得・不法行為（第二版）』成文堂。

岡本詔治（一九九八）「第五章 人身事故損害賠償のあり方」、山田・淡路編（一九九八）所収。

小佐井良太（二〇〇四、二〇〇六、二〇〇七）「飲酒にまつわる事故と責任――ある訴訟事例を通して見た死別の悲しみと法（一）（二）（三・完）」『九大法学』八八号、九三号、九四号。

――――（二〇一〇）「死別の悲しみを伴う紛争事例の解決をめぐって――定期金賠償方式に基づく「命日払い」請求再考」『交通法研究』三八号。

澤井敦（二〇〇五）『死と死別の社会学』青弓社。

棚瀬孝雄編（一九九四）『現代の不法行為法――法の理念と生活世界』有斐閣。

常松淳（二〇〇九）『責任と社会――不法行為責任の意味をめぐる争い』勁草書房。

中園浩一郎（二〇〇八）「定期金賠償」『判例タイムズ』一二六〇号。

野田正彰（一九九二）『喪の途上にて――大事故遺族の悲哀の研究』岩波書店。

藤村和夫（一九九八）『交通事故賠償理論の新展開』日本評論社。

二木雄策（一九九七）『交通死――命はあがなえるか』岩波新書。

星野英一編（一九八四）『隣人訴訟と法の役割』有斐閣。

村山眞維・濱野亮（二〇〇七）『法社会学』有斐閣アルマ。

山田卓生編集代表・淡路剛久編（一九九八）『新・現代損害賠償法講座6　損害と保険』日本評論社。

和田仁孝（二〇〇三）「「個人化」と法システムのゆらぎ」『社会学評論』五四巻四号。

■バスジャック事件と少年法厳罰化の是非

二〇〇〇年五月に起きた西鉄バスジャック事件の被害者になって十年が経ちました。十年間、私なりに事件のこと、加害少年や被害者のことをいろんな出会いの中で考えてきました。

あの日、私は塚本達子先生（当時、六十八歳）と一緒に福岡天神行きのバスに乗りました。

最初、少年は牛刀を振り上げ「このバスは乗っ取った。荷物を置いて後ろへ行け」と命令し、居眠りで気付かなかった乗客に腹を立て、首を刺しました。本気で人を殺そうと思って生きている子はいないはずだと思い、〝少年の心が本来の心に戻りますように〟と必死で祈りました。次にトイレ休憩がとられ、戻ってこない乗客に腹を立てた少年はバスを出発させ、私の前に来て「あいつは裏切った。連帯責任です」と言って切りかかりました。私は、座席に座っていられなくなり、通路にころがり落ちました。傷の深い左手を肘掛けに、浅かった右手で体を支え、少年を殺人者にするわけにはいかないという思いで座っていました。その時、怖いという思いより〝こんなにしなければいけないくらい、少年の心は傷つき追い込まれていたんだ〟と感じていました。次に乗客が窓から逃げたという理由で塚本先生を刺しました。

広島でやっとバスが止められ、けが人三人が救出され、次のインターで残りの乗客全員が助け出されました。

バスジャック事件の前後にも悲惨な少年事件が続き、少年法改正の動きが出てきました。同年十一月、参議院法務委員会に参考人として出席しました。その時、少年犯罪被害者の会代表の方が賛成の立場で意見を述べられました。「わが子が数人の少年によるリンチで殺されたのに、正当防衛とされ、少年たちは、二－三年で少年院を出院してくる。そして謝罪もなければ、線香一本上げにこない。そんな少年たちはもっと厳しく罰してほしい」と。それを聞いて、もしわが子だったらと思うと、反対の立場で話すのがつらくなりました。でも事件で感じたことを話すしかないと腹を決め、「厳しく罰せられるから少年事件が少なくなるわけではない。犯罪に走らざるを得ない少年、その状況に追い込んだ大人社会のあり方やその背景を考えてほしい」と述べてきました。

しかしその後も、代表の方の話が頭から離れません。息子さんが殺された状況も知らされず、謝罪も何の援助もない状態の中、恨みに思って厳罰を望むしか道はなかったのかもしれません。私は入院先での手厚い看護や、加害少年の両親から（のちに少年本人からも）謝罪がありました。それを考えると、少年法改正よりも、事件後、被害者や遺族が支援を受け、加害少年や家族から謝罪や対応がなされることこそが重要だと思えてきます。

今、被害者や一般市民の感情を納得させるために厳罰化が叫ばれているようですが、被害者の本当の気持ちは、加害者の心からの謝罪と再び罪を犯してほしくないということだと私は思っています。

明治以降、加害者の更正に比重が置かれ、被害者は置き去りにされました。最近、被害者が声を上げることで、犯罪被害者支援法の制定など、やっと法が変わりつつありますが、昨今の改正の視点には疑問があります。私は、被害者も加害者も共に暮らしていける社会を目指した改正を望みます。それは誰でも被害者にも加害者にもなりうる可能性があると思えるからです。他人事ではなく、自分の身に引き寄せて考えていって欲しいと思います。

さて、わが子の不登校で苦しんだ経験のあった私は、事件後、事件の少年が不登校からひきこもりだったこと、今も子育てで悩む親がいることを知り、二〇〇一年に子育てで悩む親たちが語り合う親の会を仲間とともに始めました。親の会では、何かを教えるわけではなく、ただ話したいことを話すだけです。話したくない人は話さなくてもよいのです。でも皆さん明るく帰っていかれます。わが子が不登校の時、「話を聴いてもらうだけでいい、答えは自分で出すから」と言っていた言葉を大切にしながら。

親の会を続ける中、居場所の必要性を感じ、二〇〇二年、親の会で子どもの居場所「ハッピービバーク」を開設しました。最初、暗い表情で通って来る子も、「学校に行かなくても、良い子でなくても、ここは受け入れてもらえる」と子ども自身が感じた時、表情が柔らかくなり、他人に心を開いてくれるようになります。でも親や教師には、子どもの不登校は認めがたいものです。

事件の加害少年の場合も、家庭にも学校にも居場所がなかったと思います。生きていたいという感情すらなくなっていき、〝中学でいじめさえなければ〟というとらわれた考えが事件につながったのではないでしょうか。

亡くなられた塚本先生はモンテッソーリの教育論を引用して「幼児といえども自由意志を持った一個の人格であり、自分でその人格をつくりあげていく力をそなえている」とおっしゃっていました。もっと子どもたちの生きていく力を信じて、暖かく見守れる大人、親でありたいものです。

（親の会「ほっとケーキ」代表　山口由美子）

第2章　法は紛争解決を約束できるか

上田竹志

❖提　題

かりにあなたが、突然の事故で大事な肉親を亡くし、悲しみに暮れていたとする。そのあなたに対して、弁護士や医師が次のようにアドバイスした場面を想像してみよう(1)。

弁護士「ぜひ訴訟を起こして、逸失利益や慰謝料を加害者に請求して、裁判であなたの権利を実現しましょう。確約はできませんが、あなたの事件ならば四千万円は取れることが見込めます。そうすれば、この事件は法的に解決します」

医師「遺族の精神状態は、心理学上は現実否認・怒り・抑うつ・死別の受容から新たな生活への復帰へと推移するものです。今あなたは怒りの状態にいるようなので、あと二年もカウンセリングを受ければ気持ちも立ち直りますよ」

あなたは、「ああそうか、これで安心だ。このトラブルは解決するだろう」と思うだろうか。むしろ、何を無神経な、と怒りが先立つのではないか。

しかし、逆に弁護士や医師の立場に立って考えてみよう。何が問題なのか。

1　はじめに

上の例で挙げた弁護士や医師は、アドバイスの内容が間違っているから遺族の怒りを買うのか。おそらくそうではない。未来は誰にも保証できないが、弁護士や医師の見立てが正しいことは十分にあり得る。しかし、釈然としないものは残る。それは何か。

ここではむしろ、発言の真偽と別次元で、「誰に何を言う資格があるのか」という問題が先鋭化しているように思われる。非常に大上段なところから話を始めれば、社会とはさまざまなものの見方（観察視点）が、その優劣を決める最終審級なしに交錯する場である。そこには、いつでも誰に対しても主張できる永遠の真理などなく、発言は必ず再解釈にさらされ、「何を言うか」の問題にプラスしてつねに、「誰が、いつどこで、どう言うか」の問題（TPO）がつきまとう。

肉親を失って悲哀の底に沈む遺族当事者に、第三者の「〜すれば解決」という安易な未来の請け合いは無神経に聞こえる。死亡事故紛争がたやすく解決できると言うことは、死者の値打ちがそれだけ軽かったという意味にもつながりかねない（かといって、解決までの道のりが困難であれば当事者が納得するというものでもない）。

では、弁護士や医師ら実務家は、このようなトラブルに口を閉ざしているべきか。そうもいかない。彼らは、自分が寄って立つ専門的な視点からトラブルを観察・予測・評価・処理するのが仕事である。当事者が、必死の思いで実務家の門前に辿り着いたとき、医師が治療を拒否し、法曹が紛争解決を拒否すれば、なんらかの問題が生じそうである[2]。

では、どうしろというのか。

2　コンテクストをめぐる争い

† テクストとコンテクスト

紛争管理・紛争解決に関する文献では、解決困難な紛争として、イデオロギーや宗教に関する紛争が挙げられる[3]。これは以下のような事情によるのだろう。すなわち、紛争当事者の世界把握の中で、代替可能性のあるものが紛争の焦点になっているのであれば、その紛争はマネージメントの余地がある。当事者全員が満足するような取引の可能性を探ることもできるし、万一不満が残る紛争解決を押しつけられても、将来の社会関係の中で新たな満足を求めることも可能だろう。

しかし、紛争当事者にとってまったく代替可能性がなく、安易な操作や交換を許さないものもある。

紛争当事者にとって取引の対象となる個々の事物や出来事（以下、「テクスト」と呼ぶ）ではなく、その個々の取引や計算を可能にする価値や意味の物差し（以下、「コンテクスト」と呼ぶ）が争われた場合がこれに当たる。その例として、信仰やイデオロギーなどの、個々人の基本的価値観を挙げることができるが、この考えはおそらく任意の観察視点に拡張できる（たとえば法にとって正義／不正義の物差しは代替可能性がなく、自然科学にとって真／偽の物差しは代替可能性がないだろう）。

これらの物差しや、それを代理表象する観念が争われた場合（以下、「コンテクスト紛争」と呼ぶ[4]）、敗北はその観察視点にとって自分自身・世界全体の否定を意味する。したがって、コンテクスト紛争では、紛争当事者の存在理由や世界の存亡を賭けた、後に引けない死にもの狂いの闘争が展開されざるをえない。そこに計算や取引の余地はない。

† 親密者の死というコンテクスト紛争

このようなコンテクストの役割を担うものは、神や政治理念などの抽象的なものに限らない。具体的な人や物や出来事、とりわけ個人にとって親密な家族や恋人（以下、「親密者」と呼ぶ）の存在も、ときとして人のものの見方を支える物差しになり得る。人は、親密者と人生の長い期間寄り添うことで歴史を共有し、親密者との間に積み上げた秘密やルールが、いつしか自分の価値観にとって不可欠の構成要素になる。そんな親密者の死（ジャンケレヴィッチはこれを「二人称の死」と呼ぶ[5]）は、遺された者の世界把握の基礎を崩し、その世界を特異な形へ変容させる。本章では、以下とくに断りがない限り、親密者の死をめぐるコンテクスト紛争を検討対象とする。

彼らに弁護士や医師のアドバイスはどう響くだろうか。高度に一般化された観察視点は、あらゆる事物や出来事を、自分の文脈の中で説明（テクスト化）できる。法学や自然科学は、そのような視点の一種と考えることができる。ただし、弁護士は法的なものの見方、医師は自然科学的なものの見方から、死者を三人称（「彼／彼女」）として評価し、その紛争解決案を提供する。だが、当の紛争当事者にとっては、親密者は二人称的な存在であり、他の事物と取引・交換可能性がない。当事者は、親密者が「あなた」と呼びかけるべき存在から「彼／彼女」といった三人称の地位に転落し、計算や取引の対象となることを許さないだろう。(6) ここには、飛び越えがたい観察形式のズレがある。

3　コンテクストと時間

冒頭の提題を見返してみよう。医師や弁護士は、遺族の抱えるトラブルが法的であれ、医学的であれ、一定のプロセスを踏めば解決すると考えている。しかし、当の遺族はその見解を受けつけない。こんな場合、どうしたらいいだろうか。弁護士は、聞く耳をもたないのなら仕方がないと言って、法的紛争処理を控えるという考え方もあり得る。しかし、上記の問題は法学・自然科学をはじめ、およそ第三者的な視点をもつすべての観察視点にとって等しく妥当する問題である。したがって、法だけがこの問題から特権的に手を引くことはできないだろう。また事実上も、そのようなトラブルがさまざまな法的紛争の震源地となっている場合には、トラブルの放置には問題がありそうである。

ここでは、専門家の見解と当事者の観察にズレがあるのが問題なので、まずはそのズレの実相を解きほぐせないか、試みよう。

† 紛争処理プロセスとその目的

法の側の一般原則から出発しよう。民事紛争処理制度の中核にある民事訴訟制度の制度目的は、一般に、紛争解決にあると説かれる。[7] それは何も社会秩序維持のために紛争を鎮圧するのではなく、制度利用者である紛争当事者のために紛争解決するのである。[8] 言い換えると、民事訴訟制度は、トラブルを抱えた個々の紛争当事者に対して、訴訟制度を利用すれば最終的に紛争が解決されると約束していることになる。もっとも、裁判所は具体的権利義務に関する争いを解決する場であり、紛争解決とは実際には法的紛争解決に限られるとするのが、今日の通説的見解である。

訴訟手続は、訴えを提起し、当事者が主張立証を尽くし、最後に判決が出てそれが確定するという、一連の時間経過を伴うプロセスであり、さらにその前後に、裁判外紛争処理（ADR）や執行・保全手続なども予定される。その中で、紛争の中身も法的な出来事の時的連関として事実認定・法適用される（権利の発生・変更・消滅）。つまり法は、個々のトラブルが発生した場合、それを実体的にも手続的にも時系列の中で処理し、手続的な時系列の終着点には、「（法的）紛争解決」という看板を掲げている。

この見方に立てば、プロセスすなわち手続は、その終着点へ至るまでの道のりであり、手段ということになろう。法は、適法な（法自らが設定したゲートをくぐった）申立てがある以上、最終的に判決によって、当事者になんらかの紛争解決を与えなければならない。言い換えれば当事者は、適法な訴えを提起することで、最終的には必ず判決という法＝権利の確証・実在化へと辿り着くことができる。当事者は、この時系列の前（法の前）に立って、判決という紛争解決サービスを受けるかどうかを選択すればよい。プロセスは、あくまで紛争解決という目的のための道のり・手段だから、それは簡単で、迅速であればあるだけ望ましいということになりそうである(9)。

提題中の弁護士は、死亡事故をこのような時系列の上に乗せて、その時系列の終端に解決を見ているわけである。

† 系列化と変化

現実の出来事を時系列の中に配置し、その中で世界認識や問題解決を行なうというあり方（以下、「系列化」と呼ぶ）は、法だけに特有なものではない。医学もまた、患者の病因・病状を系列化し、今後の治療について方針を立てる。経済的な利潤計算も、宗教的な世界観も、あるいは個々人が世の中の移りゆきについて考えるときも同じだろう。系列化は、時間の経過や事物の移りゆきを考える際の、ごくありふれたものの見方である。そして、その時系列のどこか（中間地点でもいいし、歴史の終わりでもいい）に、それまでのプロセスが目指すべき目的を設定するのも、ごく普通の思考方法である。

なぜ、このように当たり前のことを確認するのか。系列化ができないものごとも存在するからである。任意の観察視点にとって、その世界把握を可能にする物差し＝コンテクストの移りゆき（以下、「変化」と呼ぶ）[10]がそれである。たとえば、法は正義の変化をあらかじめ予測し、現在の正義のあり方に組み込むことができない。自然科学も、いわゆるパラダイム転換としての変化を、現在の科学理論の中に組み込むことはできない。宗教者は通常、棄教した後のことを見積もりながら信仰することはできない。より身近な例で考えれば、あなた自身が未来においてしているであろうものの考え方を、現在の自分のものの考え方の中に組み込むことはできない。

このできなさは、観察対象の未来が予測困難であるなどの事情とは次元が違う。系列化は観察対象の未来を見立て、せいぜいそれが当たった、当たらなかったということが問題になるにすぎない。「あなたのケースでは、訴訟の勝敗の予測が立てづらい……」「医者はあなたが二年で回復すると言ったが、あなたはやや特殊なケースだった……。」だが、コンテクスト（価値や意味の物差し）の変化は、時系列（時間の物差し）の変化を含む。そのため、かりに未来の時系列の変化を現在の時系列に組み込むと、現在の時系列が変質する。そして、その変質した現在の時系列はふたたび未来にまで延びるのだが、その時系列がさらに将来どう変化するのかを考えなければならなくなり、無限ループに陥る。

「先ほどまで私は回復の希望がないと嘆いていたが、今や二年で回復するであろうと予想し、安心している私は、二年経つとどうなるのか。それを予想している私が二年経つと……」

このループは、現在の自分の中で堂々めぐりをしているだけで、来るべき現実の未来に届いているわけではない。ちなみに、医者が当事者に回復の見込みを伝えた場合も、ループが医者と当事者の間に発生するだけで、問題は同型である。

医師「あなたは二年で回復しますよ」
患者「なるほど。先ほどまで私は回復の希望がないと嘆いていましたが、安心しました。ところで、それを知った私の二年後はどうなるんですか？」

遺族にとって、親密者は自分のコンテクストに属する。その死は、時系列の上の出来事の一つなのではなく、時系列全体を揺るがせる変化である。それと同じように、死亡事故の解決もまた——それがどういうものであるかは不明だが——、時系列のどこかに置かれ、前もって予想できるような出来事ではないのだろう。そうすると、コンテクスト紛争の当事者にとっては、それが「解決できる」という約束からして、すでに信じがたいことになる。

4　自己言及問題

さて、**2**と**3**で挙げた問題は、「コンテクストの扱いづらさ」という点で同じ要素を含む。これを

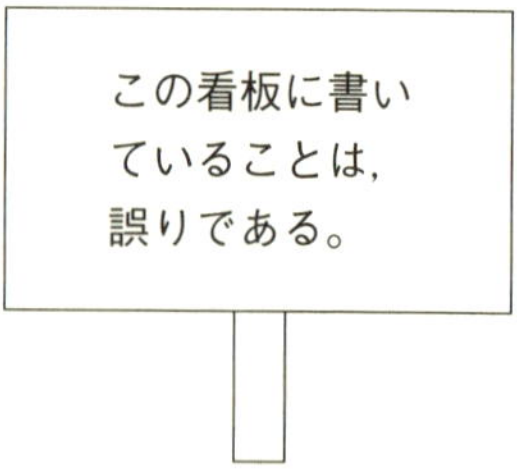

図2－1

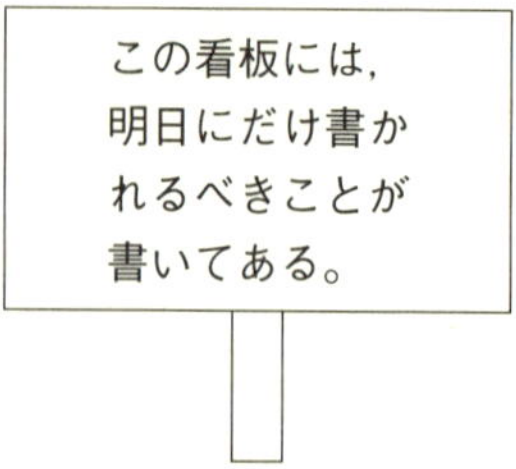

図2－2

別の言葉で言い直せば、これらの問題は、自己言及問題にかかわる。自己言及は、論理上の要素と集合の段階分け（これを一般に論理階型と呼び、本章でのテクストとコンテクストの段階分けに相当する）に違反した命題に生じ、パラドックスやトートロジーを生み出す。これは、社会のさまざまな事象に現われうる、ごく一般的な現象で、その典型例は上記のようなものである（図2－1）。

　看板の内容（テクスト）は、看板そのもののあり方（コンテクスト）に言及してはいけないとされる。この禁止を破ると、看板の中では真とも偽とも判断できない命題が生み出されるおそれがあるからである。だが、自己言及は論理学上の禁止にもかかわらず、社会上さまざまな場所に現われる。

　コンテクスト紛争や変化も、まさにこのような自己言及的な性格を含んでいる。コンテクスト紛争の当事者は、個々のテクストではなく、自己が言及（計算・評価・処理）できないはずのコンテクストを賭けた紛争に巻き込まれるため、当該コンテクストの内部で合理的に紛争を解決できない。また、そのコンテクストの変化をコンテクストの中にあらかじめ書き込むことも、どこかナンセンスな色合いを拭えない（図2－2）。

5　コンテクスト紛争の「解決」

当事者がコンテクスト紛争に直面することで、自己言及にまつわる諸問題に巻き込まれているとして、それが紛争解決の困難や実務家のアドバイスの難しさと、どう関係しているのだろうか。ここまでに挙げた理論上の道具立てを用いて、一つずつ考えてゆこう。

† 当事者はコンテクスト紛争の解決を系列化できない

まず、親密者の死にかかわるコンテクスト紛争では、当事者が真に望む紛争解決が、通常の時系列の上に存在しない。親密者を失った遺族は、死者が帰ってくればどれほど幸福かと切望するだろうが、それが起こり得ないことは、彼ら自身も重々承知している。当事者がどれほど手を尽くしても、望みのゴールに辿り着く道はない。その意味で、この種のコンテクスト紛争の当事者は、最終的な紛争解決を現在においてみずからに約束できない（このことを納得するだけでも、想像を絶する労苦を要するだろう）。

ここで、十分に法化された主体や、堅い宗教観をもつ者、自然科学的な物の見方ができる者ならば、そのような解決なき迷宮には迷い込まないだろう、との指摘が考えられる。彼は悲劇を前にして、市民として立派に振る舞った、科学者としての態度を崩さなかった……、などなど。だとすると、親密者の喪失というコンテクスト紛争は、法化されていない個人の偏った思い込みだとか、神なき世界の迷妄だとか、克服すべき前近代的な固執だということになるのだろうか。

しかし、コンテクスト紛争とは、当初の定義に従えば、世界把握の可能性の条件（物差しの存亡）が争われている紛争一般であり、必ずしも個人にとっての肉親の死などに限られない。たとえば、頭から爪先まで完全な学者は、自身の肉親の不幸に際して平静を保ち、他人にも同様の振る舞いを要求できるかも知れないが、自身が生涯を費やして研究した理論の不完全性を証明されたときに、平静を保てるかは不明である。そう考えると、コンテクスト紛争は任意の観察視点について等しく発生するのであり、コンテクスト紛争そのものを批判できる観察視点は存在しない。また、思い込みや固執が一概に「悪い」のでもない。思い込みや固執は、合理的・近代的な観察視点にも（「合理性」「近代」の正統性を支える条件の中に）存在するからである。

†当事者は第三者の提供する系列化可能な観察視点を受容しない

当該観察視点が構成する時系列の中に、コンテクスト紛争の終局的な解決が存在しないとしても、それを別の観察視点（法や医学、宗教や経済などの視点）によって外的に観察すれば、当の紛争を系列化することは可能だし、そこに終局的な解決を約束することもできるだろう（提題の助言）。

もちろん、当事者の権利が認められない、現在の医学でできることはない、などの消極的な結論が出ることもあるだろうが、それはそれで一つの解決と言える。なぜなら、一般化された観察視点にとって「良い」結論とは、その観察視点がもつ基本的な区別（正義／不正義や、真／偽）が適切に配分されていることであり、黒を白と言い含めるような、何が何でも望みの結論を引き出す態度は、かえってその観察視点を歪めてしまう「悪い」態度だからである。

さらに進んで、もしその第三者的な観察視点が社会的にも是認されているものであれば、当事者が自分の観察視点を第三者的なものに取り替えて（以下、便宜的に「変更」と呼ぶ）、周囲の人びとと同じ価値の物差しを共有し、その視点が系列化する紛争の解決を受容することも、また「良い」ことと評価されるだろう（とりわけ、受容された観察視点の内部では）。

しかし、だからといって、コンテクスト紛争にアドバイスを行なう第三者が、その親密者を三人称へと変容させるような観察視点の変更を促すことは、当事者の拒絶に出会うだろう。このことはすでに述べたが、敷衍《ふえん》すれば以下の通りである。

一般に、任意の観察視点を採用している者に対して、その視点から見て大きな値打ちをもつ個別のあれこれについて、取引や廃棄を求めることは困難だが、その大きな値打ちをさらに上回る取引条件を提示すれば、原理的には取引・廃棄も不可能ではない。

しかし親密者は、単に「大きな値打ちをもつ」から取引や廃棄が困難なのではなく、それが当事者の世界把握を可能にする物差しだから、その取引や廃棄をせよとの要求がナンセンスと映るのである。なぜなら、そのような物差しを取引・廃棄することの意味や良し悪しも、その当の物差しで測らざるを得ない以上、価値評価について自己言及のパラドックスがむき出しになるからである。

経済人「私ならあなたの正義を一億円で買い取りますよ」
法律家「ふむ、その取引は正義に適うかな、適わないかな？」

第三者的な観察視点は、コンテクスト紛争の重みを（重大な紛争だ、とは分かっても）それ自体としては把握できない。したがって、第三者が自分の観点からコンテクスト紛争を再構成して紛争解決を約束しても、紛争の実質や核心に迫ることにはならない。いわんや、第三者がコンテクスト変更を当事者に強要することは、一種の暴力ですらある。

コンテクスト紛争は、そういった操作なしに、コンテクスト紛争自体として――つまり、当事者が自分の世界把握の条件と直接向き合う形を維持したままで――紛争解決や紛争処理のあり方を考えるべきだろう。しかしそれは、当事者の傍《かたわ》らに立つ第三者にとってみれば、ややアクロバティックな態度を必要とする。

† 変化は空虚な可能性としてのみ示される

ここまでの議論では、「変化」の概念がまだ援用されていない。今まで検討したのは、任意の観察視点内部での系列化の可能性と、当該観察視点外部からの観察視点操作の可能性であった。これに対して変化とは、3に示したとおり、任意の観察視点がその内部から系列化できないやり方で、コンテクストあるいはその表象を変容させることであった。

外圧的な変更と、内発的な変化の差異は、本章の立場にとって非常に重要である。コンテクスト紛争の時間性に、変化の概念をもち込むとどうなるのか。任意の観察視点は、自身が予定できない変化によって、いつか自身の世界の見方が変容し、世界がふたたび当事者にとって了解可能なものとなる可能性がある。これは、コンテクスト紛争の解決の、一つのあり方と言えるだろう。しかし同時に、変化を予期する（系列化する）ことは、**3**で見たように、自己言及のパラドックスに抵触する。そのため、どのような変化がいつ起こるのか、当の観察視点からは予期も保証もできないし、その可能性の意味解釈や、変化が「良い」「悪い」という評価も、観察者にはできない。すると、任意の観察視点にとって、変化とは、その可能性が排除できない（「そんな可能性はない」という判断も、また計算の一種だから）ために、絶対的な可能性として存続するが、その反面、「あり得る」以上のことが何も言えないような、内実を欠いた可能性としてのみ、当該観察者にとって示される。これは抽象的に言えば、時間相関的な自己言及ポイントが内包を欠いた特殊なマーク（本章では、これを便宜的に「空虚な可能性」と呼ぶが、名称は何でもよい）によって表象される、ということである。

死亡事故紛争に即して考えよう。一方では、遺族は死せる親密者との関係が変化することによって、解決が失われた世界を彷徨《さまよ》うという耐え難いあり方から、自身が救済されるその時を待ち望むだろう。この救済への希望があればこそ、遺された者は、「いつか」自分が親密者の死を納得できる時が来る

「かもしれない」と、紛争解決への努力を継続できる。変化の可能性は、この救済を予感させる。

しかし他方では、今の世界把握のあり方から去って救済の彼方へ赴くことが、死者を二度殺すことのように思え、不在の死者に支配された世界に留まることこそが自身の使命のように感じることもある。妻を亡くしたミッシェル・ドゥギーが、世間の人びとが妻を忘れ去ってゆくことに抗して、喪を守り抜こうと決意しつつ、未来完了形をおそれる（「いつかきっと……してしまうだろう」）態度が、ここで想起される。(11) 良し悪しを決定できない変化の空虚な可能性は、変化に対する当事者の身構えを悩ましいものにする。

死亡事故紛争の遺族当事者の解決・救済をめぐる、上述のような状況は、第三者的な紛争解決への誘いと結びついたとき、当事者をやっかいな状況下へ導く。純粋な変化は、本来その良し悪しの判断ができない。しかし、医師や弁護士などの第三者的な視点が提示する未来＝紛争解決案は、法的／自然科学的な観察視点の下では、「良いもの」であり得る。そして、カウンセリングのプロセスにせよ、法的紛争解決のプロセスにせよ、たとえそれを観察する視点が異なっても、社会事象としては（ナイーブな言い方をすれば）当事者が見ているそれと同一である。

すると、訴訟の追行や適切な治療は、救済を求める当てのない彷徨《ほうこう》であると同時に、良き紛争解決への着実な道のりでもあることになる。この両者は区別できるのだろうか。訴訟を追行すれば、遺族の内心はどうあれ判決は確定し、紛争は法的・社会的に解決されたことになるだろう。適切なカウンセリングを継続すれば、親密者の死の最終的な意味づけはどうあれ、数年後には部分的にせよ心身が回復するのだろう。そして当事者自身も、法や自然科学のように、社会の中で一般に受け入れられている視点からの帰結――良き紛争解決――を無視することは、ほとんど不可能でもある。

だが、だからこそそれは抗いがたい誘惑でもあり、時におそれの対象にもなる。紛争の解決を空虚な可能性においてではなく、現在における実体として受け容れること――ドゥギーが「回心」と呼ぶ――は、死者との濃密な関係、真剣な喪の作業を裏切ることでもある。そうやって救済を解決の名で予定調和的に先取りし、現在へ算入することは、「あなた」の死を、ただちに「彼／彼女」の死へと変質させる。死者との二人称的な関係は、いつの間にか「変化」が「変更」へと変質することによって、解決の彼方へ押し流されてしまう。

二人称的な関係の維持は、社会的には非常に困難で、脆い道のりのように思える。内的には、その変化へのプロセスが、空虚な可能性がもたらす良し悪しの決定不可能性の中で遂行されなければならない。外的には、その決定不可能性を解消する、回心の誘惑に抗しがたい。希望なくしては生きられないが、希望は隠蔽された回心と見分けがつかない、という状況は、しばしば当事者の合理的思考を引き裂くものであろう。そして当事者は、それほどの困難にもかかわらず、来るべき変化が訪れるという保証も、その内実が何であるかという知識もなしに、ただそれを受動的に待つことしかできない(12)（この状況は、いわゆる passion の多義性に対応するかのようである。情熱、受苦、受動性……）。

この耐えがたい変化への待機をいかに持続させ、来るべき変化への身構えを行なうか。コンテクスト紛争のマネージメントは当事者や第三者にとって可能なのか。

6　「法の前」・イルカ・論理階型

フランツ・カフカの有名な短編に、「法の前」という寓話がある。日本語にしてわずか二ページ足らずの話だが、その注釈は山のようにある。(13) 概要は次の通りである。

†「法の前」

田舎からやってきた男が法の門の前にやってきて、門番に入れてくれと頼む。門番は「それはできるが、今はだめだ」と答える。法の門は開いていたが、門番の恐ろしげな格好を見て、男は入門の許可を待つことにする。男は門番に賄賂《わいろ》を与えることから門番の外套に付いたノミに頼み込むまで、ありとあらゆる手を尽くす。が、入門の許可は得られない。男は結局一生を門の前で費やし、死が近づく。そのとき、辺りが暗くなったのか、男の目がおかしくなったのか、法の門から一筋の輝きが見える。そのとき、今までのすべての経験が、男の頭の中で、これまで一度も問うたことのない問いへと凝集する。「誰もが法を求めているというのに、」男は死の間際、門番に尋ねる、「この長い年月、なぜ他の誰も入門を求めなかったのですか?」門番は答える、「他の誰もここに入ることはできない。なぜなら、この門はおまえのためだけに定められていたからだ。さあ、俺はもう行って門を閉めるぞ。」

さて、寓話は何も論証しない。だが、このやや宗教的な色彩を帯びた寓話は、実存や世界把握の条件を賭けた問題をどう考えるかという、まさしく宗教的な問題系にも通じる本章の課題を解き明かすために、いくつかの有益なヒントを与えてくれるように思われる。

†（分析1）問いと答え

男は「どうすれば入門の許可が得られるのか」という問い（コンテクスト）の中を彷徨い続ける。元はといえば、男は法を得るという目的をもって田舎からやって来たのであり、また門番の言を信じれば、法の門は幾重にも立てられている。が、男は眼前の最初の門に入れてもらうことに傾注し、他の門のことは忘れてしまうほどである。それなのに、一生かけてもついに最初の門をくぐる許可さえ得られない。

このゲームに正解はあったのだろうか。門番が入門を許可するような、男がついに見つけられなかったなんらかの手が。おそらく、その答え（テクスト）を探す方が間違っているのであり、男は問い（コンテクスト）を間違えていたことになるのだろう。つまり、法の門は、法に至るまでの単なる一コマ（法という目的を終着点として引かれた時系列の中の一要素）ではなく、「門前」そのものが男と法との関係という最上位コンテクストのトポロジカルな代理表象であり、それを通り過ぎて法に辿り着くには、という男の問いが間違っている。

†（分析2）コンテクスト変化としての論理階型上昇

男は人生の最後に、自分の問いを変える。つまり、これまで男は「どうすれば入門の許可を得られるのか」という問い＝コンテクストの中にいたが、最後の問いは今までの問いとは異なり、むしろ「「どうすれば入門の許可を得られるのか」という、私が一生をかけて遂行したゲームは、いったい何だったのか」という問いに属している。

ここで男は、自分と法との関係を変えてはいない。男は、法が役に立たないと言って立ち去るでもなく、法の門に押し入るでもなく（この二つは、カフカ自身が「大罪」と称した態度であろう。すなわち、「怠惰」と「性急さ」）、法に対する問い、「門前」という様相を維持している。

しかし男は、それまでの自分が属していた問い＝コンテクストを対象化して（上記のように、問いをより大きなカギ括弧の中に入れて）、新たな問いを問いかける。つまり男は、自分と法との関係の中で、論理階型を上昇させていると言える。この、別の視点へのすり替えなしにコンテクストを運動させる現象は、本章が着目する「変化」との近似を感じさせる。

論理階型の上昇は、単に寓話の中だけの話ではなく、一般的な学習の態様でもある。類似の現象を、イルカの学習の例に見ることもできる。(14) これは、特定の芸をすれば調教師から報酬（餌）がもらえることをすでに学習しているイルカに、「新しい芸をすれば報酬がもらえる」ルールを学習できるか実験したところ、イルカは十数回これに失敗し、精神的なストレスも募ったが、突然、明らかに興奮した様子を見せ、その後は新しい芸を立て続けに行なった、というものである。ここでもイルカは、自分が報酬を得るために属していたゲームで特定の芸を無反省に行なうだけでなく、ゲームのルールそのものを見直し、そのルールを一段高いレベルで学習し直している。

†（分析3）論理階型上昇の条件

論理階型の上昇を行なうために、男もイルカも、元々自分が属していた（と自身が考えていた）コンテクストの中で、一通りの失敗を経ている。この点、男はもってきたものをすべて門番に賄賂《わいろ》として与えてしまうが、それに対する門番の答えが示唆的である。「受け取っておくがな、これはただお前が何かやり残したことがあると思わないためだぞ。」そして、男もイルカも、多くの（失敗の）経験が凝集して、ある種の「閃き」とともに論理階型を上昇させる。

一般的に、任意のコンテクストの中で適度な成功体験が得られれば、そのコンテクストを変化させるインセンティヴはなく、反対に失敗や手詰まりがコンテクスト（ゲームのルール）への疑いを生じさせ、変化の引き金となることは、あり得る話である。

†（分析4）欺瞞

失敗の連続は、プレーヤーに大きなストレスをもたらす。男はみずからの不運を呪い、イルカはストレスから尾びれを水に打ちつける。ここで、男にもイルカにも、ゲームを見守る第三者（門番、調教師）がいて、このストレスを緩和させていたことが注目される。イルカの実験では、調教師はイルカが新しい芸ができなくても、何度か報酬を与えなければならなかった。これは、イルカと調教師の（任意のゲームを成立させる上位コンテクストとしての）信頼関係を維持するためであった。同様に、門番も男に椅子を与え、時々は男の身の上話を聞いている。

さらに決定的なことに、門番は男に入門を頼まれるたびに、「今はまだだめだ（jetzt nicht / noch nicht）」と思わせぶりな答えをして、入門のゲームを引き延ばしている。これは振り返ってみれば、門番が男を騙したとも言える。男は、結局一生かけても門には入れなかったからである。(15) しかし、本章での解釈に従えば、真に問題なのは「門に入れるか入れないか」ですらなく、門番の欺瞞《ぎまん》が結果としてもたらすところの、「待つ」というプロセスの継続の方がむしろ本質的である。だが、門番が思わせぶりな応答をせず、「門には入れない、待つことそのものが本質的だ」などと言ったとしたら、果たして男は生涯をかけて、法との関係を維持し続けただろうか。

†（分析5）変化の結果

論理階型の上昇が起こった先での、イルカと男の運命は対照的である。イルカは、行為と報酬との関係をふたたびマッチングでき、好ましい問題解決を手に入れ、実験が終わる。しかし、法の門で一生を費やした男にとって、問いを克服した先には新たな謎と問いがあるだけである。まさしく法の門は無限に反復し、男と法との距離は無限に延長されるかのようである（と同時に、この寓話は、他のいくつかのカフカ作品と同じように唐突に中断し、男と法の関係の時間性も、決定的な終結の契機——男の死——を欠いたまま、無限に引き延ばされるかのようである）[16]。すると、この問いの刷新は男にとって果たして良いことだったのか、悪いことだったのか、その評価すら困難である。この差は何に由来するのだろうか。

イルカの例はあくまで限定的な実験であり、イルカと調教師が行なった実験の全体は、実験者という第三者の、自然科学的な観察視点の下に置かれている。このトラブルは、イルカにとっても人生の一コマにすぎず、「良い」変化のあり方も、すでに予定調和的に期待されていた。

これに対して、男の法に対する関係は、男が実際そうしたように、彼の生全体を賭けるべき本質的なものと考えるべきである。男は、自分の生の外側に出ることができないのと同じように、法との関係の外側に出てそれを客観視することができないし、そのプロセス全体を監督する超越的な観察視点も存在しない。すると、変化の良し悪しは変化の外側から評価されず、評価は変化の内側からのみ行なわれ、物差しの運動を当の物差しで測るという自己言及のパラドックスが生じるため、結局、変化の良し悪しの評価自体ができない。コンテクストの自己運動とは、内的には良し悪しの評価を超えており、偶然性と必然性とが絡み合う、宿命的な色合いを帯びていると思われる。

本章が問題とするコンテクスト紛争は、イルカの例のような予定調和を前提にできないが、かといって第三者的な観察が完全に排除された、法の門のように厳しい世界を問題にしているわけではない。

自然科学的な客観性と、哲学的な内在性の双方から見たコンテクストの自己運動のあり方を参考に、本章は本章で、社会科学の領域にふさわしく、複数の観察視点が交錯する場としての社会におけるコンテクスト変化のあり方を考えなければならない、ということだろう。

7 コンテクスト紛争のマネージメント

さて、以上の分析はあくまでも寓話や実験から導きだしたものにすぎないが、この分析をヒントに、本章の問題関心とするコンテクスト紛争のマネージメントの可能性とその限界について、複数の観察視点――さしあたり紛争当事者・一般的言説（学者）・実務家の三視点――から検討を試みる。

†当事者の可能性と限界

まず、**分析2・3**から、当事者にとって大事なのは、みずからの世界把握を支える親密者との二人称的な関係（法の門も、男にとって「お前のためだけに定められていた」）を維持したまま、論理階型を上昇することであり、そのためのプロセスを重ねることだ、としよう。これを度外視して、第三者的な見地から権利実現や心身の回復のみを図っても、問題の根本に触れることにはならない。当事者は、このプロセスを遂行する中で、空虚な可能性の下に変化を待つことになる。

ところで、当事者自身は、自分がこのプロセスを遂行していることを意識化することができない

（言い換えると、当事者は現在の特定の営みを変化へのプロセスとして指し示すことができない）。なぜならそれは、自身の変化へのプロセスを、「論理階型の上昇」という目的に至るプロセスとして再系列化することを意味し、最初の問題設定と抵触するからである。そのため、変化のためのプロセスの一コマ一コマは、さしあたり、表面上は救済と重ね合わされた第三者的な目的を目指して遂行されつつ、実際には救済から逸れてしまう（失敗）という形を取り続ける。[17] 第三者的な系列の背後に重ねられた変化へのプロセスそのものは、その目的が空虚な可能性によってしか提示されないため、「変化－プロセス」を「目的－手段」の形で直接に図式化（系列化）できず、プロセスの純粋な行為遂行性だけが残る。それを自覚的に、変化という目的に奉仕する「失敗」へと当事者自身が再構成してしまうことは、失敗の真面目さ（**分析1**）に抵触する。

当事者「よし、将来の変化のために、真面目に当て外れの行動をするぞ」

言い換えれば、変化へのプロセスは、当事者にとっては図らずもその過程を生きているだとか、後から振り返って見れば自分がたどって来たのは変化への道程だったと振り返られるようなものであって、現在においてそれを対象化できるものではない。だから、当事者自身は変化へのプロセスを明示的にマネージメントできない。

† 一般的言説の可能性と限界

当事者は、変化へのプロセスを純粋な行為遂行性の中で生きるしかなく、それを観察しようとした途端に、遂行性がもたらす変化の可能性は逃げてしまう。一般的言説は、まさにこのことを理論的には記述できる（本章のように）。しかし、**5**で見たように、コンテクスト紛争には、当事者の観察視点と、第三者的な観察視点とのズレがあり、このズレの解消もまた、やはり再系列化による本質の取り逃がしに至る。そのため、第三者的な観察視点でしかあり得ない一般的言説と、個別当事者の行為遂行性は、同じ事象を問題にしているにもかかわらず、相容れないものを残し、両者は断絶せざるをえない。

この結果、一般的言説の側には、その資格上語り得ない領域が発生する。このことは、変化へのプロセスを促す第三者の働きかけについての分析で先鋭化する。

たとえば、**分析4**から、当事者が絶対的行為遂行的に変化へのプロセスを進めるにあたり、当事者本人に大きな負荷がかかることが考えられる。そのため、弁護士や医師が門番や調教師のように、当事者に論理階型上昇のもくろみを気づかせないまま、当事者を変化へのプロセスへと誘導・支援・マネージメントすべきである、という一般的な指針が得られると仮定しよう。

しかし一般的言説は、実務家が誘導し当事者が誘導される、その行為準則を明示的に語ることができない。なぜなら、自然科学や法学は秘教ではなく、その知は建前上、誰にでも――当事者にも――開かれているはずのものだからである。一般的な知の中に、嘘も方便だとか、隠された真の意図はこれ、といった内容を書き加えることはできない。これは、一般的言説を当事者に押しつけて良いか以前の問題であり、欺瞞《ぎまん》は欺瞞として明示されることにより、欺瞞としての力を失うからである（平たく言えば、それをあえて外から名指すのは「野暮」である）。

当事者「弁護士は、訴訟をやり通せば、亡くなった者もきっと浮かばれると言ってくれました」
学者　「知ってますよ、そのセリフはあなたに失敗のプロセスを尽くさせるための方便で、本当の目的は論理階型の上昇です」

† 実務家の可能性と限界

すでに見たように、当事者自身は変化へのプロセスをマネージメントできず、一般的言説はそれを語るうえでの限界があり、両者は断絶する。これに対して、弁護士や医師など、現場に関わる実務家は、一般的言説と個別的事象の境界線上という特殊な立ち位置にいる。彼らにとって、一般的系列化と個別的行為遂行を重ね合わせ（「欺瞞」はここに生じる）、当事者固有の観察視点を尊重しつつ、当事者の変化へのプロセスを支援することは、現場では可能であろうし、実際にそのような技法が行なわれている可能性もある。

ただし、目的－手段図式を使える通常の紛争処理プロセスおよびそれを利用する当事者のあり方と異なり、一般的言説が記述する空虚な可能性と、個別の当事者が生きる純粋な行為遂行性との間を架橋するのは、たやすいことではないようにも思われる。

たとえば、**分析5**から、変化へのプロセスの果てにあるのは二人称を維持した論理階型の上昇であり、それはすなわち、「良い」「悪い」の彼岸にある、宿命的な変化であるとしよう。当事者本人は変化を内在的・受動的に受け止める以上、このことはそもそも考察の主題にならない。一方で一般的言説は、空虚な可能性に条件付けられた変化へのプロセスとして、これを記述することができる。

ところで、当事者と一般的言説を媒介し、当事者に対して現実的な働きかけを行なう弁護士や医師などの実務家にとって、現実味のない「空虚な可能性」では困るだろう。というのも、自己言及ポイントを代理表象する空疎な抽象概念は、いかなる具体的な活動の指針も提供してくれないからである。

実務家は、自身の専門領域内で当事者を支援することはできるが、それが単に第三者的な紛争解決への系列をなぞっているにすぎないのか、当事者の二人称的な変化への道程と重なり合い、それを支援しているのかを判別・検証することはできない。さらに、かりにそれが変化へのプロセスを辿っているとしても、それが当事者にとって「良いこと」であると保証できない。しかも、**分析1・3**が示すように、そのプロセスは真面目に行なわれなければならず、それに費やされるべき時間や労力は多大なものになり得る。要するに、変化へのプロセスの支援者は、単なる第三者ではすまないところがあり、当事者にとって二人称的な側面をもたなければならない。

すると、とくに医師や弁護士等の高度な専門家にしてみれば、あたかも、法の門の前で男の一生を見つめ続けた門番のように、莫大な時間や労力を費やして、当事者と二人称的な関係を形成し、その変化へのプロセスに寄り添えというのは、不可能でないにせよ、現在の専門家のあり方を変質させるような、法外な要請になってしまうだろう。

弁護士「傾聴？　寄り添い？　私は忙しいんだ！」

8　変化へのプロセスの可能性を高める

以上をまとめると、二人称的な関係を維持したまま行なう変化へのプロセスは、ある種のコンテクスト紛争のマネージメントのために看過せざるべきものだが、このマネージメントにおいては少なくとも三つの問題があり、これが当事者（プロセスを生きる者）・一般的言説（プロセスを記述する者）・実務家（プロセスを支援する者）の三者に、それぞれ固有の困難をもたらす（一種の三すくみ）。そのため、変化へのプロセスを総体的に観察・マネージメントできる特権的な立場はない、ということになりそうである。つまり、コンテクスト変化による紛争解決を約束できる者は、誰もいない。

しかし、この三すくみは、変化へのプロセスが不可能であるということを意味しない。変化の可能性は、つねに排除不可能な形でマークされており、当事者・実務家・一般的言説のいずれも、パズルのピースの一欠片だけをもつように、その可能性の一端を担うことができる。そして、可能性の各々のピースが、コンテクスト紛争のマネージメントのために、重要な意味をもっている。

残された課題は、当事者・実務家・一般的言説の抱えるそれぞれの困難を緩和させ、変化へのプロセスの可能性をトータルで高めることだろう。当事者が遂行するプロセスの高度な様式化や儀式化、実務家が当事者を継続的にケアできる現実的な基盤整備や技法の開発、一般的言説がさまざまな理論的道具を駆使して行なう変化の条件の描出などは、その例と言える。

本章は、その可能性の一端をわずかながらでも高めようとする作業であった。

(1) 本書第1章担当の小佐井良太氏からご教示いただいた、現実の事案を敷衍《ふえん》したものである。その他、野田正彰『喪の途上にて』(岩波書店、一九九二年)、二木雄策『交通死』(岩波書店、一九九七年)など。
(2) もっとも、医師は医師法一九条一項で診療拒否が制限されるが、弁護士に一般的な事件受任義務はない。
(3) K・ボールディング『紛争の一般理論』内田忠夫・衛藤瀋吉訳(ダイヤモンド社、一九七二年)三六二頁、クリストファー・W・ムーア『調停のプロセス』レビン小林久子編訳(日本加除出版、二〇〇八年)三六九頁。民事訴訟の分野でも、類似の問題として「人格訴訟」「商業訴訟」の区別がすでに知られ、本章の導入する区別もこれと重なる部分がある。田辺公二『民事訴訟の動態と背景』(弘文堂、一九六四年)三五三頁。
(4) 実際には、多くの法的紛争の中に、多かれ少なかれ当事者の基本的価値観が反映され得るだろうから、本章の区別は分析的なものであり、特殊な事件類型に限った話ではないだろう。

（5）ヴラジミール・ジャンケレヴィッチ『死』中澤紀雄訳（みすず書房、一九七八年）二九頁。

（6）拙稿「紛争処理プロセスと目的概念」（『法の理論』25、二〇〇六年）一三七頁。

（7）兼子一『民事法研究第一巻』（酒井書店、一九四〇年）四七五頁。

（8）新堂幸司『民事訴訟制度の役割』（有斐閣、一九九三年）一頁。

（9）ただし、訴訟制度目的が判決のみによって達成されるかについては、民事訴訟の目的論との関係で議論があり得る。井上治典「民事訴訟の役割」『民事手続論』（有斐閣、一九九三年）一頁。

（10）以上の用語は、J. Ellis McTaggart, "The Unreality of Time", *Mind*, Vol.17, No. 68, 1908, p. 457. の「series（系列）」、「change（変化）」に従う。もっとも、用法は必ずしもマクタガート説によらない。

（11）ミッシェル・ドゥギー『尽き果てることなきものへ』梅木達郎訳（松籟社、二〇〇〇年）二〇頁。

（12）このような状況下で来るべき何ものかを「待つ」という態度について、さしあたり、ミシェル・ドゥギー「大－言」ミシェル・ドゥギー他『崇高とは何か』梅木達郎訳（法政大学出版局、一九九九年）五頁における「アイロニカルな超越」、ジャック・デリダ『マルクスの亡霊たち』増田一夫訳（藤原書店、二〇〇七年）における「期待なき待機」などの概念を挙げることができる。「待つ」という態度全般については、鷲田清一『「待つ」ということ』（角川学芸出版、二〇〇六年）。

（13）筆者には、そのすべてを検討する能力はない。差し当たり、ジャック・デリダ『法の前』三浦信孝訳（朝日出版社、一九八六年）、小林康夫『起源と根源』（未来社、一九九一年）。

（14）グレゴリー・ベイトソン『精神の生態学〔改訂第二版〕』佐藤良明訳（新思索社、二〇〇〇年）三七八頁。

(15) 同様の指摘が、カフカ自身の小説の中に表われる。フランツ・カフカ『審判』辻瑆訳(岩波文庫、一九六六年)三一九頁。
(16) 小林、前掲書、四九頁。
(17) この重ね合わせを廃して、ひたすら不在の親密者と向き合う態度も考えられるが、それはいかなる暫定的系列化も行なわない純粋な待機としてのプロセスであり、「変化を待ちながら」不毛な時を耐える、より厳しいものとなろう。

■法をめぐる虚実としてのハンセン病問題

あらゆる病に油断は禁物でも、ハンセン病をわれわれが過度に恐れる理由はなかった。感染しにくいために遺伝を疑われたこの感染症を血統主義的に忌む根拠は十九世紀の「らい菌」発見で失われたし、二次大戦後に普及した特効薬プロミンが患者を後遺症なく完治させたからである。しかし、この病に対する差別と偏見は近代日本の歩みの中でむしろ高められ今日まで継続し、深刻な人権侵害の歴史へと帰着した。そこには社会防衛の名のもとにハンセン病を公権力・社会動員を介して管理することを選択した国家の判断と、それを体現した法の存在が不可分に関わっている。

一九五三年に成立した「らい予防法」は、戦前一九三一年の「癩予防法」が確立した全患者に対する収容施設での終生隔離の強制という「絶対隔離」政策を継承した。この絶対隔離による患者「救済」を実体化する場が、全国十三か所に建設された広大な国立ハンセン病療養所だった。強制正当化のために虚構されたハンセン病への過剰な危機感はすでに戦前において医学的根拠を欠いていたが、全患者収容のための社会動員である「無らい県運動」を政府が継続する中で受容され、ハンセン病とその患者、家族への差別・偏見を拡大させた。新法を根拠に運動は自治体・保健所とさまざまな民間団体によって、むしろ戦前より積極的に展開された。しかし感染しにくい感染症患者への隔離強制という矛盾はもちろん、患者の終生隔離の場である療養所はプロミン治療により急速に元患者の収容の場に変容し、彼らの社会復帰要求は高まっていた。「危険な不治の感染症」という虚像に支えられた予防法と療養所は、一九五〇年代後半には万を越える入所者を抱えて自らの矛盾と社会の差別・偏見という現実に直面したのである。

旧厚生省は一九五六年に「軽快退所」準則を定め社会復帰を容認し、これと前後して入所者の所外労働も既成事実化したが、それらは法の「弾力的運用」とされ、患者・元患者に対する社会保障制度は依然予防法の枠内で、療養所内に限定して運用された。そこには法の強制隔離条項を根拠にハンセン病行政そのものとなった療養所の存在を正当化し、入所者への「処遇改善」と、入所者家族への生活保障を図る厚生省の方針があった。一九六〇年頃を境に社会復帰者も減少し、社会の「厚い壁」に阻まれ窮迫した彼らの再入所という事態も生じた。入所者高齢化への対応も迫っていた。厚生省は隔離施設としての療養所による「庇護」を選択した。それは予防法によって築かれた差別・偏見と療養所中心主義へのさらなる自縛を意味したのである。

入所者はどうか。戦後直後の所内民主化・プロミン獲得運動から、彼らは各療養所で自治会を組織し全国を結ぶ協議会を成立させつつ、新憲法を根拠に予防法の廃止と患者保護法の制定、社会復帰制度の充実、職員待遇を含む所内環境の改善を掲げた運動に取り組んだ。しかし新法の成立をめぐって高揚した運動は、絶対隔離政策の継続という挫折を経て次第に入所者の処遇改善要求へと重点を移していく。新憲法の掲げた民主・人権という「現実」への復帰を求めた運動も自らの生きる現実空間としての療養所という重い実体を無視できなかった。社会での足場を失い高齢化する人びとが、自らを苦しめた予防法を次第に「守護神」の如く思っていくことも避けられなかった。法の廃止と生活保障という二つの要求を維持する模索と苦心は、組織分裂の危機や個人的対立の緊張をもはらみつつ、孤立の中で連綿と継続されなければならなかった。

こうして予防法の矛盾と人生の現実を内包した療養所を舞台に、日本のハンセン病の歴史は、法と行政を介して国家がいかに患者を「正当に」管理し、また患者がいかに自らに及んだ管理と向き合いながら人間として生き延びるかという問題をめぐって、両者の葛藤の中に織り成された。それは虚構の予防法がその根底に抱えた矛盾に直面する生身の国家と患者ら当事者たちの、したたかで苦痛に満ちた交渉の過程であった。

一九九六年に予防法はその是非と責任を問われることなく廃止され、一九九八年には厚生省の入所者支援策が公表されたが、その内容と入所者要求との乖離に入所者協議会は失望せざるを得なかった。同年七月には予防法違憲国賠訴訟が十三名の入所者によって提起される。多くの入所者の困惑と期待、療養所空間の新たな亀裂を潜ませながらも、国家による謝罪と賠償を求めた裁判は二〇〇一年に原告側勝訴を迎えた。その後ハンセン病問題への広範な検証事業が第三者機関として設置された検証会議に委託され筆者もそれに参加した。しかし予防法廃止時にこそ、矛盾に実体を与えようとして人びとが陥ってしまったこの錯綜の歴史への真摯で繊細な対話は、本来なされるべきだったのである。

（西南学院大学非常勤講師　三宅浩之）

第3章　司法参加と「法の限界」

――われわれはどこまで法と折り合うことができるのか――

宇都義和

❖提　題

あなたにとって法律や法的な判断枠組みに触れることは、いったいどのような意味をもつだろうか。おそらく、権利意識の伸張につながる、トラブルに巻き込まれたときの対処方法を知る機会となるなど、その利点はいくらでも挙げられるだろう。だが、司法の空間における法が、社会生活の空間においても同様に妥当であるとみなされるとは限らない。しばしば、市民感情に反する判決が裁判官によって導き出されていることを考えれば、それは容易に想像できるだろう。

では、あなたが法的な基準、あるいは法的な判断枠組みでもって、なんらかの判断を下さなければならない立場に立たされたとしたらどうだろう。おそらく、法律や法的な判断枠組みに触れることの意味はより複雑になるに違いない。ここでは、人びとが法を意識するようになることはいかなる意味をもつのか、司法参加の空間を通して今一度考えてみたい。

1　はじめに

司法参加制度をめぐる議論の中で、当該制度による市民一般への作用の一つとして「法の浸透」を挙げることができる。それは、法律知識や法律家の法的思考の一端に触れることで、人びとが法を意識した考えをもつようになることを指す、とおおむね考えられている。この議論の中では、まず、人びとの感覚や認識枠組みと、法による判断枠組みとの乖離《かいり》が問題視され、次にこの両者の隔たりが「法の浸透」によって狭まっていく、あるいは改善されていく、と考えられているようである。そして、この浸透作用は、これまで司法参加の議論の中で、立場の違いはあれども、司法と人びととの関係の構築あるいは強化を促すものとしておおむね好意的に捉えられてきたと言えるだろう。

だが、以上の議論で語られる法なるものを、少し押し広げて考えてみると、いくつかの疑問が浮かび上がってくる。法は司法の空間において妥当性を有しているが、それは市民一般の多様な価値観、経験知、社会常識からすれば問題視される「限界」も含んでいる。たとえば、いわゆる市民感情からすれば、有罪あるいは重い刑を課すべきとされるにもかかわらず、法はその固有の性質ゆえに、社会の側とは相容れない、判決を導かざるをえない場合がある。法は人びとの期待に応えられない側面としての「法の限界」をもたざるをえない。そのため、司法参加によって人びとは社会との相容れない法の一面と向き合うことにもなる。加えて、「法の浸透」ははたして想定どおりの効果をもたらすのか、また、問題なくそれがスムーズに実現されるのか、との疑問も生じる。

こうした問題関心のもと、本章では、刑事司法における司法参加制度の「検察審査会」を検討対象に据え、司法参加を通じ、「法の浸透」は人びとにいかなる作用をもたらすのか、とりわけ、法的判断枠組みはどのように検察審査員に受け入れられているのか、について考察したい。

本章の構成は次の通りである。まず、検察審査会での「法の浸透」に対する従来の評価を確認した後、その評価の前提を「法化」論を手がかりに批判的に検討することで、本章の射程の絞り込みを行なう。次に、ある一人の検察審査員経験者から得た聞き取りデータをもとに、その審査員が「法の限界」をいかに意味づけたかを筆者の解釈を交えつつ確認し、「法の浸透」が果たしうる役割の見直しを図る。

以上の作業を通じて、司法参加における「法の浸透」をめぐる議論に対し、審査員経験者の観点を用いて修正を試みたいと思う。

2 「法の浸透」に対する評価と懐疑

†検察審査会制度における「法の浸透」評価

まずは、検察審査会をとりまく議論を簡単に整理し、次にその中で、「法の浸透」はどのように意味づけられてきたのか確認しよう。

検察審査会は、市民一般の中から選挙人名簿に基づき無作為に選ばれた審査員が、検察の下した不起訴処分の適否を審査する司法参加制度である。その機能を大きく二つに分けると、まず一つは、検察官の訴追裁量に対するコントロール機能である。検察官の下した不起訴処分の適否を審査することにより、その公訴権の行使が公正を欠くことがないよう抑制するもの（たとえば三井 二〇〇五）である。もう一つの機能は刑事司法における市民参加の機能である。一般市民がこの審査を行なうことにより、司法の民主化が図られるとするものである。

これらの機能に加えて、検察審査会は事件の審査を通じて、法の枠組みに触れる機会を審査員に提供するとされている。たとえば、裁判手続き、訴訟の流れ、法曹の判断枠組みなどこれら法的知識・枠組みの一端に触れることで、審査員の司法に対する知識と関心が高まるとする点や、事件の審査を通じ、社会の一員としての責任を自覚することで、公共意識の醸成もなされるとする点などである（たとえば丸田 一九八九）。民意の反映も行ないつつ、法的な判断基準を理解し、その妥当性を知ることで、司法と審査員との間の関係が形成され、もしくは強化されると考えられているようである。こうした「法の浸透」は、司法参加によって市民的常識や感覚、あるいは民意の反映を行ない、司法の適正化を図ろうという立場から主に司法参加の意義、効用の一つとしてこれまで主張されてきた。

さらに、審査員の法的な判断能力を疑問視する立場からも、かかる「法の浸透」は、異なった文脈でその必要性が語られている。そもそも一般市民は法律の専門家と比べ、法的な知識、判断能力が欠けているといわざるをえない。もちろん、事実認定においては、一般市民によって判断することが可能な場合もあるだろうが、複雑な法的知識を前提とするような事件の場合には、事実認定の場面でも法的問題と結びつけて判断する必要があり、そのため法律知識や法的判断能力は必要となる。審査員の法的な判断能力を疑問視する立場は、こうした一般市民の法的知識、判断能力の過少と、審査員が感情に左右されながら判断を下すことをとくに問題視する。公正かつ中立な立場で判断するためには、まず、人びとが法に基づき、事件の審査に臨む必要があると考えるのである。そのためにも、人びとへの事前の「法の浸透」が必要であり、なおかつ法がいかに妥当であるかを理解する必要があると考えている。

このように、二つの議論はそれぞれ、司法参加に対する見解の相違を抱えつつも、いずれも「法の浸透」を重視し、それによって人びとが、法的判断の妥当性に対する理解を深めることは必要であると考えているようである。司法への民意の反映を推進する立場からすれば、司法参加の意義の一つとして、一般市民の法的判断能力を疑問視する議論からは、事件に対する適切な判断がなされるための条件として、「法の浸透」を通じた法的判断の学習は求められているのである。

このように相反する立場をとりつつも、二つの議論には、法的な判断は人びとに受け入れられるとの共通の前提がある。だが、こうした前提に対して、一般の人びとが、何ら抵抗なくそれを受け入れるのか、という疑問も生じる。もちろん、社会において人びとは、法が有する意義や妥当性を認識することもあるだろう。市民感情からすれば、当事者への同情を抱きそうになる事件であっても、法的判断枠組みではそれを抑制し、客観的で公正な判断をなすことを必要とする。人びとは、そこに法的な判断の妥当性を認めるかもしれない。そして、この点は、既存の研究でも確認されている（利谷一九六八）。本章の立場は、そうした見解を否定するものではない。だが、それを支配的な見解とすることで、見落とされる問題があるということは提示しなければならないと考える。

ここでは、法の多義的な性質にも目を向けて、司法参加における「法の浸透」を見ていきたい。かかる視点から社会における法の作用を検討するのが、「法化」論である。この視点に立てば、これまで述べてきた「法の浸透」に対し、一義的な評価は与えがたいものとなる。

続いて、「法化」論の問題認識を簡単ではあるが確認した後で、その分析視覚を手がかりに、司法参加における一般市民への「法の浸透」を再検討してみよう。

†「法の浸透」に対する懐疑

「法化」論は、社会への法の浸透を安易に評価せず、法と社会双方にもたらされる、両義的あるいは意図しない作用に目を配りながら、社会における法の機能、役割を多角的に検討していく。よって、その分析視覚からすれば、「法の浸透」に一義的な評価を与えることについては、懐疑的となる。

さらにこの視点からは、「法化」では意図しない結果や、その企図する効果を達成できないことも考えうる。この点を説明するために、日本の「法化」論を牽引《けんいん》してきたうちの一人である田中成明の議論を見ていこう。田中（一九九六）は、法システムが初期の社会的目的や機能を果たしうるか否かは、社会構造、法システムの対応能力、一般の人びとや法曹の間で支配的となっている法文化、観念によって左右されると考える。そのため、「法化」の状況を検討していくには、社会構造の法化、制度の法化、一般市民の意識の法化の三つの側面の相互関係を細かく分析すると同時に、日本は文化的背景を異にする法システムを諸外国より次々と継受してきた経緯があることから、これら相互間のズレに着目しなければならないという。社会全体が法化しつつあるとしても、それに対応しうる法制度は未整備であったり、人びとの意識は依然として変わらないなど、三側面での法化の歩調は必ずしも揃うとは限らないというわけである。こうした田中の議論をふまえると、いかに司法参加制度が一般市民への「法の浸透」を促す機能を備えていたとしても、その意図通りに、人びとの意識が変化していくとは限らないと言えるだろう。

このように「法化」論の観点からすれば、司法参加における「法の浸透」は、はたしてその想定どおりの作用、効果を実現しうるのか、といった疑問が生じてくる。これまで司法参加の議論において、おおむね肯定的に捉えられてきた、「法の浸透」を通した法的な判断の妥当性の学習に対して、その目的の実現不可能性も推測されるのである。

そしてさらに目を向けておかなければならない問題がある。それは、司法参加の経験者を単純に「法化」の影響を受けるだけの「受容者」とみなすことへの批判である。この問題は、「法化」論が抱える課題の一つとして、これまで議論されてきた。

†「法の浸透」と受容者の能動性

「法化」がいかなる影響を及ぼすか、従来の議論では、その主体となる人びと、たとえば法規制の影響を受ける者は法の作用を一方的に受ける立場として描かれたきらいがある。そのため、これまでの研究は法に軸足を置いた考察へと偏重してきてはいないかとする批判もなされ、かかる受容者問題は、「法化」論の重要な課題の一つとして指摘されてきた（たとえば馬場 一九九四、佐藤 一九九八）。

そして、近年この受容者の能動性にも着目した「法化」論を展開する動きも広まりつつある。たとえば、行政法の分野での検討として（阿部 二〇〇六）の研究がある。阿部は、立法過程における権力の作用を検討する中で、規正法の制定とその影響を受ける者の反応から、制定者の意図したとおりに法が施行され、社会への効果をもたらすとは限らないと述べている。場合によると、法律の運用を託された行政機関によって法は無視され、あるいは規制対象者側の抵抗により、立法目的の実現は頓挫《とんざ》するかもしれないからであるという。

阿部の指摘からは、法が直接的にその受容者へ作用しない可能性、および作用したとしても受容者側がそれを受け入れるとは限らないという、法の「不安定性」と受容者の「能動性」を読み取ることができるだろう。この受容者の能動性という観点から検察審査会を考えてみると、「法の浸透」を、当該制度を好意的に評価する根拠として用いる前に、法は審査員の側にいかにして受容されているのか、今一度、確認する作業が求められるのである。

以上、司法参加における一般市民への「法の浸透」を「法化」論の観点から批判的に検討してきた。

その結果からすれば、「法の浸透」がその目的を達成し得ない場合や、逆に人びとと法との間に摩擦や対立をもたらすことも考えうる。おそらく、司法参加制度を好意的に評価し、その導入を推進する立場であっても、法が人びとの期待に応え得ない、あるいは人びとの感情、価値観とは反する結果を導かざるをえない、「限界」をもつことを想定していないわけではないだろう。

司法参加が法の多義的な性質と人びとが向き合う機会でもあるとするならば、司法参加制度を評価していくうえで求められるのは、主体となる当事者がいかにして、法を意味づけているかを検討することではないだろうか。先に確認した、法の「不安定性」、受容者の「能動性」からすれば、司法参加の空間で「法の浸透」は想定したとおりの作用を人びとにもたらすとは限らないからである。

3　法的判断枠組みとの「せめぎあい」

ここからは、福岡県内のある検察審査員経験者の森本氏（仮名・女性）に対して行なった聞き取り調査のデータを素材として、それに筆者なりの解釈を加えつつ分析していく。そして、審査会で知ることとなった「法的判断枠組み」の受容過程を通じて、「法の限界」はどのように審査員に意味づけられていったのか検討したい。

森本氏は審査員の任期を終えた後、その経験者たちで構成されている任意の団体「検察審査協会」に加入し、審査会制度の普及活動に従事している。この協会を通じて、筆者は森本氏と知り合いとなり、聞き取り調査をさせていただくこととなった。

その聞き取りの中で森本氏は、事件の審査をするうえでの「困ったこと」として、被害者側に同情の余地がありながらも不起訴とせざるを得なかった経験を語っている。それは、一方当事者が死亡している事件を審査した場面でのことである。彼女は同情の念から、不起訴以外の結論を見出しえないか検討を重ねるも、やはり不起訴とせざるをえないとの結論に至っている。このように考えると、森本氏の語りは一見すると、従来の議論が期待する通りの「法の浸透」が行なわれた例と言えるだろう。

† 法に対する一元的理解

まずは、事件の審査を行なう前後についての語り（データ①、②）を素材にして、受容者にとっての「法の浸透」作用を分析していく。その中で、事件の審査を行なうことが、法的判断枠組みに対する見方、捉え方にどのような影響を及ぼすかについて、検討していきたい。

森本氏は審査員となる前から審査会の存在を知っており、審査員に選ばれた際には、事件の審査に前向きであったという。では、事件の審査を行なう前、法的判断枠組みに対する認識はどのようなものであったのだろうか。この点につき、審査員に選ばれた時の語りデータ①を用いて確認しよう。

なお、以下のデータでは、（ ）は補足、〔 〕は方言の言い直し、［ ］は聞き手側の相槌《あいづち》、（…）は一秒程度の間を表わしている。

から。

【データ①】

森本　うん、驚くことは驚きましたよ。まさかほら、自分が当たるなんてねぇ、思いもしなかった

筆者　嫌だとは思わなかった？

森本　全然もう。もうー（…）、前向きやった〔だった〕。

筆者　その、前向きになった気持ちというのは、えー、そのー、正義感？

森本　そう、ね、ひょっとしたら①間違ったことをアレね検察側がして、ひょっとしたら私達で正せるかもしれない、そんな希望に燃えてやないけど〔じゃないけど〕、そういう気持ちやったね〔だったね〕なんか。

筆者　はぁ、はぁ、はぁ、なるほど。

森本　うん、本当ね。だき〔だから〕、私はね、嬉しかったよこんな機会なんて、ねぇ、そうそうあるもんやないし。だき、不安とかそういうものは全然なかった。

筆者　ほう、ほう、ほう。（………）不安に全然思われなかった理由・原因と言うのはご自身では何だったと思いますか？

森本　あぁ、それはあの、やっぱり、あの、（……）人が聞いたら自惚れかもしれんけど、②やっぱり自分きちっと常識ある人間だと思ってることと、［筆者　はい］、あのー、③ちゃんとした目でちゃんと判断ができるっていう「自負」（…）かな、うん。

筆者　そのー、まあ実際取り扱う（………）。
森本　実際見る前（事件の審査をする前）の、事前のことやけんね〔だからね〕、まだね。④その、その段階のときはそうだった。うん。

この語りを読む限り、森本氏は事件の審査に臨むにあたって、不安はあまりなかったようであり、逆に前向きであったように見受けられる。それは、元々、簡単な内容程度の知識ではあるが、審査会を知っていたこともあり、自分でも事件の適正な審査が可能であると考えたためだろう。

ここでの法的判断枠組みに対する森本氏の認識を確認しておこう。まず、森本氏の「自負」とは、自分は「常識ある人間」（傍線②）であって、そのため事件の審査においても、「ちゃんとした目でちゃんと判断ができ」（傍線③）、検察の誤った判断を正しうる（傍線①）ものと言える。事件の審査にあたり、専門家（検察）とは異なる自身の視点、もしくは判断枠組みに基づき事件を判断することで、正しい結論を導きうるのではないかとする期待と自信がここでは見受けられる。それゆえに、法的な判断枠組みと森本氏のものとの間には、事件の審査をめぐって、その視点、枠組みにおける差異が意識されており、なおかつ自身の結論が法的判断枠組みで出されたものより、妥当性を有するのではないかという期待があったようである。さらに、そうした「自負」によって、審査員として自分が何かの役に立てるのではないかとする、期待もあったように思われる。

以上の点をまとめると、この段階では、第一に、森本氏が法的判断枠組みをやや一元化していることを確認できる。そして、第二に、それとの対比で、自身の判断枠組みに対する自負が伺える。だが、この自負は、傍線④「その段階のときはそうだった」と言うように、事件の審査をする前のものであったことを確認しておこう。次のデータ②以降では、事件の審査を通じて、この自負は揺らいでいくこととなる。

† 法的判断の適用

では次に事件の審査を通じて、法的判断枠組みに対する見方、捉え方がどのように変わっていったかを確認しておこう。ここでとりあげるデータ②は、交通事故により一方当事者が死亡した事件の審査をめぐる語りである。ここで森本氏は、審査員としてみずからの感情に偏った判断ではなく、いうなれば法的判断枠組みに基づいた判断を行なっている。亡くなった一方当事者、遺族に対し、彼女は同情の念を抱きながらも、審査の結果、不起訴とせざるをえなかったという。このことは「困ったこと」として、次のように語られている。

【データ②】

森本　困った、というのはねぇ、あのー、（捜査）資料を読んでいってね、読んでいって、やっぱりあのー、何て言うかいな〔なんと言えば良いのか〕。こう、⑤無罪じゃないけど、そんなふうに（検察の不起訴処分を）下された人の方が、（事件の審査を申し立てた側に）こう、同情はしてもやっぱり正しいんよね。正しいというか、正しい判断をしてはるんよ〔いるのよ〕、その（捜査）資料はね。これだけ調べて、結果的にあのー、こっちの方が悪いと、ね。あのー、だけん〔だから〕申し立てしとんしゃあ〔している〕人の気持ちはすごく分かるんだけども、同情するんだけども、やっぱりあのー、事務的じゃないけども、こう調べた結果こうだったらやっぱり（……）、罪はこっちにあるなみたいな、んー。

筆者　（……）ということは、そのー、不起訴になった方が（………）。

森本　そう、やっぱり、不起訴かなと、うん。ほとんどやっぱ、そういうアレやったけどね。もう同情する余地もいっぱいあるったいね〔あるのよね〕。片方が亡くなりしとんしゃったらね〔亡くなっていればね〕。あのー、（そし）たら思うけども、おも、思うし。思うけどもやっぱり、こう事実を見てみると、やっぱり不起訴になった人の方が、やっぱり、あの、⑥正しんじゃないっちゃけども、正しいんじゃないけど、罪かと言われれば罪じゃないんよね。

筆者　それは資料を判断したうえで、そうなってしまう？

森本　そう、そう、そう。（そうなって）しまう。

ここで示されているのは、いわば審査員に求められる認識枠組みと森本氏独自の認識枠組みとのせめぎ合いである。森本氏は、一方当事者が亡くなる事件について最終的には「不起訴相当」の決定に票を投じている。だが、その結論に至る経緯からすると、苦慮することなく判断したとは言いがたい。

彼女は、死亡した当事者に対する「同情」の念を抱きつつも、相手方当事者を「不起訴相当」とせざるをえなかったからである。そのため、法的には「罪じゃない」が、自分としては「正しくはない」とする二つの判断のせめぎ合いが語られているのである。

審査員に求められる判断枠組みとは、法の規定に基づきつつも、事件の内容、状況等を総合的に勘案した、柔軟性、妥当性を兼ね備えた法的判断枠組みである。そしてこの観点からすると、審査対象である被申立人の行為は「罪」とはならない。森本氏は審査員となる前、このような判断枠組みを知る機会はなかったが、審査員となってからは、裁判所から一通り審査員の心構えや事件の審査に臨むにあたっての留意事項等の説明を受け、徐々にこの判断枠組みの妥当性を理解していったのだろう。

しかし、同時にここでは「正しくはない」とする結論も同時に示されている。この判断は、おそらく死亡した当事者への「同情」から生じる森本氏独自の判断枠組みに基づくものと思われる。最終的な判断を不起訴相当としていることからすれば、森本氏は前者の枠組みでの判断が事件の審査では必要であり、自前の認識枠組みよりもこの審査会の場では妥当性を有していると判断したのだろう。

ここで強調しておきたいのは、まず、事件の審査を通じ、森本氏の中で法的な判断枠組みが複雑なものとして認識されていったことである。それは、法規範を形式的に適用するものではなく、状況に応じた柔軟性と妥当性を備えたものである。先のデータ①では、検察の判断に誤りがあれば、それを正すという自負が語られていた。だが、事件の審査を行なう中で、森本氏は当初の法的判断枠組みに対する捉え方が一面的であったことを理解するに至ったのである。その結果、この事件を判断するにあたり、森本氏は法的判断枠組みを受け入れざるをえなかったと言える。要するに、森本氏は審査員の経験を通じて、法的判断枠組みの妥当性を理解したと言えるだろう。

だが、二点目として確認しておきたいのは、森本氏が法的判断枠組みの限界をも知ることとなった点である。法的判断枠組みと自身の判断枠組みとの「せめぎ合い」の中で、前者は森本氏には必ずしも納得のいくものとして捉えられてはいない。被申立人を「起訴相当」とすることはできない、あるいは困難であると認めつつも、森本氏自身の観点からすれば当該行為は「正しくない」とされている。このせめぎ合いを通じて、法的判断枠組みの限界が照らし出されている。その限界とは、柔軟性、妥当性を有しつつも決して感情的な判断でもって事件を審査することはできない、情緒的配慮を抑制せざるをえない法的判断枠組みの限界である。それは言い換えれば、法が応答しえない、対応しえない領域である。それゆえ、データのはじめに語られた「困ったこと」とは、亡くなった一方当事者への同情のみでなく、自身がかかる法的判断に基づいて判断しなければならないこと、さらにその判断枠組みが有する限界も指しているのではないかと考える。

だが、こうした限界は、法的判断枠組みからすれば、その正当性根拠の一つでもある。たしかに、市民一般の感情からすれば、批判を受けるかもしれない点ではあるが、情緒的な判断に与しないからこそ、法的判断はその正当性、妥当性、公正さ、そして自律性を有していると言える。

ここまでの分析をまとめよう。森本氏は、審査員の経験を通じて、当初描いていた法的判断枠組みへの認識を改めることとなった。一つは、事件を判断するうえでの妥当性であり、もう一つは情緒的判断を抑制するというその形式的限界である。そして、森本氏は実際に事件を判断する際に、法的判断枠組みに依拠した判断を行なっていることからすれば、その妥当性を一応は、受け入れていると考えられる。つまり、従来の議論が言うように、司法参加を通じて法的判断の妥当性を理解した、と言えるかもしれない。

しかしながら、感情的な葛藤を抱えながらも法的判断枠組みに基づき「不起訴相当」と判断したことで、その行為、その場面だけをもって法的判断を妥当なものとして受け入れたと考えてよいのだろうか。森本氏がその行為をどのように意味づけ、受け取っているかを確認せずに評価するのは、早計だろう。

4　法的判断の文脈

†司法における手続き上の制約

「不起訴相当」の結論へと至る過程で生じた二つの判断枠組みによる「せめぎ合い」は、「法の浸透」による反作用とも考えられる。法的思考を身につけることは、みずからのうちにある感覚や思考との摩擦・対立を強めることになるかもしれない。また、このような法との摩擦や対立は、市民一般の視点から法あるいは司法制度を批判する議論、もしくは裁判制度を利用した訴訟当事者たちから、これまで司法と市民との関係において、否定的に位置づけられてきた。

とするなら、ここでの亡くなった一方当事者への「思い」をかかえつつも、「不起訴相当」としなければならない「法の限界」は否定されるべき問題だろうか。司法制度の側からすると、そうしたズレは逆に法、あるいは司法の妥当性の裏返しとも言えるはずである。では、審査員は、どのようにこうした「法の限界」を引き受けるのだろうか。

この点につき、最後に「不起訴相当」と書いた後の語りデータ③、④を用いて、検討しよう。森本氏は「不起訴相当」の議決をする際に、書く必要がないにもかかわらず、その投票用紙にみずからの意見を書いていたという。

まず、データ③では先に述べた「法の限界」と照らし合わせつつ、この「意見を書く」という行為の意図を探る。その後で、データ④では、その行為の分析を通じて、「法の限界」がどのように意味づけられているか検討する。

【データ③】

森本　やっぱこっちの（申立て人である）親御さんたちの思いをアレしたら、こう「ぐっ」とくるけども。やっぱり事実を見てみたら、やっぱ、どうしてもこっち（死亡した当事者）が悪いんよねー。不起訴になった人の方がやっぱり、あのー、正しいとは思わないけれども。だけん（だから）、必ずほら（投票用紙に）不起訴と書いたら何も訳を書かなくていいわけよ、ね、審査のときに。（そ）んで、でも私はやっぱ、こうー書いてた。それは、あのー、⑦不起訴だけどもあのー、こういう気持ちをもっと欲しいだの何だのとね、やっぱ書いてた。

筆者　意見を書いていた？

森本　そうそう。あのー不起訴の場合は不起訴だから、何も書かなくていいわけ。もう不起訴でさっと出していいっちゃけど（いいんだけど）。なんかね、不起訴じゃないときは（意見を）書くんやけどね。でもやっぱり（……）、⑧もうちっとこう、気遣って欲しいとかいろいろ書きよったよ。うん、不起訴だけども。

審査員が検察の判断を追認して事件を不起訴とする場合には、議決投票用紙に意見を付け加える必要はないとされている。にもかかわらず、森本氏は「不起訴だけどもあのー、こういう気持ちをもっと欲しい」（傍線⑦）、「もうちっとこう、気遣って欲しい」（傍線⑧）とする意見を書き添えていたという。この行為の主な理由は、おそらく、たとえ「不起訴相当」の議決を出さざるをえない中でも、検察もしくは不起訴となる当事者に対し、亡くなった一方当事者へ配慮を求めるためだろう。

「不起訴」の判断を行ないながらも、議決投票用紙に意見を書くこの一連の行為を、先のデータ②と照らし合わせて考えてみると、それは法的判断枠組みが有する限界への、森本氏の一つの応答とも見て取れる。審査員の立場からすれば、「不起訴」の判断を下さざるを得ない。このことは、審査員になる前に抱いていた自前の判断枠組みよりも、審査員に求められる判断枠組みが優先され、司法の空間では妥当性をもつことを自認していることを表わしている。だが、「不起訴相当」では割り切ることのできない判断が森本氏からなされていることも看過できない。繰り返し語られる「正しくない」とする判断からもそれは明らかであろうし、投票用紙に書かれた意見の内容（傍線⑦、⑧）からも、そのように考えられる。つまり、森本氏の「不起訴相当」は、法的判断枠組みに対するカッコ付きの「同意」なのである。

とはいえ、書く必要のない意見を付け加えた「不起訴相当」であっても、それは審査会の手続き上、単に「不起訴相当」の一票としてしか扱われない。意見を書いたからとはいえ、それは審査会の議決に影響を与えるものでもない。さらに、審査会全体の議決を取りまとめる上での投票であり、なおかつ「起訴」以外の判断であるため、森本氏の書いた意見が、検察や被申立人に伝わるかも疑わしいとするなら、手続き上、そして司法の空間では、この意見を付け加えるという行為は無意味に思える。

しかし、次のデータ④の語りをみると、この行為は、みずからの判断が誤読されないためのものであることが分かる。また「法の限界」に対する森本氏の意味づけを探る上での、重要な手がかりにもなっている。

†「法の限界」に対する手当て

【データ④】

筆者　（…………）それは（精神的な）負担になったりするというのはあるんですか？

森本　いや、もう、負担には、ならな（………）っていうか、もう一旦、うん負担にはならない。

そうねー（………）、こう気持ちを、尾を引くかっていうことやろ、要するにずっと後に。

筆者　そうですね。

森本　うーん、そうね（………）、交通（………）、尾を引くほど、もう一回〔被害者側から申し立て書を〕出されるとアレやけん、尾を引くまではいかんけども。うーん（………）、やっぱ不起訴を丸するときもなんかちょっと、ね、こう、ちゅう、ちゅう、躊躇《ちゅうちょ》はせんちゃけども〔躊躇はしないが〕、⑨もう不起訴、これはどう見ても不起訴やね、って感じやから。あの、躊躇はしないまでもなんかね、なんか切ない思いはあるよね。うーん。ほいで、そういう部分よね、あのなんか裁判でこうー判断下すっていうのは、白黒下すっていうのは。ねぇ、⑩なんか、この「思い」っていうのはなんか、なかなかね、こう反映されるのかなと思うね。なんか裁判でとかね、ちゃんと、まあ、あのー、⑪裁判下した後、「執行猶予こうだけども、こうこうあなたはこうこうですよ」とか、「こうしなさい」とか裁判官がよく言われるアレがあるけども、まあちゃんと言ってやりよんしゃちゃろけどね〔言っているんだろうけどね〕、ふふふ。なんかそういう思いはあるよね、なんか（………）、うーん（………）。白黒はっきりするのがなんかね、気の毒なって言うか。

意見を書く行為は、審査会での手続き、つまり司法の空間上は意味のない行為に思える。だが、それは自らの判断が誤解されるのを避けるために「不起訴相当」の判断に文脈を付加するという重要な役目を果たしている。それと同時に、この行為は自身の活躍の場あるいは役割を確認する行為にもなっている。

データに沿って確認していこう。森本氏は、最終的な判断を行なう際、躊躇しないまでも、「白黒」つける行為に違和感を感じていた。それは、「切ない思い」(傍線⑨)として語られている。だが、「白黒」つけたくないにもかかわらず、審査員の選択肢は限られている。なおかつ、法的判断枠組みを考慮しつつ、審査会での手続きや形式にのっとって判断しなければならない。「不起訴相当」と判断する限り、「切ない思い」を伝え、それを反映させる余地はない(傍線⑩)。森本氏の判断は括弧つきの「不起訴相当」であるにもかかわらず、司法の空間では単に不起訴相当の投票として処理されてしまうのである。

だが、これまで見てきたように、それは森本氏の本意とはズレを含んだ判断である。白黒つけざるをえない中で、白と判断したが、それは単なる白ではなく、「正しいんじゃないけど、罪かと言われれば罪じゃない」(データ②)白、つまり文脈を含んだ「白」(「不起訴相当」)であった。すなわち、意見を書く行為は、みずからの判断に含まれる文脈(「割り切れなさ」)を示すことで、みずからの判断が誤読されることを防ぐ行為と言えるのではないだろうか。これまで確認したように、森本氏の本意は単なる「不起訴相当」ではない。だが、司法の空間では、「なんか、この「思い」っていうのはなんか、なかなかね、こう反映されるのかなと思うね」(傍線⑩)と述べられているように、その判断の文脈は削ぎ落とされ、単なる不起訴相当として処理されてしまう。だが、それは司法の空間を出ると、「不起訴相当」では割り切れない意味があることを、この意見を書く行為によって示そうとしたと思われるのである。

さらに、この文脈を付加する行為は、「法の限界」に対する森本氏の意味づけを探るうえでも、一つの手がかりを与えてくれる。意見を書く機会は通常審査会の手続き上与えられておらず、そのため、森本氏の「思い」は反映されることなく、単に「不起訴相当」として処理されてしまう。裁判官による訓戒（傍線⑪）が示唆しているように、司法の空間では、公的な効力を付加したうえでこうした「思い」や「文脈」を表明できる場はない。それは法では対応できない、人びとのニーズに応えることの出来ない部分である。審査会に申し立てを行なった当事者に対して法が応答し得ない領域、つまり「法の限界」である。

意見を書く行為はこうした「法が手当てしえない領域」の確認のみならず、自身が活躍できる領域を確認する行為にもなっていると思われる。データ①を振り返ってみよう。事件の審査に臨む前、森本氏は自らが活躍できる場を得たことについての意気込みを語っていた。だが、事件の審査を通じて、その場は狭められているように思われる。しかし、事件の審査、ならびに意見を書く行為を通じて、法が対応しえない領域への対応は、当事者に必要であり、その対応こそ自分に成し得ると森本氏は理解していったと考えられる。つまり、法が対応しえない部分への手当てこそ、みずからに求められている役目として森本氏は理解していったのではないだろうか。審査員を終えてもなお司法を見限らず、協会員として審査会の広報活動に従事することからも、そのように解されるのである。

言い換えれば、法が手当てしえない領域にみずからの活路を見出し、そこを支えることに森本氏は意義を見出したと思われる。つまり「法の限界」を好意的に解釈し直したのである。

5　法の領分を知ることの意義

†法的判断の妥当性を強調することの危うさ

最後にこれまでの分析結果を整理しつつ、「法の浸透」をめぐる議論に対して二つの修正を行なうことで、今後の司法参加の捉え方に対する提言としたい。

まず、第一に、法的判断はそれがいかなる局面で妥当性をもつか見極める必要があると言えるだろう。審査員となる以前と比べ、司法参加の経験は森本氏に法的判断を多角的に捉える機会を与えていた。森本氏からは当初、検察官の判断を正しうるのではないかとする自負、期待が語られていたものの、事件の審査をしていく中で、批判すべき対象であった法的判断は捉え直され、柔軟性と妥当性を備えるものとして認識されていった。そして、森本氏は、実際にその判断枠組みに基づいて「不起訴相当」の票を投じている。以上の点からすれば、「法の浸透」は従来の議論で期待されている通り法的判断の妥当性を審査員に認識させる作用をもつように見受けられる。

しかしながら、「意見を書く行為」の分析により、こうした法の浸透に対する評価は留保を迫られることとなる。たしかに、森本氏は最終的には「不起訴相当」の判断を出してはいるが、それは手続き上、そうせざるをえないものであり、あくまで司法の空間における判断結果である。法的判断枠組みの妥当性を受け入れ、感情に流されず判断したとしても、それは司法における固有の手続き、形式の枠内で判断したのであって、実際には司法の形式では語りえない判断を森本氏はしていた。つまり、法的判断枠組みに沿った判断を行なっているからといって、従来の議論の期待する通りに法的判断の妥当性が審査員に理解され、受け入れられたとは言い難いのである。法的判断枠組みが審査員にとって、妥当性をもって受け入れられるのは、それは司法の空間であるからなのかもしれず、その外の空間では、そうとは言い切れない。

この第一の点が問題となるのは、法的判断の妥当性を強調して「法の浸透」を評価することが、その妥当性と表裏一体の関係にある「法の限界」を見えにくくし、あるいは曖昧《あいまい》にしてしまう点である。法が有する限界を不可視化することは、それだけ法に対する人びとの過剰な期待や、実際に法と接したときの失望を招きかねず、司法と人びととの関係を悪化させることも否定はできない。

†「法の限界」への意味づけ

第二に確認しておきたいのは、「法の限界」は必ずしも、否定的に意味づけられるものとは限らない点である。事件の審査を通じて法は情緒的配慮を抑制せざるを得ない限界をもつことが明らかとなる。そのことに対し、森本氏は割り切れない思いを抱くものの、意見を書く行為を通じて、法が手当てし得ない領域こそがみずからの活躍できる領域と考えた、と思われる。「法の限界」に接し、切ない思いを抱えながらも、法を見限ることなく、審査員を終えた後も検察審査協会の会員として司法とのかかわりをもちつづけることからすれば、そのように考えられるのである。

法はどこまで人びとに応答でき、どこから応答できないのか、その領分を確定すること、それは必ずしも否定的な意味をもつとは限らない。本章でみてきたように、法の領分が確定されていくことで、逆に司法と人びととの間に新たな関係が構築されていくことにもなるのである。

6　おわりに

「法の浸透」がいかなる作用を及ぼし、また審査員によって意味づけられるかを検討してきた。その結果見出されたのは、審査員にとって法はいかなる領域で妥当性を有するとされているか、法の限界はいかなる文脈で捉えられているかを見極める必要があるということである。法的判断の妥当性のみの強調では、司法と人びととの関係形成を行なううえで逆に弊害が生じるかもしれない。一方で、「法の限界」を人びとに理解してもらうことは両者の関係形成につながることもある。

本章の検討を踏まえたうえで、司法参加に対して求められるのは、人びとが法の領分を確認していくことができる機会を提供することである。まずは、法に何ができ何ができないのか、それはなぜか、こうした部分を、司法参加制度の運用をつうじて、司法の側が人びとに丁寧に説明していくことである。そうすることで、単に法を一元的に捉えた見方よりも、より豊かな関係が司法と人びととの間に生まれてくると思う。

▒参考文献

阿部昌樹（二〇〇六）「法化社会における法と権力」和田仁孝編『法社会学』法律文化社。

太田幸四郎（一九七六）「公訴権の行使と検察審査会」『名古屋大学法政論集』六九号。

尾崎一郎（二〇〇六）「現代的法機能と秩序」和田仁孝編『法社会学』法律文化社。

佐藤岩夫（一九九八）「法化論の展開と課題」日本法社会学会編『法社会学の新地平』有斐閣。

佐藤俊樹（二〇〇六）「閾のありか」佐藤俊樹・友枝敏雄編『言説分析の可能性』東信堂。

田中成明（一九九六）『現代社会と裁判』弘文堂。

棚瀬孝雄（二〇〇一）「法の解釈と法言説」棚瀬孝雄編『法の言説分析』ミネルヴァ書房。

利谷信義（一九六八）「検察審査会と国民の法意識」野村平爾他『日本の裁判　戒能通孝博士還暦記念論文集』日本評論社。

馬場健一（一九九四）「法化と自律領域」棚瀬孝雄編『現代法社会学入門』法律文化社。

丸田隆（一九八九）「司法への国民参加について」『甲南法学』三〇（二）。

三井誠（二〇〇五）「検察審査会制度の今後」『現代刑事法』六九。

和田仁孝（一九九九）「モダン法思考の限界と法の再文脈化」井上達夫・嶋津格・松浦好治編『法の臨界Ⅰ　法的思考の再定位』東大出版会。

■「事件の本質をとらえる」こと

民事事件において、相談者の望みが達成されるためには、相談者の主張が裁判所で認められるものでなければいけない。裁判所は、相談者の法的権利のあるなしを、「訴訟に必要とされる事実（法的請求権の発生条件となる事実のパーツのこと。「要件事実」という）があるかないか」をもって判断する。法律業務とは、究極的には、この「○○請求権」及び「○○請求権のパーツとなる事実」をよりわけ、確定していく作業であるといってよい。つまり、弁護士の法律業務は、究極的には、「加工し、削り落としていく」内的作業であると言える。

依頼者の目的を達成するため、弁護士は、依頼者の語る社会的「生《なま》の事実」（別にビールではないが、法律家はよくこの表現を使う）を聞き、証拠を精査し、上記のような「法的加工」を試みる。しかしこの作業は、どうしても機械的というか無味乾燥なものとなってしまう。というのも、到達目標である「法的に加工された事実」は、第三者が判断するに適したように「客観化」されたものであるからである。たとえば、よく知られるところでは、「善意・悪意」という事実。社会的意味では、「善意」＝①善良な心②他人のためを思う心・好意、「悪意」＝①わるぎ②他人に害を与えようとする心（いずれも『広辞苑』）とされるが、弁護士の扱う「法的に加工された事実」としては、「善意＝（ある事実を）知らないこと、悪意＝（ある事実を）知っていること」という意味しかない。そこには、主体である対象者の「心」はなく、「知っている・知らない」という客観化されうる「状態」があるのみである。

このように到達・獲得目標が無味乾燥なものであるがゆえ、弁護士の法律相談もいきおい、無味乾燥なものとなってしまいがちである。取り扱う対象が無味乾燥であることと、それを扱う人間が機械的であることとは本来つながらないはずなのであるが、さまざまな感情を伴った雑多な「生の事実」から「法的に加工された事実」を取り出すために弁護士自身が依頼者と一体化しないように振る舞う結果、こうなってしまうのかもしれない。

しかし、本来「事件」は、社会的事実の積み重なったもののはずだ。つまり「事件」には、当事者の恨みや喜びなどの感情、法的には意味がないとして切り捨てられた数々の事情も、当然に含まれているはずなのである。

私は、司法修習時代、経験豊富な先輩弁護士から「事件の本質を見る」ことの重要性をたびたび説かれた。私は現在、二十年以上の弁護士経験をもつ先生と共同で事件を担当させてもらっているが、その先生からも同様のことを聞く。

現在はまだ未熟な私だが、これを以下のように考える。すなわち、弁護士は、究極的には「法的に加工された鋳型」の中から事件を見るのではなく、まず「社会的意味での事件の本質」を摑《つか》むべきである。この「本質」は、一般の人たちが、共感できる思考過程と結論を備えていなければならない。「法的に加工された事実の鋳型」は、結論に至るための「道具」に過ぎず、この「道具」に過度に縛られて「本質」を見失ってはならない、と。

このような観点は、「事件」を持ってこられる裁判所においても同様だと思われる。裁判官は、困難を極める「事件」を、国家を背負って白黒つけなければならない。そんな中で、裁判官を説得できるのは、より「本質」を感じさせられる「事件」であろう。（もちろん請求に必要な「要件事実」が揃っていることが前提ではあるが）それは、事件の当事者の感情や息づかいなどが、主張や証拠から見え、聞こえ、裁判官によってもそれらが追体験できる「事件」であろう。裁判官も人間である。より迫真性のある、社会的常識に従った「事件の組み立て」を支持したいのではないだろうか。

ただ、これを実行するとなると「言うは易し……」である。それは、「法的に加工された事実」の枠組みを頭の片隅に置いたまま、それを明確に意識せずに「事件の本質」を見る、という技術である。これはそもそも「法的に加工された事実」の枠組みを自在に操れなければ、達成できるものではない。弁護士業務は「士（さむらい）業」であるといわれるが、その本質を剣術に例えて言うならば、相対する相手に意識を置きつつも、相手そのものを目で捉えようとせず、ぼんやりと相手の「気」を「総体」として捉える心がまえ、とでも表現されようか。

翻って、私は弁護士登録してまだ半年しかたっていない新人である。日々の法律業務の中で、目前の「生の事件」を「法的に加工された鋳型」の側から見てしまう。私はまだ「鋳型」の扱いに熟練していない。まずは「法的な切り分け方」に精通するのに必死なのである。そこでは、どうしても、「当事者の感情やその他の事情」はポロポロとこぼれ落ちているだろう。しかし、究極的には、私はそれらを含めた「事件」を総体として捉える技術を身につけたい。これが、無味乾燥な「法律」に「血を通わせ」て「事件を解決」することにつながる、と信じて、日々の業務に取り組んでいる。

（弁護士　吉田俊介）

第4章　おっぱいへの権利！
――「見た目」に関する悩みや望みを、法は保護すべきだろうか――

吉岡剛彦

❖提　題

「おちんちんを失ったと想像してみてください。堂々と温泉に入れますか？」。乳ガン治療のため乳房を切除した女性（元）患者にとって、乳房を外科的に作りなおす「乳房再建」は、大きな関心事である。しかし、外科医や医療技術者は今なお男性中心の世界であり、乳房再建の重要性に対する理解は非常に薄い。そこで、ある乳房再建専門の女性医師は、冒頭のような問いかけによって、男性外科医らから「乳房を失った女性への共感」を喚起しようと試みるという（岩平 二〇〇五、四九頁）。

乳ガンにかかる女性が年々増加している。乳ガン治療においては患部の切除が行なわれる。その際、近時では、乳房の一部のみを切り取る「乳房温存術」の割合が多数を占めてきている。しかし、症状が進行していたり、ガンが広範に拡がっていたりする場合には、乳房全体を切り取る「乳房切除術」が選択され、相当数の女性患者が乳房を失っている。

乳房は「女性性の象徴」ともみなされ、乳房切除を受けた女性の多くが深い喪失感を味わっている。そうした女性に対する救済策の一つとして「乳房再建術」がある。だが、乳房には授乳機能などはあるものの、生きて働いていくうえで必要不可欠の器官とは言えない。さらに、乳房再建と同じ技術をそのままバストを大きくする豊胸手術にも用いることができ、美容整形手術との区別がつきにくい。これらの理由から、乳房再建については、公的保障（医療保険の適用）は一部のみに留まり、再建方法によっては女性本人が多額の自己負担を強いられるケースもある。

乳房を失った多くの女性が「また温泉に行きたい」「身体のラインを気にせずに、好きな服を着たい」という思いから、乳房再建を希望する。そうした女性たちの希望を、法制度が「おっぱいへの権利」として保護の対象とし、たとえば公的保障を及ぼすことは妥当だろうか。それとも、このように生活・生存の維持に直接は関わらない「見た目」への願望にまで、法的保護（権利性）を与えるのは行き過ぎだろうか。本章では、こうした問いに、いくつかの観点から検討を加えてみたい。

1　「温泉に行きたい」乳房を失った女性の願い

†「見た目」は法的保護の対象たりうるか

人は誰しも、みずからの「見た目」（外見・外貌）に対して多かれ少なかれ劣等感《コンプレックス》を抱き、できることならば自分が「欠陥」と考える部位を補正したい、という願望を抱いているのではないだろうか。

そうした「見た目」上の「欠陥」は、日々その人が働いて暮らしていくうえで死活的な不都合を引き起こすわけではないかもしれない。しかし、その「見た目」の問題が、ときとして当事者にとっては、現に何らかの社会生活上の困窮をもたらし、少なくとも本人自身の主観においてはきわめて深刻な苦悩の原因になっている場合もある。このとき法制度は、当事者が「見た目」の「欠陥」を改良しようとする試みに対して公的な支援を与えるべきだろうか。この問いについて本章では、乳ガン治療のため乳房切除手術を受けた女性が「乳房再建」を受ける場合における、医療保険の適用の是非を具体例として考察してみたい。病で失った乳房を取り戻したい、そのために公的な金銭援助を得たいという女性の願いは、はたして法的保護の対象たりうるのか。すなわち、法制度が正当かつ相応な理由に基づいて出動するべき「法の領分」の範囲に含まれる問題なのか否か。これをわれわれに馴染みのある携帯《ケータイ》電話になぞらえて述べれば、女性の「おっぱいへの権利」（より広汎には、よりよい「見た目」を求める人びとの願望）は、法（法的支援）の圏内／圏外のいずれに属するだろうか。

† 乳ガン治療の現状(1)

日本では近年、乳ガン患者数が増加している。毎年四万人以上が発病し、およそ一万人が死亡している。乳ガンは、一九九〇年代には胃ガンを抜いて、今や女性の罹患するガンのトップとなり、一生のうちに日本女性の十六人に一人がかかる病気とされる。

乳ガンに対する主要な治療法としては、手術療法（ガンを切除する）、放射線療法（ガン細胞の増殖抑止や死滅を目指して放射線を照射する)、薬物療法(抗ガン剤を投与する化学療法と、女性ホルモン「エストロゲン」を阻害・抑制するホルモン療法)がある。ガンの性質、乳房内での大きさや拡がり、転移の有無などの診断結果に基づいて治療方針が決められる。治療は、手術療法を軸として、放射線療法や薬物療法を組み合わせて行なわれることが多い。

このうち手術療法に関しては、かつて一九八〇年代半ばごろまでは、乳房をはじめ大胸筋や脇下のリンパ節まで広範囲にわたって切除する「胸筋合弁乳房切除術」(ハルステッド手術)が多かった。この術式では、鎖骨の下から胸がえぐれるように切り取られ、肋骨が浮き上がってしまうため、手術後の患者のショックも非常に大きかった。その後、一九八〇年代から九〇年代中ごろにかけて「胸筋温存乳房切除術」(現在、全摘手術と呼ばれるもの)が中心になる。これは、乳房とリンパ節の全部または一部を切除するものの、大胸筋は切らずに残す手術法である。これにより、胸の変形をできるだけ抑えられる可能性が生ずる。ガンが大きい(原則として三センチ以上の)場合や、かりに小さくても複数個のガンが乳房内に拡がっているような場合に選択され、近時(二〇〇七年)でも全患者の三割程度に対してこの「胸筋温存乳房切除術」が適用されている。だが、最近もっとも用いられているのは「乳房温存術」である。これは、放射線療法との組み合わせによって、乳房の切除を部分的に留め、可能なかぎり乳房を残す術式である。この温存術が、一九九〇年代から徐々に増加し、近時では約六割に達している。

† 切除後の女性の喪失感（1）「女性でなくなった」

このように乳ガン手術の主流は、胸筋合弁乳房切除術（一九八〇年代半ばごろまで）、胸筋温存乳房切除術（一九九〇年代まで）、乳房温存術（二〇〇〇年代以降）と変遷してきた。背景には、放射線療法などとセットにすれば切除範囲の大きさによって生存率に差が出ないことが臨床研究によって明らかにされた事情もある。だが合わせて、単にガン治療による救命のみに留まらず、患者女性の「クオリティ・オブ・ライフ」（ＱＯＬ＝生活・人生・生命の質）を考慮し、乳房切除手術を受けた後の喪失感をなるだけ和《やわ》らげる方法が模索されてきた結果でもある（佐武 二〇〇九、三七頁、寺尾 二〇一一、二〇一三九頁、八〇―八七頁、一二〇―一二二頁、船越 二〇一〇、一三八頁、など）。しかし、乳房切除術を受けた場合はもとより、温存術であった場合であっても、多くの女性が、元来の乳房をなくしたという欠失感に打ちひしがれる。(2)

> 温存・切除といった術式の差異に関わらず、温存であっても乳房の変形は避けがたく、変形や喪失によるボディイメージへの影響は大きい。乳がんの手術は、単に乳房を切除するという身体的な変化だけではなく、心理・社会面にも大きな変化をもたらす。女性としての自己の価値観や、生きる意味さえも変化させざるを得ない状況を作り出す。（砂賀・二渡 二〇〇八、三七七頁）。

女性の乳房は、単に「セックスと出産のためだけにあるわけではない」（内澤 二〇一〇、一四七頁）。

むしろ「女性を価値づける重要な乳房」（小川 二〇〇九、一一頁）こそは、まさに「女らしさの象徴」（セリグソン 二〇〇七、二四頁）だと一般に捉えられている（そのことの当否は後に少しく論究する）(3)。歌人の中城ふみ子は、乳房を切除した自身の身体を次のように詠んだ。〈みづからを虐ぐる日は声に唱ふ乳房なき女の乾物はいかゞ？〉(4)。彼女は、三十歳前後のとき乳ガンのため左乳房を失い、その後に再発して、一九五四年八月に三十一歳で夭逝《ようせつ》した。みずからの身体を表して〈乳房なき女の乾物〉とは、あまりにも苛烈な自虐であり呻吟《しんぎん》であるが、多くの女性をしてそうまで言わしめる深い消失感が存する。ある乳がん患者の自助団体がメンバーを対象に行なったアンケート調査がある（二〇〇二年実施、回答数一四九件）。その調査によれば「乳房の手術をしたことによって、女性としての喪失感を感じましたか？」との問いかけに対して「強く／少し感じた」と回答した女性が六〇・四パーセントに昇った。その具体的な内実として「女性としての自信が全くなくなりました。男性に自分から声をかける（告白する）ことができなくなった」（二十代、全摘手術後五年以上）、「TVドラマなどで女性の乳房を見ると非常に切なく感じた。自分はもう女性ではなくなったような気がした」（三十代、全摘＋再建手術後二年以上五年未満）、「乳房を無くしたことによって、それまでの自分が否定されたように感じました。母として妻としての部分も否定されたように感じました」（四十代、全摘手術後二年以上五年未満）といった声が寄せられている（VOL―Net 二〇〇四、四頁、八頁、一〇頁以下）(5)。

†切除後の女性の喪失感（2）「温泉に行けない」

加えて、女性（元）患者の多くが訴えるのは、乳房を喪った裸体を人前で見せられないという悩み、とくに「温泉に入れなくなった」という嘆きである。乳房再建専門医が、そうした慨嘆の声を次のように紹介している（岩平 二〇〇五、一二頁以下〔合わせて一四六頁以下など参照〕）。

「温泉に入りたくても、この身体では入れませんから」

乳房を失う前は、温泉が好きでよく行っていたのに、行かなくなってしまったという人もいれば、胸を見られたくないので隅の洗い場が空くまで湯船に浸かっていたとか、家族と温泉に行っても自分だけ大浴場ではなく部屋の内風呂で我慢した、という人もいます。

人前に裸の胸を出せなくて困るのは、温泉に行ったときだけではありません。若いお母さんなら「子どもと一緒に入浴できない」、スポーツが好きな人なら「好きな水泳をやらなくなった」とか「テニスで汗をかいてもシャワーを浴びずに帰る」、カゼなどの病気をしても「胸をさらすのが嫌で病院に行きにくい」という人も少なくありません。

「一人で入浴しても、自分の身体を見るのがつらいので、見ないようにしている」という人もいます。人の目が気になるだけでなく、自分でも目を背けているのです。

同じように、五十代前半で切除手術と乳房再建を受けた女性は「手術をしましたが、終わって三日目にシャワー室で自分の姿を見た時、手術まで頑張って生き抜いてきた部分が、一気にガタガタとくずれてしまい、涙が止まりませんでした。……片方の乳房がないというつらさの中で、メニエル病やうつ病にもなりました」と手記で述べている（内田絵子と女性の医療を考える会 二〇〇一、七六頁〔合わせて第二章の乳房再建体験記をも参照〕）。やはり切除と再建を受けた四十代半ばの女性は「手術前かな？ 全部捨てましたね。レオタードやスポーツウェアね。それに、胸の開いたお洋服も。みんな捨てましたね。もうたぶん着ることはない…と思って」と証言している（砂賀・二渡 二〇〇八、三八〇頁）。

こうした欠落感を抱える女性が少なからず直面するのは「がんだったのに命が助かったんだから、おっぱい、おっぱいって、そんなにこだわらなくてもいいんじゃないの」（内田絵子と女性の医療を考える会 二〇〇一、二〇頁）という周囲の人びとから投げ掛けられる、あるいは女性自身が自問する声である。乳房切除（乳腺全摘出）を受けた女性自身も、一方で「乳房があってもなくても家事仕事日常生活全般にとってつもない不自由があるわけではない」と認める。しかし他面で「ただ、服を着るとき脱ぐとき、入浴するときに、胸を見ればどんよりとする」と言う。そして「顰蹙《ひんしゅく》を買うのを承知であえて言わせていただければ、生きてるだけでも幸せだともまるで思えなかった」「決定的に不幸、というほどではないけれど、これだけ落ち着かなく不快な気持ちのままで、生きる幸せを味わう精神的余裕はなかった」と吐露している（内澤 二〇一〇、一七六頁）。

2　乳房再建と保険適用
――失った乳房をふたたび取り戻すことと公的支援――

前記のような女性の喪失感・欠損感を埋めるための有力な手段が「乳房再建」である。乳房再建（術）とは、形成外科の技術によって、手術のために消失・変形した乳房のふくらみを作ったり、形をきれいに整えたりすることで、手術前の乳房の形に可能なかぎり近づけることを目指す手術法をいう（佐伯 二〇〇九、九六頁以下）。

†自家組織再建と人工物再建

乳房再建の方法は、二種に大別される。一つは自分の身体の組織を移植する「自家組織再建」、二つは人工物を挿入する「人工物再建」である(6)。

前者「自家組織再建」は、背中あるいは腹部の筋肉を、周囲の皮膚や脂肪と一緒に、筋肉の一方の血管をつないだまま、皮下をくぐらせ乳房部に移動させて移植する方法である。肩胛骨の下部あたりの背中の筋肉を用いる場合を「広背筋皮弁法」、臍《へそ》より下部の腹部の筋肉を用いる場合を「腹直筋皮弁法」という。この方法の利点として、とくに腹直筋を使う場合、脂肪組織も多いため再建されたバストは柔らかく、また腹部の脂肪も取り去ることができる。また、自分の身体の一部を用いて血流を維持するため、移植組織が劣化せず、加齢とともに自然に老化する。逆に難点として、乳房切除に加えて、移植用に組織を取った部分、すなわち腹部あるいは背中に新たな傷跡が増える（ただし移植元は、なるべく人目につきにくい箇所が選ばれる）。また、腹直筋皮弁法では、下腹部から乳房部への距離が大きいために血流が不安定となって移植組織の壊死《えし》が起こるおそれや、皮膚下に内臓が突き出てくる腹部ヘルニアなどになるケースもある。さらに腹筋力を弱めることから出産予定者に腹直筋皮弁法は使用できない。広背筋皮弁法では、背筋には脂肪が少ないため人工乳房との併用が必要な場合もあり、併用時の保険適用も不確定になる（ただし、背中と乳房部との距離が短いため血流が安定しやすく、壊死は起こりにくい）。

後者「人工物再建」は、シリコン製の人工乳房を挿入する方法で、インプラント法とも呼ばれる。乳房切除後に充分な面積の皮膚が残っていれば、再建手術の第一回目から人工乳房（現在はソフトコヒーシブ・シリコン・バッグが一般的）を挿入する。皮膚の面積が足りない場合には、まず組織拡張器（ティッシュ・エクスパンダー）を挿入し、そこに数か月をかけて生理食塩水を徐々に段階的に注入して皮膚を拡げていく。充分に皮膚が拡がった段階で組織拡張器を取り出し、拡げた空間内に人工乳房（シリコン・バッグ）を挿入する。この方法の利点として、乳房切除時と同じ傷跡から、拡張器具やシリコンを挿入するため、乳房切除時の傷跡のみしか残らない。近ごろは、挿入した人工乳房の耐用年数も長くなっている。また、手術時間が短く、外来での日帰りも可能である。逆に難点として、組織拡張器の使用時は、段階的な拡張のため、人工乳房への入れ替え手術までに数週間ごとの通院が必要となる。また、被膜拘縮《ひまくこうしゅく》（人工乳房や組織拡張器との接触面に繊維状の被膜ができき、球状になろうとして硬化する現象）が生じる可能性がある。拘縮の進行は日々のマッサージによって防止を図るが、拘縮が酷く、ボール状に硬化して、激痛を伴うときは、人工乳房の摘出手術が必要となる。

† 再建をめぐる女性の声

女性が再建を希望する理由としては「乳房が無くなることが受け入れられない」「女性であるために必要」「再建によって乳ガンやその治療を受容できる」などがある（逆に、再建しない理由としては「必要性を感じない」「再発や転移に対する不安もあり、乳ガン治療に専念したい」などが挙げられる）（寺尾 二〇一一、一二〇頁以下）。実際に再建を受けた女性に対するアンケートによれば「衣服の不自由がなくなった」「とにかく乳房ができたのが嬉しい」「乳ガンを忘れているときがある」「気持ちが明るく積極的になった」「自分の身体を見る辛さが無くなった」「旅行や温泉、公衆浴場へ行けるようになった」「日常生活の不便が少なくなった」「スポーツや水泳ができるようになった」といった感想が寄せられたという（酒井 二〇〇六、五頁）。

とはいえ、乳房再建を受ける割合は、ある病院では、乳房切除した（元）患者全体の四〇パーセント、五十歳未満では七〇パーセント程度という（寺尾 二〇一一、八二頁）。別の病院では、二十歳代で二七・二パーセント、三十歳代で一四パーセント、四十歳代で七・七パーセントに留まる（戸畑 二〇〇九、二二頁）。乳房再建率の低さの要因としては、再建実施医療機関の少なさのほか、再建時にふたたび身体にメスを入れることへの抵抗感、そして、再建費用の高額さ（後述の保険適用の場合でも数十万円かかる）が挙げられる。

† 自家組織再建には保険適用されるが人工物再建には適用されない

現在（二〇一一年の時点で）これらの乳房再建については、二〇〇六年四月から、部分的に健康保険が適用されるようになった。[7] 健康保険が適用されれば、患者の自己負担額は、再建費用の一部（現在は三割負担）のみで済むことになり、患者の経済的負担はだいぶ軽減される。

現時点において健康保険が適用されるのは、原則として、広背筋皮弁法や腹直筋皮弁法といった「自家組織再建」を行なう場合である。シリコンを挿入する「人工物再建」に対して保険は適用されないため全額が患者の自己負担となる。ただし一部、組織拡張器（ティッシュ・エクスパンダー）を用いて胸部の皮膚を拡張させる場合、その組織拡張器については保険が適用される。

自家組織再建の場合、かつて保険適用以前には百万円程度の患者負担が必要であった（美奈川 二〇〇六、一三二頁）。だが、保険適用（患者が三割負担）となった結果、手術費用として約三十万円、そのほか処置費や薬代、入院費などを含めた総額で五十－六十万円程度にまで費用が抑えられるようになった。他方、人工物再建の場合には、原則として保険が適用されない（保険外診療となる）ため、全額が患者の自己負担となり、費用は百万円程度に達する（佐伯 二〇〇九、九九頁、一〇五頁、日経ヘルス・プルミエ 二〇一一、六五－六六頁）。人工物再建の場合はもちろん、自家組織再建の場合にも患者の負担額は相当に重たい。まさに「これから大学まで出さなきゃならない育ち盛りの子どもがいたり、経済状況が芳しくない人にとっては、この金額〔シリコンを用いた片胸だけで百万円の再建費用〕は絶妙に痛い」（内澤 二〇一〇、一四八頁。〔 〕内は引用者による補足。以下同じ）。現状にあっては「乳房再建は患者の経済状況に左右される」（芳賀 二〇〇五、七頁）と言わなければならないと思われる。

†保険適用の有無を分けるもの（1）「乳房はなくたってどうってことないもの」

比較的に最近（二〇〇六年四月）まで乳房再建に対して保険適用が認められなかった事実、さらに、今なお人工物再建については保険が適用されないという事実の背景には何があるのだろうか。保険適用開始以前に、乳房の切除手術と再建手術を受けたある女性（妻）が、形成外科医の夫と交わした会話を紹介しているが、その中に端的な回答が表明されている。医者の夫は「乳房再建手術は、じつは、基本的には健康保険が効かないんだ」と説明した後、その理由を尋ねる妻に対して「乳房はなくたってどうってことないもの、って考えなんだ」と答えている（三島 一九九八、一八七頁）。

この「乳房はなくたってどうってことないもの」という言葉は、乳房は生命維持に不可欠な臓器ではなく、また運動機能にも関わらないことを意味している。このため従来、乳房は「重要臓器扱いされずに取ったら取りっぱなし」の状態に置かれてきた（南雲 二〇一〇、八四頁）。夫との会話を受けてこの女性は「命が助かったのに、これ以上自分の見かけのためにお金は使えない、という主婦の声がする。命を助けてもらったのに、まだ何十万円も払うのか？　という男の声がする。そうなのだ。現代の日本は、あるところでは乳房をものすごく意識させておきながら、乳房を失えば、乳房なんかなくたってどうってことないものという男性社会なのだ」と批判している（三島 一九九八、一八八頁）。

その後、乳房を取り戻すことが女性の「生きることの質（QOL）」に資する意義について少しずつ理解が浸透し、二〇〇六年より乳房再建の一部に対する保険適用が開始された。だが「乳房はなくたってどうってことないもの」という旧来の観念は、医療界を含めて容易には払拭しがたい。乳房切除を受けたある女性は、再建を相談した形成外科医から「乳房再建の一部が保険適用になってしまったからしかたなくやってるけど、こんな手術で膨れ上がる国家の医療費負担を更にあげること自体がおかしい」と言われたという。この言葉を受けて女性は「たしかに乳房がなくても日常生活に支障があるわけではない。事故で日常生活を送るのに不便な障害を抱える人に比べたらと言われればなにも言えない。先生のおっしゃることもよくわかる。／なにしろ国の医療費負担額は〔二〇一〇年まで〕この七年増加の一途をたどっていて、ただでさえ潰れるんじゃないかとささやかれている借金漬けの日本経済を圧迫している。そんなご時世におっぱい膨らませる手術に税金使ってられっかよと言われれば、さようでございますねと引き下がらざるを得ない。もっと切実に生きるか死ぬかの問題で医療費が自己負担になっているケースもたくさんあるだろうし。このままでは〔乳房再建が〕いずれ自己負担に戻ることも十分ありうるとも言われた」と諦念を込めつつ記している。しかし直後に、乳ガンに罹患する女性が増加傾向にあり、しかも今や「癌・即・死」ではない事実に加えて「昨今「女現役」の限界年齢は恐ろしい速度で繰り上がりつつある」という現状を指摘する。さらに「装うことや自分の身体や肌を手入れして慈しむことが、女の人生にとっていかに手放しがたい喜びなのかをようやく痛感した。愚かしいことと、笑い飛ばすことはとてもじゃないができそうにない」と述懐する。そのうえで「世間全体のいわゆるそういう状況で、乳癌患者が綺麗な乳房を手に入れたいと思うことが、そんなに悪いことなのだろうか」と疑問を呈している（内澤 二〇一〇、一五一―一五三頁）。

† 保険適用の有無を分けるもの（2）乳房再建は「美容」に当たるという見方

人工物再建に対して現在でも保険適用が認められない理由として、人工物再建が、一般的な（乳ガン患者ではない女性も受ける）元々のバストを大きくするための「美容整形」と同一視されている事態がある。シリコン製の人工乳房（シリコン・バッグ）は美容目的の豊胸手術でも使われるものであり、これを用いる乳房再建は、美容的に豊胸手術を行なうと見なされるのである（川端 二〇一一、一三九頁、酒井 二〇〇六、五頁）。これは、生命維持や運動機能に関わらない乳房再建が軽視される傾向の延長線上に存する事情であろう。この場合「美容」という語は「かならずしも行なう必要は無いこと」であり、したがって「ぜいたくなこと」だというニュアンスをまとっている。

こうした状況に対して、乳ガン医療に従事する医師の一部は違和感を表わしている。ある医師は「確かに「美容」は生きていくために必須のことではありません。／しかしよりよく生きるためには不可欠なことなのです」と述べる（南雲 二〇一〇、八四頁）。また別の医師は、保険適用開始以前の段階で「われわれの最終的な目標は、乳房再建は美容ではなく、乳癌治療の一環として、あくまでも保険収載〔保険適用〕されるように努力すべきと考える」と訴えている（芳賀 二〇〇五、七頁）。

3 保険適用を不要とする論理
――近代資本主義社会の障害観と、医療／美容の区別――

† 義肢と人工乳房

前節では外科手術による乳房再建と保険適用について概観した。これに対して、乳房切除後の胸部に外部からあてがうパッド型の人工乳房も存在する。パッド型の人工乳房は、皮膚の上から胸部に着けるだけなので、外科手術は不要で身体的負担が無く、簡単に着脱可能だという利点がある。そのうえ、シリコン製の人工乳房は、最近では本物と見まがうほど細部まで精巧かつ緻密に作り込まれている（湯船に浸かると、自然に上気した肌の色になるように加工されている場合もあり、温泉旅行にも行きやすい）ことから高い需要がある。だが、このパッド型人工乳房についても保険適用はなされないため、費用は全額が女性の自己負担となる。たとえば、この分野の先駆的企業である中村ブレイス「ビビファイ」では、既製品《レディーメイド》でおおむね四－七万円、女性本人の体型等に合わせて型取りが行なわれる特注品《オーダーメイド》では平均して十五万円程度となっている(8)。

ところが、身体の外から装着するという点で共通する義肢（義手や義足）については、その費用について公的補助が受けられる(9)。たとえば、障害者自立支援法による「補装具費支給制度」では、義肢などの購入や修理に要した費用のうち実に九割までが公的予算から支給される。

義肢に対しては行なわれる公的補助が、なぜ人工乳房では行なわれないのか。その理由を考える手がかりとして、この障害者自立支援法に基づく補装具費支給制度についての厚生労働省の解説がある。厚労省は同制度の「目的」について「障害者が日常生活を送る上で必要な移動等の確保や、就労場面における能率の向上を図ること及び障害児が将来、社会人として独立自活するための素地を育成助長すること」と述べている。すなわち、日常生活上の諸動作、とりわけ就労場面での能率向上や社会人としての独立自活にとって必要かつ有用であるような補装具には公的補助が与えられる。反面で、こうした生活上・就労上の必要性・有用性をもたない（と見なされる）人工乳房は補助対象とならない。先述の中村ブレイス社長は「子どもの学費まで節約しなければならない時代に、「おかあちゃんのおっぱい」はいわばぜいたく品なんでしょうね。どうしてもあとまわしにされてしまう」と嘆息する（千葉 二〇一〇、一二二頁）。

† 近代産業社会における「障害」観

ここまで公的支援あるいは公的補助と称してきたのは、すなわち「社会保障制度」のことである。社会保障制度は、公的扶助・社会保険・社会福祉を三本柱として構成される（上述の医療費の健康保険は社会保険の一つである）。社会保障とは「生活リスクの発生によって生ずる経済的困難から特定の社会構成員ないしすべての国民を政府の責任により保護し、基礎的生活保障を行うための制度」

（下和田 二〇〇七、三二一頁）と定義される。その際、社会保障・福祉制度は、いずれも強制的徴収の性格をもつ各種租税や保険料を財源としていることから、その支出先（使途）に当たる保障対象リスクについては、一定の社会的合意（コンセンサス）を必要とする。[10] 人がどのような困窮状態になるとき、それを社会保障制度で手当て（救済）すべき「リスク」と考えるか。この問いについては、近代以降の社会が、いったい誰を「障害者」と、つまり「できないこと（disability）をもつ人」と評してきたのかを確認する作業から示唆が得られる。そこでは「「障害者」というカテゴリーが、生産能力を要求する「社会的価値」との関連で創出されたものであり、またその生産能力を要求する「社会的価値」が社会の編成の基底に置かれている」（星加 二〇〇七、一九九頁）ことが看取される。

すなわち「近代産業社会」は「労働と生産を根拠に財と自己決定と評価を与える」システムに基づいて「労働と労働に基づく生産を価値づけ、すべてのものをそれに対する報酬として与える社会」である。しかし、労働と生産のみによって財・意思決定・存在価値を分配するシステムだけしか具備しないとすれば、その社会は「あまりに過酷かつ危険」である。そのため「このシステムの酷薄さを緩和し社会のリスク管理を行うことになった。必要→財の給付、という必要ベースの、国家によって媒介される財の分配システムである」。だが「そうした社会は、あくまで労働ベースの分配システムが第一原則であり、必要ベースの分配システムは働けない人々のために設けられた救済的な措置にすぎないことを常に明示し確認してきた。その結果、どのような状態を必要とみなすのか、誰が必要な状態にあるのかを国家が認定し、何を分配するのかも国家が決定するシステムが組織された。そこでは

「働けない者」と「働かない者」の区別が重要だった」のである（以上、本段落の引用は、石川 二〇〇七、一七－一九頁）。

総じて見れば、次のようにまとめられる。

私たちが普通イメージする「障害者」という存在は、実は近代産業社会が求める望ましい労働者像との関連で構築されてきた側面がある。たとえば、一九世紀から二〇世紀にかけて構築されてきた身体障害や知的障害は、当時の産業構造の中で求められた規格化された工場労働に適応可能な身体が「健常性」として規範化される裏面で、そこから逸脱するものとして規定されていった。また、近代福祉国家が社会保障制度を整備していくに当たって、労働市場から排除された人々のうち、「本当に働けない者」を医学的に線引きし、福祉サービスのターゲットをしぼる必要性も生まれた。つまり、近代において「（本当に）働けない」身体への名付けとして「障害者」というカテゴリーは生み出されていったわけだ。（星加 二〇一一、二四三頁）

つまるところ、近代以降の歴史的経緯を踏まえると「定義上障害者は生産労働に関して十分な貢献が原理的に困難な存在」（星加 二〇一一、二四三頁）を意味することになる。

† 資本主義的＝能力主義的「障害」観の歴史性・相対性

前述のように、乳房は「なくたってどうってことないもの」と考えられがちなのであった。つまり乳房は、生命維持に不可欠とは言えず、それを欠損することが「働けること」（労働能力＝生産能力）に決定的な悪影響を及ぼすとは見られにくい器官である。かくして、乳房切除を受けた乳ガン（元）患者は、広義の「障害者」とは認められにくい。すなわち、国の社会保障制度（健康保険など）による支援・保護を受けとる資格（必要性）をもつ者とは認められにくいのだろう、という事情が見通される。

しかしながら、このように稼働能力を重要視する価値観は、あくまで近代特有のものにすぎないことに留意すべきである。この価値観によれば、労働能力や生産能力に優先性《プライオリティ》が置かれ、その裏返しとして、それらの能力を満足にもたない「働けない者」が公的支援の対象者とみなされる。だが、このように「働けること」ばかりを尊んで持ち上げる価値観は、近代以降の資本主義・能力主義を基盤とする社会体制を前提とするものであり、この社会体制の都合にあわせて政治的・経済的・文化的に作られた（社会的に構築された）判断基準にすぎない。それは、近代資本主義社会という特定の時代・特定の社会においてのみ通用するにすぎない特殊なもの（さまざまな可能性のうちの一つ）として、歴史的かつ相対的なものに留まる。換言すれば、近代資本主義社会（働けることに最上の価値を置く）という前提条件そのものを見直すことを通して、法制度（社会保障制度）による公的支援の対象者の枠を改変あるいは拡張することも充分に可能である。それは、われわれをして「おっぱい作り（あるいは、たかが「見た目」の問題）に健康保険だなんて、ぜいたくで、もったいない」と思わせている価値観自体（それは「とにかく生きていること、そのために働けることこそが人生最大の課題で、それ以外は二の次だ」という価値観かもしれない）を問いなおす契機にもなろう。

† 医療／美容を区別することの困難さ（1）もともとの〝貧乳〟を深刻に悩んでいる女性がいたら

乳ガンのため切除した乳房の再建を「美容整形手術」と同列に並べる議論に対しては容易に反駁《はんばく》できる、ようにも思われる。なぜなら乳房再建は、まさしく「再建」という語が示すように、ガン治療のため切除した乳房を取り戻そうとするものである。したがって、切除手術を受けたか否かを識別指標としたうえで、切除した乳房の再建は「医療」の一環として（体内挿入型・体外装着型いずれのシリコン製人工乳房を用いても）健康保険等の適用を認めるべきだ。切除の事実がない点で、もともと小さなバストをシリコン等で膨らませる「美容」目的の豊胸手術などとは截然《せつぜん》と区別されるはずだ、と。この主張は、保険適用の有無を判断するための医療／美容の区別として、さしあたり現実的に順当なものだろう。

だが、ここであえて、もう半歩だけ考えを進めてみよう。次のような女性がいると仮定してみる。すなわち、乳ガンで乳房を切除したわけではなく、健康な乳房を備えてはいる。しかし、その乳房がもともと小さい、俗に言われる「貧乳」あるいは「ペチャパイ」である（と、少なくとも本人は強く思い込んでいる）。この女性は、その劣等感《コンプレックス》のため何事にも自信がもてず、つねに引きこもりがちで対人関係や社会生活にも支障を来しており、精神科を受診している。こうした女性の苦悩は、乳ガンで乳房切除を受けた女性の苦悩よりも「軽い」と言えるだろうか。このバストの小ささを思いわずらう女性が豊胸手術を受けたいと望むとき、それは医療（保険適用）だろうか、それとも美容（保険不適用）だろうか。

†　医療／美容を区別することの困難さ（2）醜形恐怖という病い

これはけっして仮設事例というばかりではない。自己の「見た目」（容姿・容貌）を醜悪だと感じる劣等意識から、社会的不適応や対人恐怖へ至り、精神疾患の症状を呈するケースは「醜形恐怖」として知られている。その際に問題になる「見た目」は、乳房の形や大きさのほか、なかんずく顔貌をめぐるものが圧倒的に多い[11]。先天的な疾患（生まれつきのアザや腫瘍など）や後天的な傷病《しょうびょう》（頭部のガンや裂傷、火傷など）によって顔面になんらかの変異が生じ、それが原因となって社会的不利益（生きがたさ）を被っている場合については、近時「容貌障害」（ユニークフェイス）として、少しずつだが社会的認知も拡がりつつある[12]。ある容貌障害（顔面の海綿状血管腫）をもつ当事者は「わが国では、容貌障害は身体障害には入らないので、なんの保障も援助もありません。かといって健常者かといえば、そうではない。明確に偏見、差別、蔑視があり、「生きづらさ」があるからです。その点でとても中途半端な障害なのです」（藤井 二〇〇八、二二頁）と述べる。この現状認識は、乳房の問題を考える本章にも大きな関連性を有している。

ここでもあえて問うてみよう。とくに傷病があるわけではないが、本人自身は「自分の鼻は低い。

そのため周囲の者たちが、その鼻ばかりに眼を向けて、嘲笑しているように思われて仕方ない」と思い悩み、もはや人前に出られなくなった人がいると想定する。この人が「この鼻を高くしないかぎり、もう生きていけない」というほどまで深刻に（病的に）思い詰めているとき、この人に対する鼻の形成（整形）手術は、はたして医療だろうか美容だろうか。また、顔にホクロがあるふたりの人がいる。このうち、Aさんは、顔全体に無数のホクロがあるが「生まれたときから、これが私の顔だから」と言って、とくに気に懸けるふうもない。だが、もうひとりのBさんは、数個のホクロが点在するだけだが「ホクロのある位置も悪く、みんなが自分の顔をジロジロと見るため、苦痛でならない。このホクロを取り去らなければ、この先、落ち着いて暮らしていけない」と日々悩み抜いている。このときBさんのホクロを除去する処置は、医療と美容のいずれと考えるべきだろうか。

† 医療／美容を区別することの困難さ（3）エンハンスメント論

小さなバスト、鼻の低さ、顔のホクロのことで苦悶している人たちの例は、乳ガンや容貌障害などの傷病を原因とせずに、その人がもともと生まれもった「見た目」をめぐる悩みである。この種の「見た目」による苦しみの緩和・解消を図る処置を、治療と美容のどちらに区分けすべきか。この問題を考えるため、生命倫理学における「エンハンスメント」論に眼を向けてみたい。

エンハンスメント（Human Enhancement）とは「健康の回復と維持という目的を超えて、能力や性質の「改善」を目指して人間の心身に医学的に介入するということ」であり、「平均的な「正常性」の範囲内に人々の能力、気質、身体能力などを「回復」させることを目的とするのではなく、その「正常性（正常値）」の範囲を積極的に飛び越えて、より優れた能力獲得のために、人間の組織に対する医学的介入を加えること」である。その具体例として「より美しくあるために美容整形手術を受けること」「より賢くあるためにスマート・ドラッグを服用すること」「よりよい子どもを授かるために精子選択・着床前診断や遺伝子治療を用いること」などが挙げられる（土屋 二〇〇八、一五〇頁以下、傍点原文）。

だが、この「正常性（正常値）」を定義することは思いのほか難しい。すなわち「通常、「疾病」と「正常」の範囲自体は不確実であり、その間には多くのグレーゾーンが存在している」「また同様に、「正常」と「正常以上に優れた能力」の間の境界も不確実である。またそれゆえに、「エンハンスメント的なもの」と「そうでないもの」の間の領域確定作業自体は困難な場合も多く、またその境界には多くの曖昧な領域が横たわっている」と指摘される。かくして「エンハンスメントは、特定の医療技術や症状の診断結果を受けた措置というよりもむしろ、「正常」の範囲を超えて「より優れた」能力向上のために向けられた、技術利用の「ベクトル（方向性）」のあり方であると考えた方が適切かもしれない」と結論づけられるのである（土屋 二〇〇八、一五一頁、傍点原文）。たとえば、ある人が「鼻が低い」から形成（整形）外科で鼻を高くする処置を行なう場合を考えよう。その際、本人ないしは医師が、異常状態（平均以下に低い）から正常状態（人並み）へ引き上げようという志向性（主観）をもっていれば「医療」と言いうる。だが、同じ処置を施すとしても、そのままでも正常（人並み）

ではあるが、それを越えてさらに優れた状態（生まれつき以上／人並み以上）へ高め上げようという志向性（主観）をもっていれば「美容」とも言いうる。医療（疾病状態から正常状態へ）と美容（正常状態からさらなる改良・増強へ）とを区別することは原理的に不可能であり、結局のところ恣意的たらざるをえない。

とはいえ、「かりに本人が深刻に（社会生活が困難化するほどに）懊悩《おうのう》しているとしても、当の本人がもって生まれ、とくに傷病を帯びてもいない「見た目」を改変しようとする処置までを「治療」に含め入れようとするのは、あまりにも行き過ぎた議論で、論理の飛躍だ」との反論が向けられるかもしれない。とくに自分の容姿には、多くの人びとが大なり小なり劣等感を抱き、改良できるものならば改良したいと望んでいる人もいる。このとき「本人が「病的に」悩んでいるか否かを基準として治療／美容を区別するとすれば、前者の「病的に」悩んでいるから改変処置を「治療」として認められる人と、後者の「病的」とまでは言えない程度に悩んでいる大多数の人たちのあいだで不公平・不平等が生じかねない。そうすると、本来的に「治療」と認められるべきケース（たとえば、乳ガン切除後の乳房再建や容貌障害など）までが、逆に「美容」と評価され、保険適用の道を閉ざしかねない」という批判もありえよう。いずれの見解も至極もっともだ。だが反面、ある人びとが「見た目」をめぐって抱え込んでいる「生きづらさ」に対して、いったいどこまで公的救済＝法的保障の限界線（法の「圏内」）を押し拡げることができるか、より具体的には「はたして〈おっぱいへの権利〉は認められるのか」を問究しようとする本章の問題関心からすれば、この医療／美容の区別は、一度はくぐり抜けておくべき課題でもあるだろう。

4　女性の「おっぱい」は誰のものか
――乳房へ拘泥させるものに抗して――

†ピンクリボン運動への違和感

病気や怪我によって身体の一部を欠損することは、いかなる部位であろうとも、当人に深い喪失感をもたらすものであろう。しかし、女性の乳房に関しては、本人自身の欠失感だけに留まらない、もっとより広大な文脈《コンテクスト》が背後に控えているのではないか。わけても、乳ガンの切除手術を受けた少なからぬ女性が「自分はもう女性ではなくなった」と感じ、女性歌人は自分の身体を「女の乾物」とまで詠んでいた点に留意すべきだろう。そこには、女性の人格性＝自我性の根っこにまで食いこんで、乳房を「女性性の象徴・証明」として強く観念させ、乳房にこだわるように駆り立てる――その結果として乳房を切除した女性の相当数に再建手術を切望・選択させる――文化的・社会的な〈まなざし〉が厳存しているのではないか。この問題について、ピンクリボン運動とそれに対して違和感を表明する女性の見方を参照しつつ検討したい。

ピンクリボン運動とは、乳ガンの早期発見と早期検診の重要性を呼びかける意識啓発キャンペーンであり、例年十月が運動月間とされている。ピンク色のリボンをかたどったシンボル・マークが各種キャンペーン活動で用いられる。日本では、日本対がん協会の主催で二〇〇四年から始まった。運動は年ごとに大規模化し、多くの行政・市民団体・企業などが参入して、活字メディア、さまざまな関連グッズ、応募作品の中からキャンペーン用ポスターを選考し表彰する「デザイン大賞」や、東京タワーをピンクの照明で浮かび上がらせる都市ライトアップ事業など、メディア・ミックスで展開されてきている（山崎 二〇一一、六四－七〇頁）。

このピンクリボン運動が、乳ガン検診を受けるよう女性の意識を高め、乳ガンや子宮ガンなど女性に対する医療体制・医療予算の充実化に資する効果を有したことは事実である。しかし、その功績を認めながらも、ピンクリボン運動に対する疑問や反発を表する意見も一部にある。まずは、この運動が発する「乳ガンは早期発見で治ります」というメッセージが、すでに乳ガンが拡がった状態で受診せざるをえなかった「進行させちゃったヒトからすれば、「検診にいかないヤツが悪い」くらいにだって聞こえる」という声が聞かれる（片野 二〇一〇、一三六頁）。

また、厚労省は二〇〇七年、九十七億円のガン対策予算のうち、乳ガン検診装置の一種「マンモグラフィ」導入のため、実に二十億円以上という突出した予算を割いた。ここには「厚生・医療行政と外資産業の日本参入〔外資系医療機器メーカー等による日本医療市場の開放要求〕、そして「乳房のがん」への「特別な」注目」が伏在しているという見立てもある。すなわち「医療市場に大量にマンモグラフィの供給が決まった」ことを受けて、この大量供給をさばくために、女性たちに向けて「「病んでいるかもしれない」という不安をかき立てることで需要＝「危機」が創出」されるように仕向けるという経済・行政・政治による策動があったのではないか、という分析だ（山崎 二〇一一、六七－六八頁、八四頁）。

この「「乳房のがん」への「特別な」注目」に関連して、別の乳ガン体験女性は、次のように述べる。「ピンク、それはピンク映画、ピンク・サロンと言われるがごとくエロの象徴としても名高い。健康でたわわであるときはもちろん、病に冒されてさえもピンク色のイメージに包まれる女性の乳房。これはやはり強烈に、身体の部分としては特別なものであるということだ」。そのうえで、さらに問いかける。「肺がんは何色だろう、胃がんは何色だろう、前立腺がんは何色が相応しいのであろうか。他のがんには撲滅キャンペーンというようなものはあるのだろうか」（高橋 二〇〇六、八二頁）。

†「他者化」される女性の乳房

この乳ガン体験女性は、二〇〇四年五月に母の日に合わせて、ある化粧品会社が出した新聞の全面広告を取り上げている。その全面広告では、二歳か三歳とおぼしき男児が、母に抱かれ、口をすぼめて顔をこちらに向けている。そこに「ママのおっぱいは、ボクの宝物だもん」「お母さんが乳がんになることは家族の大問題だから」というキャッチコピーが載せられている。だが、その広告写真では「乳がん啓蒙キャンペーンの主人公であるはずの、おっぱいの持ち主である母本人の顔が見えない」。この女性は「ママのおっぱいはママのものだよ」と「空しく、新聞紙に向かってつぶやいた」。そのうえで、乳房切除手術を受けて家族に申し訳ないと感じる女性も多数いることを考えれば、乳房を失う心理的負担を軽減するほうへ働きかけるのが家族からの思いやりだと主張する。そして「幼い子供の屈託のなさを借りて、自分のことより先に家族のことを考えるのがお母さん、たとえがんになって命がかかっているときでさえ、と言っているのは誰なのだ」と反問する（高橋 二〇〇六、一七四－一七五頁）。

同様に、二〇〇五年のピンクリボン運動時のキャンペーン用ポスターとして「デザイン賞」の最優秀賞に選ばれた作品は『ニッポンのオッパイがあぶない。』であった。乳首を中心に置いて、その円形があたかも日の丸の赤い部分に相当するかのように「ニッポン」と「オッパイ」を掛けた構図が特徴的であった。ある論者は、このポスターについて、女性の乳房、とりわけ出産経験がない若い女性の乳房（その「産む身体」全体）が、女性個人の身体ではなく、「ニッポン」という国家によって所有・管理されるものである——というイメージを喚起するものだと指摘する。この論者は、ピンクリボン運動で用いられたポスターの分析から、同運動には、乳房は女性自身だけのものではないという女性身体の「他者化」のメッセージが看取されると述べている（山崎 二〇一一、七一－七二頁、六五頁）。この女性身体の「他者化」に関連して、ふたたび前記の乳ガン体験女性は、以下のように論じている（高橋 二〇〇六、二〇八－二〇九頁）。

何も乳がんになったからというのではなく、女性の身体はもともとオブジェ（物体・客体）である。……有り体に言えば、女性は本来「わたし」でしかあり得ない自らの身体を、予めモノとして搾取されているのである。それはいつも、見られ愛でられ解釈されたりあるいは評価されたりしている。女性の身体に科された「美」という重過ぎる社会通念は、誰よりもまず女性自身に叩き込まれる必要がある。……このオブジェとしての役割が一人の人間にとって、一人の女にとって、いかに過大で人間性を無視することであるのか、乳房切除手術に伴う哀しみとは、そのことに由来するのではないか。それはひょっとして乳がんよりもずっと確実に女性の乳房を侵食し冒しているのではないだろうか。

† トップフリー運動⁉

女性身体は「予めモノとして搾取されている」という認識は、既述した乳房切除後に再建した女性による「現代の日本は、あるところでは乳房をものすごく意識させておきながら、乳房を失えば、乳房なんかなくたってどうってことないものという男性社会なのだ」(三島 一九九八、一八八頁)という現状批判にも相通ずるものである。しかしながら、この乳ガン体験女性は、単なるオブジェとしての立場に甘んじることを固く拒絶し、次のように反転攻勢を宣明している(高橋 二〇〇六、二一一頁)。

乳がんのために乳房を失って「美」の基準から転げ落ちてしまったとしても、それは失った乳房のせいなのではなく、もともとそのステージがあまりに狭いところだったからとわたしは言いたい。そのステージにもう一度よじ登ろうとするのか、新しい美を創造するのか、それとも女性美の必要性そのものに異を唱えていくのか、あるいはオブジェであることを辞め自由な身体を取り戻すのか。

みずからの乳房を当の女性自身ではない誰かによって「他者化」させない――女性身体を「男性社会」によって「オブジェ」として搾取させない――という方向性を探るために、やや奇異な印象かもしれないが、しかしきわめて興味深い事例を瞥見《べっけん》しよう。アメリカ等における「トップフリー運動」である。(13)

トップフリー運動とは、公の場において、上半身の衣服を脱いで裸になり、乳房を露わにする行ない（トップフリー）を、男性に対してのみならず女性に対しても認めるべきだ、と訴える運動である。つまり「上半身裸になること（トップフリー）における男女同権」を要求する運動である。たとえば、アメリカのフロリダ州には、女性の乳房露出に対する典型的な規制・禁止を設ける郡がある。「人間の女性の乳房を、乳輪が始まるちょうど上のところから直接的に、または側面からはみ出す形でも、透けない布地で覆わないで露出することを禁止する。この規制は、乳輪と乳首を含む女性の乳房全体に適用されるが、人間の女性の乳房のクリーベジ（谷間）がドレス、ブラウス、シャツ、レオタード、水着やそのほかの衣服から見えることは、乳輪があらわにされないかぎり適用されない」。トップフリー運動は、こうした法令の見直しを目指す。

同国のカイラ・ソスノウという女性は一九九六年、フロリダ州の国立森林公園へ出かけ、うだるような暑い日だったため、男性二人と同じように彼女自身も上半身裸で、キャンプ場まで水を汲みに行った。すると彼女は、突然現われた警官に呼び止められ「上に何か着なさい」と指示された。同じく上半身裸の男性の友人は何も言われないにもかかわらず、彼女の上半身裸だけが見咎《みとが》められた。このことに納得できない彼女が、警官に対して「なぜ男性の友人にも何か着るように言わないのか？」と訊いたところ、数分後にはパトカー六台が駆けつけ、彼女は逮捕された。その後に陪審裁判により、彼女には、三十日の拘留刑が言い渡され、五か月の保護観察と五十時間の社会奉仕の執行猶予が付されるなどした。しかも彼女は、性犯罪者として処罰されたという。最終的にソスノウの有罪判決は覆ったが、その判決前に彼女は次のような詩を書いている。「私は彼〔裁判長〕に私たちが追求しているもの、バストの自由を得たいのだということを説明した。／「裁判長、これは汚いものじゃないんですよ。きれいなものなんですから、きっと見ていれば慣れますよ」／それに誰がいったい決めたのでしょう？　女性たちは我慢すべきだということを法律で。／私たちの身体は恥ずかしいもので隠すべきなのでしょうか？　そんな主張こそもっとも品位を欠くことじゃないでしょうか？」。

また、カリフォルニア州のビーチでは、男性はその体型にかかわらず上半身裸で楽しめるのに、女性がトップレス（上半身裸）で日光浴などすると取り締まられた。そこでベテラン女性弁護士ライアナ・ジョンソンは、水着のトップレスを違法とする州法は、憲法〔性差別を禁止する平等条項や、表現の自由の条項〕に照らして違法であり廃止すべきだと主張した。その際、彼女は、同州のビーチを

「上半身裸で徘徊する男たちが、垂れ下がった乳房の上にもしゃもしゃみっともない毛を生やしているわいせつな映像を集めたビデオ」を作成して州議会に提出した。彼女いわく「肥満男性の垂れ下がったおっぱいは、いまや子どもの前にペニスをさらすくらいわいせつではないか！」。

おそらくトップフリー運動に対する賛否はさまざまであろう。だが、この運動には、けっして看過できない含意がある。トップフリー運動を裏打ちするのは「乳房は性的な器官ではない」という主張である。男性はもとより、女性自身も「女性を象徴する部位として、乳房こそがもっとも性的に挑発的でわいせつだ」と思いなしている場合が多い。しかしそれは、女性の乳房をことさらに特別視するとともに、性的に対象化しようとする「男性社会」の〈まなざし〉によるものではないか。それが証拠に、女性の乳房と「肥満男性の垂れ下がったおっぱい」とのあいだには、その外観や形姿においてほとんど差異が無いにもかかわらず、同じように上半身裸でビーチを歩いたときに、女性のみが取り締まられ、男性には何らのお咎《とが》めも加えられないではないか。[14] トップフリー運動とは、究極的には、こうした男性中心的＝女性差別的な視線や欲望からの脱却（フリー）を企図するものと解されよう。

切除した乳房を再建するために公的支援（健康保険の適用など）を勝ち獲ること、これがまずは「おっぱいへの権利」の達成ではあろう。しかし、乳房再建を望んでいる自己の心理の底部に、乳房（の喪失）に執着するようにうながし、再建手術へとせき立てる（女性をして乳房再建を望ませる）ような社会的圧迫——すなわち女性の乳房を「聖化」するとともに「モノ化」するような「男性社会」の〈まなざし〉——が潜在しているかもしれない可能性に想いを致すこと（女性の乳房に対する「聖化／

モノ化」という二重の意味づけについて、山崎 二〇一一、八五頁以下)。そのうえで、そうした社会的圧迫を客観視し、その圧迫から可能なかぎり解放された状態で、みずからの身体(乳房を失った身体)を眺めなおすこと。それもまた、いな、むしろそれこそが、より本来的な意味において自己の身体を取り戻すこと(オブジェとして「他者化」された身体を奪い返すこと)であり、真の「おっぱいへの権利」の獲得かもしれない。

5 「おっぱいへの権利」を真剣に考える
——「見た目」問題は法の圏内か圏外か——

† 最高裁「乳房温存療法事件」判決

はたして「おっぱいへの権利」は認められるか。これが本章の掲げた問いであった。この問いに関して、大いに注目すべき重要判例がある。最高裁判所が二〇〇一年(平成十三年)十一月二十七日に示した「乳房温存療法事件」判決である。(15) 本件では、乳ガンの女性患者が一九九一年、胸筋を残して乳房を切除する「胸筋温存乳房切除手術」を受けた。その際に、女性自身は「乳房温存術」を希望していたにもかかわらず、主治医が温存術について充分に説明義務を果たさないまま乳房切除手術を施したのではないかが争われた。最近(二〇〇七年)でこそ乳房温存術がおよそ六割に達して一般化している。だが、本件の当時(一九九一年)の乳ガン治療の状況を見ると、むしろまだ胸筋温存乳房切除術

（いわゆる全摘手術）が六－七割を占めており、乳房温存術は未確立の療法であった。とはいえ、それでも温存術は、当時でも二割弱に達して、徐々に拡がりつつあり、温存術を行なう医療機関と実施件数も相当数に昇っていた。加えて本件の女性患者は、このように少しずつ温存術が普及しつつある動向を報じた新聞記事を読んでおり、手術前に医師に対して「乳がんと診断され、生命希求と乳房切除のはざまにあって、揺れ動く女性の心情の機微を書きつづった」手紙を渡していた。こうした当時の状況を踏まえ、最高裁は「常に説明義務があるわけではないが、それまでに相当数の手術例があり、患者自身に強い関心がある場合には、たとえ医師がその手術法に消極的でも、知っている範囲で説明すべき義務がある」と判示した（『朝日新聞』二〇〇一年十一月二十七日夕刊）。こうした判断を示すに際して最高裁は、次のように述べた。

乳がん手術は、体幹表面にあって女性を象徴する乳房に対する手術であり、手術により乳房を失わせることは、患者に対し、身体的障害を来すのみならず、外観上の変ぼうによる精神面・心理面への著しい影響をもたらすものであって、患者自身の生き方や人生の根幹に関係する生活の質にもかかわるものであるから、胸筋温存乳房切除術を行う場合には、選択可能な他の療法（術式）として乳房温存療法について説明すべき要請は、このような性質を有しない他の一般の手術を行う場合に比し、一層強まるものといわなければならない。

最高裁は、このように乳房が女性性の象徴とされる現状（その当否をめぐる議論は前述した）を踏まえ、その乳房を切除することが女性の「生きることの質（ＱＯＬ）」に与える深い影響を考慮すれば、女性の「なるたけ乳房を残したい」という意思は、法的にも充分に尊重されるべきだと判断した。乳房を残したい／持ち（続け）たいと希求する女性の願望は、法的保護の対象になりうると述べたものであり、これは「おっぱいへの権利」を一定範囲で認容したものと理解されよう。

† 生きづらさを訴える声を感受するアンテナ

本章では、乳ガン治療のため乳房切除を受けた女性がどのような「生きづらさ」を負わされ、それを軽減する一手段としての「乳房再建」をめぐっていかなる課題が存するかについて、さまざまな観点から検討してきた。乳房の有無や大小をはじめ、人の「見た目」をめぐる苦悩に対する救済や支援を法的保障（権利性）の範囲内に含めるか否か、すなわち法の圏内と圏外のいずれに置くべきか。前述した「医療／美容」の区別の困難性ひとつを顧慮しても、この問いに一義的な回答を与えることはできない。

しかし、当の本人における苦しみが深刻である可能性を考えれば、少なくとも「たかが見た目の悩み」と頭ごなしに軽侮し、ぞんざいに打ち捨てて済まされる問題でないことだけは明らかであろう。上記の最高裁「乳房温存療法事件」判決を評して、ある論者は以下のように言う（大村 二〇一〇、一二三頁）。

女性患者の気持ちは多数派をなす人々には直ちには理解しにくいところもある。しかし、いったんコミュニケーションの回路が開かれたのならば、相応のイマジネーションをもって相手のことを考えることはできる。相手方が働きかけてきた以上は（そして、それがすべての人が承認しないとしても、ありうる主張であると思われるのであれば）、働きかけを受けた側としてはこれに真摯に「応答する（response）」義務があるのではないか。これがまさに「責任（responsibility）」ということではないか。

本章が取り組んだ「おっぱいへの権利」の問題が問いかけるのは、乳房喪失による辛苦（生きづらさ）を訴えかける女性の声を聴き取り、当の女性が抱えている心情や状況に可能なかぎりわが身を置き入れて考えてみようと試みる想像力《イマジネーション》である。ある乳房再建専門医は「おちんちんを失ったと想像してみてください。堂々と温泉に入れますか？」（岩平 二〇〇五、四九頁）と問題提起して男性の想像力を喚起しようとするのであった。

当事者女性の声を傾聴し、その内実に想像力をもって分け入ろうとするためには、しかし、その前段階において、女性の訴えをそもそも「まじめに受けとる（真剣に考える）(16)」ことができる感受性《センシビリティ》が働かなければならない。この点、ある論者は、顔面にアザ・腫瘍・裂傷などのある「異形」の人びと（容貌障害者）に対して法的保護（障害者差別禁止法を制定し、その「障害」に容貌障害を包含する）を行なう必要性を説くなかで、次のように論じる（西倉 二〇一一、五〇頁）。これまで異形の人びとは、社会生活上の窮状を訴えても「世の中には目が見えない人や、手や足がない人だって努力して立派に暮らしている。その人たちに比べれば、あなたは幸せだ」と応援され、むしろ容貌を気にする自分を恥じてしまうケースが多かったという。

つまり、異形の人々は今までも生きづらさをまったく語ってこなかったわけではなく、たとえ語ったとしても、きちんと聞きとめられてこなかったのである。ごく当たり前のこととして、語りが語られるためには、それを聞きとめる聞き手がいなければならない。異形の人々がその生きづらさを訴えていけるかどうかは、私たちがそれをいかに適切に聞きとめられるか次第である。

自分の「見た目」（たとえば女性の乳房）を苦にしている人びとを援助することは、どこまで／そもそも「法の圏内」に属するかという問題は、法の「サービスエリア拡大」を、少なくともそれだけを討究するものではない。むしろ、誰かが「きつい、しんどい」という声を上げる、あるいは、その声すらも発せられずに固く身を縮めているとする。この場合に、その人の窮境をしっかりと察知して「まじめに受けとる」ことが可能なほどに、法制度が相応の感受力を備えているかどうか。ひいては、その法制度を下支えしているのは社会的多数者《マジョリティ》である「われわれ」なのだから、ほかならぬ「われわれ」自身が、そうした生きづらさの訴えをどこまで／そもそも受信できているのか、こそが問いただされるべきなのである。さて、「われわれ」の受信感度を表示する「アンテナ・マーク」は現在、いったい何本、立っているだろうか――三本すべてか、一本だけか、それとも「圏外」か。

(1) 以下、本項目については、川端(二〇一一)八‐一七頁、第二章、佐伯(二〇〇九)第一章、第五章、佐武(二〇〇九)第一章、南雲(二〇一〇)第三章、日経ヘルス・プルミエ(二〇一一)一二‐三頁、第二章、第三章、を参照。なお男性も、まれに乳ガンに罹患《りかん》することがある。

(2) 近時、乳房温存手術の増加によって「温存術数の多い病院が良い病院」という見方が拡がり、無理に温存をはかる病院も一部に現われつつあること、また「温存」という言葉が「乳房を原型のまま十全な形態で残せる」という危うい認識(誤解)を生んでいることも指摘される。岩平(二〇〇五)七四頁以下、佐武(二〇〇九)四七頁以下、南雲(二〇一〇)一〇三頁、日経ヘルス・プルミエ(二〇一一)六四頁以下、など参照。

(3) 乳房の意味づけや価値づけをめぐる包括的な歴史研究として、ヤーロム(二〇〇五)、ロミ(一九九七)などがある。

(4) これは『乳房喪失』と題された歌集のなかの一首である。合わせて、菱川善夫の解説「おのれが花である外はなし――華麗なる決断」をも参照(中城著・菱川編 二〇〇四、二一頁、三三七頁以下)。

(5) 少なからぬ乳ガン患者(さらにガン患者全般)にとって重大な問題の一つに、罹患後の性生活(セックス)の悩みがある。女性性の中核を担うとされる乳房の喪失(感)とそれをめぐるパートナー(夫など)との認識の齟齬、加えて、手術痕の痛みや、薬物療法などによる性欲減退や性交痛(膣の潤いの減少）、こうした諸問題に関する医学的・心理学的な情報提供や支援体制の未整備などによって、ガン患者の性生活が困難を来しているケースも多いとされる。この点について、アメリカがん協会（二〇〇二）、高橋（二〇〇七、二〇一〇）、日本性教育協会（二〇〇五）、長谷川（二〇一〇）、VOL－Net（二〇〇四）など。

（6）以下、乳房再建の方法については、主に荒木経惟・STPプロジェクト（二〇一〇）一〇四頁以下、岩平（二〇〇五）とくに第四章、川端（二〇一一）一三五頁以下、佐伯（二〇〇九）九六頁以下、佐武（二〇〇九）第二章、南雲（二〇一〇）八四頁以下、日経ヘルス・プルミエ（二〇一一）六四頁以下、を参照。なお付言すれば、（一）乳ガンの手術と同時に再建を実施する場合を「一次再建」（同時再建）といい、乳ガンの手術後に一定の時間を置いてから再建を実施する場合を「二次再建」という。このうち一次再建を行ない、かつ自家組織再建を用いた場合は、手術は一回で済み、終了後にはすでに乳房が再建されている状態だから喪失感を覚えることもほぼない。（二）自家組織再建によって、乳頭や乳輪の再建も可能である。健康な側の乳頭の一部や、肌色の似ている大腿部の付け根の皮膚などを乳輪として移植する。（三）また、再建乳房の皮弁を起こして乳頭を作ったり、乳頭周辺を刺青で着色するなどの方法による。（四）それぞれの再建法が日本で始められた時期は、シリコンを使った人工物再建法が一九七六年、自家組織再建法のうち広背筋皮弁法が一九七九年、腹直筋皮弁法が一九八二年とされる（寺尾 二〇一一、七九頁）。（四）自家組織再建には広背筋皮弁法・腹直筋皮弁法のほかに、穿通枝皮弁法（保険適用）や脂肪幹細胞移植法（自費診療）といった手法も開発されつつある（佐武 二〇〇九、特に第二章）。

（7）以下、乳房再建に対する保険適用をめぐっては、主として川端（二〇一一）一四四頁、佐伯（二〇〇九）九九頁以下、佐武（二〇〇九）第二章、日経ヘルス・プルミエ（二〇一一）六四頁以下、芳賀（二〇〇五）六頁以下、を参照。
（8）中村ブレイス「ビビファイ」のパッド型人工乳房については、坂本（二〇〇八）一一七頁以下、千葉（二〇一〇）第一章のほか、テレビ東京「カンブリア宮殿『オンリーワンの技術で人を幸せにする！――過疎の町から世界中に発信』」（二〇〇八年八月十一日放送）、「ビビファイ」ホームページ（http://www.nakamura-brace.co.jp/medical/vivify.html）。
（9）義肢等への公的補助（補装具費支給制度）につき、厚生労働省ホームページ「補装具費支給制度の概要」（http://www.mhlw.go.jp/bunya/shougaihoken/yogu/gaiyo.html）、東京都福祉保健局（東京都心身障害者福祉センター）ホームページ「補装具支給制度」（http://www.fukushihoken.metro.tokyo.jp/shinsho/hosougu/hosougu/index.html）、日本義肢装具学会（二〇〇〇）を参照。障害者自立支援法のほか、戦傷病者特別援護法、労働者災害補償保険法、介護保険法に基づく補装具費支給制度がある。
（10）これと同じ意味において、たとえば、障害者手当など各種社会福祉の支給根拠となる「障害等級制度」についても「ある等級区分が制度として受け入れられるためには、その評価基準に関してある程度の社会的合意が必要とされる」（関口 二〇一一、三三頁）。
（11）自分の「見た目」をめぐる精神病理（醜形恐怖）と美容外科手術については、鍋田編（二〇〇四）、町沢（二〇〇四）、とりわけ乳房に関して川添（二〇〇三）、名取（一九九九）第五章、宮岡（一九九四）を参照。
（12）顔面のアザ、口蓋口唇裂などの容貌障害（異形ないしはユニークフェイス）に関して一定の研究の蓄積がある。たとえば、石井（二〇〇五）、朽網（二〇〇三）、西倉（二〇〇九）、藤井（二〇〇八）。また「美人と不美人」をめぐる格差について橘木（二〇〇八）第九章。

(13) 以下「トップフリー運動」については、セリグソン(二〇〇七)二三二頁以下(とくに、二三三頁、二三八―二四四頁)参照。なお、海辺などで女性がバストをさらす行為は通常「トップレス」と称されることが多い。だが、「トップレス」という語は、ストリップショーの踊り子など性的対象としての女性を連想させるとともに、本来あるべきもの(上半身を覆い隠す衣服)がない(レス)というニュアンスを帯びるとして忌避される。望んでいないものから解放される(フリー)という意図も込めて「トップフリー運動」と名づけられている。

(14) ニューヨーク州最高裁判所は一九九二年七月の判決で「男性が日常的に許されているように、女性が上半身の衣服を取り、裸の胸をあらわにすることを禁じることにより、女性を差別するどんな法律も正当化されない」と述べたとされる(セリグソン 二〇〇七、二五六―二五八頁)。

(15) この「乳房温存療法事件」最高裁判決については、大村(二〇一〇)、手嶋(二〇〇二)、新美(二〇〇三)を参照。

(16) この「まじめに受けとる(真剣に考える)」というフレーズは、法哲学者ロナルド・ドゥオーキンの主著『権利論』(ドゥオーキン 一九八六〔1977〕)の原題「権利をまじめに受けとる(真剣に考える)Taking Rights Seriously」による。

▩参考文献

アメリカがん協会編(二〇〇二)『がん患者の〈幸せな性〉――あなたとパートナーのために』高橋都・針間克己訳、春秋社。

荒木経惟(写真)・STPプロジェクト(企画)(二〇一〇)『いのちの乳房――乳がんによる「乳房再建手

術」にのぞんだ19人』赤々舎。

石井政之（二〇〇五）『人はあなたの顔をどう見ているか』ちくまプリマー文庫。

石川准（二〇〇二）「ディスアビリティの削減、インペアメントの変換」石川准・倉本智明編『障害学の主張』明石書店。

岩平桂子（二〇〇五）『乳房再建ここまでできる』講談社。

内澤絢子（二〇一〇）『身体のいいなり』朝日新聞出版。

内田絵子と女性の医療を考える会（二〇〇一）『おっぱいが二つほしい――私が選ぶ乳房再建』北水。

大村敦志（二〇一〇）「乳房温存療法事件――医療と自己決定（2）：判例講座・不法行為判例に学ぶ――社会と法の接点（第二〇回）」『法学教室』三六二号。

小川知恵（二〇〇九）「手術を受ける乳がん患者が抱える問題とケアの特徴」『看護技術』第五五巻二号。

片野あかり（二〇一〇）『三十路、独り身、リアル乳ガン闘病記』ジュリアン。

川添裕子（二〇〇三）「美容外科手術とジェンダー――多面性と矛盾」根村直美編著『ジェンダーで読む健康/セクシュアリティ――健康とジェンダーⅡ』明石書店。

川端英孝（二〇一一）『乳がん――乳房を残す治療法から術後の生活まで』ＰＨＰ研究所。

朽網由紀（二〇〇三）『容貌問題を巡る「語り」と「法」』九州大学大学院法学研究科修士論文（http://www.arsvi.com/2000/030300ky.htm）。

佐伯俊昭（二〇〇九）『40歳からの女性の医学　乳がん――早期発見から納得した治療まで』岩波書店。

酒井成身（二〇〇六）「Ｑ＆Ａ乳房再建の功罪は？」『乳癌診療　Tips&Traps』第一六号。

坂本光司（二〇〇八）『日本でいちばん大切にしたい会社』あさ出版。

佐武利彦（二〇〇九）『乳がんを美しく治す――【オーダーメイド】の乳房再建』扶桑社。

下和田功（二〇〇七）「生活保障システムにおける社会保障・社会保険」下和田編『はじめて学ぶリスクと保険［改訂版］』有斐閣。

砂賀道子・二渡玉江（二〇〇八）「乳がん体験者の自己概念の変化と乳房再建の意味づけ」『北関東医療ジャーナル』五八号。

関口洋平（二〇一一）「障害等級を定めることの困難性」松井彰彦他編『障害を問い直す』東洋経済新報社。

セリグソン、スーザン『巨乳はうらやましいか？――Hカップ記者が見た現代おっぱい事情』実川元子訳、早川書房。

高橋フミコ（二〇〇六）『ぽっかり穴のあいた胸で考えた――わたしの乳がん体験記』バジリコ。

高橋都（二〇〇七）「乳がん患者のセクシュアリティ」秋田喜代美ほか監修・高橋ほか編『事例から学ぶはじめての質的研究法――医療・看護編』東京書籍。

高橋都（二〇一〇）「がん治療後の「幸せな性」」松島英介編『現代のエスプリ〈特集 がん患者のこころ〉』五一七号、ぎょうせい。

橘木俊詔（二〇〇八）『女女格差』東洋経済新報社。

千葉望（二〇一〇）『世界から感謝の手紙が届く会社――中村ブレイスの挑戦』新潮社（初出二〇〇〇年）。

土屋敦（二〇〇八）「エンハンスメント論争をめぐる見取り図――歴史的源泉と現在的争点を中心に」上田昌文・渡部麻衣子編『エンハンスメント論争――身体・精神の増強と先端科学技術』社会評論社。

手嶋豊（二〇〇二）「医療水準として未確立である治療法についての医師の説明義務」『ジュリスト』一二二四号。

寺尾保信（二〇一二）『再建手術、承ります』毎日新聞社。

ドゥオーキン、ロナルド（一九八六）『権利論』木下毅・小林公・野坂泰司訳、木鐸社（Ronald Dworkin (1977) *Taking Rights Seriously*, Harvard University Press, Cambridge, Massachusetts）。

戸畑利香（二〇〇九）「ボディイメージ、セクシュアリティの問題とサポート」『看護技術〈焦点　乳がん看護認定看護師が実践する！乳がん術後ケア〉』第五五巻二号。

中城ふみ子著・菱川善夫編『［新編］中城ふみ子歌集』平凡社。

南雲吉則（二〇一〇）『乳癌百話』主婦の友社。

名取春彦（一九九九）『ヴィーナス・コンプレックス――美容外科があなたを救うとき』マガジンハウス。

鍋田恭孝編（二〇〇四）「特別企画・容姿と美醜の心理」『こころの科学』一一七号。

新美育文（二〇〇三）「乳癌の療法として未確立の乳房温存手術に関する医師の説明義務」『法律時報別冊・私法判例リマークス二〇〇三［上］平成一四年度判例評論』二六号。

西倉実季（二〇〇九）『顔にあざのある女性たち――「問題経験の語り」の社会学』生活書院。

西倉実季（二〇一一）「顔の異形は「障害」である――障害者差別禁止法の制定に向けて」松井彰彦他編『障害を問い直す』東洋経済新報社。

日経ヘルス・プルミエ編（二〇一二）『「乳がん」かも、といわれたら――乳がんの最適治療 2011～2012』日経ＢＰ。

日本義肢装具学会（二〇〇〇）「特集・補装具給付に係る手続きと流れ」『日本義肢装具学会誌』第一六巻一号。

日本性教育協会（二〇〇五）『がん患者・家族のセクシュアリティ（性科学ハンドブック一〇号）』。

芳賀駿介（二〇〇五）「乳房再建と保険診療」『乳癌診療　Tips&Traps』第一三号。

長谷川まり子（二〇一〇）『がん患者のセックス』光文社。

藤井輝明（二〇〇八）『あなたは顔で差別をしますか――「容貌障害」と闘った五十年』講談社。

船越園子（二〇一〇）『がんと命とセックスと医者』幻冬舎。

星加良司（二〇〇七）『障害とは何か――ディスアビリティの社会理論に向けて』生活書院。

星加良司（二〇一一）「障害者は「完全な市民」になりえるか？」松井彰彦他編『障害を問い直す』東洋経済新報社。

町沢静夫（二〇〇四）『醜形恐怖――人はなぜ「見た目」にこだわるのか』光文社（初出一九九七年）。

三島英子（一九九八）『乳房再建』小学館（初出一九九五年）。

美奈川由紀（二〇〇六）『マンモグラフィってなに？――乳がんが気になるあなたへ』日本評論社。

宮岡等（一九九四）「精神科医から見た乳房増大手術と醜形恐怖」藤野豊美編『乳房の形成外科』克誠堂出版。

山崎明子（二〇一一）「美の威嚇装置」山崎ほか著『ひとはなぜ乳房を求めるのか――危機の時代のジェンダー表象』青弓社。

ヤーロム、マリリン（二〇〇五）『乳房論――乳房をめぐる欲望の社会史』平石律子訳、筑摩書房。

ロミ（一九九七）『乳房の神話学』高遠弘美訳、青土社。

VOL－Net（二〇〇四）『乳がん手術後のセクシュアリティ――セクシュアリティに関するアンケート調査報告書』声を聴き合う患者たち&ネットワークVOL－Net（Voice Of Life Net）。


【付記】本書の刊行後、二〇一三年七月よりシリコンを用いた人工物再建にも新たに保険が適用されるようになった。

■在日コリアンにおける結婚・戸籍・国籍

私は、一九七〇年に福岡県北九州市で生まれました。私の父方、母方の祖父母は共に第二次世界大戦中に朝鮮半島から日本に渡ってきたいわゆる「在日コリアン」で、私は「在日三世」ということになります。

私は、日本の学校に通い、日本人の友人と日本の環境に囲まれて育ちました。母国語も話せず、十九歳になるまで母国である韓国に行ったことがなかったにもかかわらず、自分が韓国人であるということを強く意識して、心のどこかでいつも「疎外感」を感じているという青春時代を過ごしました。

初めて訪れた韓国では、公園で年配の男性から話しかけられ、「韓国人なのにウリマル（私たちの言葉＝韓国語）を話せないとは、祖国を捨てたのと同じことだ！」と強くなじられ、韓国にも、私の居場所なんてないのだと思い知らされました（当時は、若かったこともあり、本当にそのように感じました）。

その後、「いったい私はどのように生きていけばよいのだろうか……」と自分の立ち位置を探るこころの旅が続き、アメリカ、再び韓国への旅、そして日本での人びととの出会いを通じて、私にとっての居場所とは「国」ではなく、私が出会い、共に生きる人と作っていくものなのだと考えるようになりました。

私は二〇〇五年に結婚しました。夫は日本人です。結婚したら、自動的に私の国籍が日本になると思っている方が多いのですが、憲法第一〇条に、「日本国民たる要件は、法律でこれを定める」とあり、国籍法にどのような場合に「日本国民」となるのか、国籍取得に関して定めてあります。その中に「日本人と結婚したら、配偶者は日本国民となる」という条文はありませんので、私は結婚後も韓国籍のままでした。ただし、国籍法に「帰化」という外国人が日本国籍を取得するための要件等が定めてありますので、帰化申請の手続きをし、法務大臣の許可が得られれば、私も日本国籍を取得できます。

日本人と結婚したのだから、日本国籍を取得して、日本人になりたいだろう……と思われる方が多いかもしれませんが、私は、韓国籍のままでは日本では選挙権がなく、就職ができない職種があるなどという状況があっても、自分のルーツが朝鮮半島にあるということを大切にしたいと考えて生きてきました。ですから正直なところ、私は結婚する前も結婚が決まった時も、「日本国籍を取得したい」とは思わなかったのです。夫も、私の気持ちを尊重し、「日本国籍を取得したいという気持ちになったときに、そうしたらいいよ」と言ってくれていました。

日本人であれば、戸籍法に基づき、結婚すれば新しい戸籍が編成され、夫婦が共に記載されるのですが、外国人は戸籍に記載されません（戸籍に入れません）。婚姻後にできた夫の新しい戸籍には、夫の身分事項欄に、配偶者の氏名「文和子（私の本名）」、配偶者の国籍「韓国」という記載はありますが、私の欄はなく、夫ひとりの戸籍となりました。その戸籍を見たときには、日本人でないのだから仕方がないとは分かっていながらも、さすがに寂しい気がしました。

二〇〇七年に長女が生まれ、父（または母）が日本国民であれば日本国籍を取得できるため、長女は日本国籍を取得し、夫の戸籍に記載されました。戸籍には、夫と長女の名前。長女の母は「文和子」と記載されていますが、私個人の欄はないのです。私が母であることは確かなのですが、何とも言えない疎外感を感じました。また、娘が成長してこの戸籍を見たら、寂しく思うのではないか……とも思うようになりました。

私の両親も「法律で決まっているから仕方ないことかもしれないけど、あなたが産んだ子なのに、戸籍にあなたの欄がないのは、寂しい……」と言い、このことがきっかけで、いわゆる「帰化」申請をしようと決意しました。そして二〇〇八年に日本国籍を取得することができ、夫と同じ戸籍に入ることができました。選挙権も得ることができましたが、誤解を恐れずに言うならば、自分が「日本人になった」とは思っていません。日本国籍になってもやはり私は「在日コリアン」なのだと感じています。

日韓併合百年にあたる二〇一〇年、次女が生まれました。二人の娘たちは、成長していく中で、母親である私のルーツや国籍取得の選択をどのように受けとめてくれるでしょうか……。長女は七五三を迎え、日本の着物と韓国の民族衣装であるチマ・チョゴリを着たいと言って、両方の写真を撮りました。娘たちはアンパンマンも韓国の童謡も、どちらも大好きで、交互に聴いて歌ったり踊ったりしています。

国籍や法律の存在は私の人生において決して軽くはありませんが、それとはまた別の次元で、リアリティをもって生きることを語れる自分でありたいと思っています。

（司法書士　吉本和子）

＊筆者名は職名で、戸籍上は「植山和子」、かつての民族名（本名）は「文和子」です。

第5章　近代ウィーンの「子どもの流通」
――今、社会的子育ては展望できるか――

江口布由子

❖提　題

二〇一〇年に政府が発表した「子ども・子育てビジョン」では、公的な保育サービスの充実化だけでなく、民間ベースを基本とする多様な子育てネットワークの形成が重点目標として掲げられている。こうした「多様な子育てネットワーク」に言及する際、しばしば過去が掘り起こされる。本文でも確認する通り、それは事実であることは間違いない。しかし、その「復活」は可能なのだろうか。あるいは、その「復活」を望むとは何を意味するのだろうか。本章では十九世紀後半―二十世紀前半、近代モデルの家族が擡頭《たいとう》し、それを規範とする児童福祉制度や家族政策が打ち出された過渡期に、「多様な子育てネットワーク」がいかなる役割を演じたのかを明らかにし、その上で「社会的な子育て」を展望してみたい。

1　はじめに

冒頭でも述べたように、過去、地域を問わず、たしかに「多様な子育てのネットワーク」は存在した。祖父母や親戚による養育はもちろん、他人に預けるということも日常的な風景だった。乳児だけを見ても「乳貰い」や「乳母」の慣行は広く見られた現象であるし、里子や養子のみならず、「子捨て」も決して特殊な事例ではなかった。また、奉公人や徒弟制度も多様な人びとの関与する養育・教育制度と位置づけることもできる。問題は、こうした多様な人びとが関与する――言い換えれば、生物学的親子関係が今日ほど重視されない――子育ては、現代社会にとって模範となるような「社会的子育て」となるのだろうか、という点である。本章での議論は、こうした見方に対して一定の距離を置いている。それがゆえに、表題でも「多様な人びとの関与する子育て」を「子どもの流通」という市場の用語で表現した。この「子どもの流通」はスターンズの議論にヒントを得たものであるが、以下のような文脈で提示された言葉である。

すなわち、周知のように農業社会において子どもは労働の場に包摂され、そして労働の場と養育・教育の場は分かちがたく結びついていた。だが近代化の過程で職住分離が進み、公教育制度が発展する中、規範上では児童労働は否定され、子どもは養育・教育の場である家庭と学校に隔離されていった。しかし、実体としては下層民衆の間では同じ近代化の中で児童労働は著しく広がっていた。イギリス産業革命期の工業分野での過酷な児童労働はよく知られているが、では農村は伝統が保全されていたかというと、そうではない。イギリス産業革命に先行して、十七世紀以来、すでに(農業革命に伴う)農業の商業化が起こっていた。そのプロセスは地域的に多様であるが、本章でとりあげるオーストリアについては、十八–十九世紀には従来の里子や奉公人の慣行に依存しつつ、児童売買も含めた「民間」ベースで「農業の商業化」に適応的な児童労働供給ルートが形成されていた。捨て子や里子、年少の徒弟や奉公人が預け、預かるような社会は、こうした「子どもの流通」があってはじめて実現したのである[1](Rahikainen 2004, pp. 118–119)。

近代の公権力が児童福祉政策や家族政策を立案し実施するうえで面した(とくに貧困層の)容易に子どもを他人に預けてしまうような行動様式や心性は、伝統的なものというよりも、近代資本主義経済の形成に付随するものであり、近代モデルの家族形成のコインの裏面であった。農業の商業化や労働力の集約化という社会経済的な土台の上で、親に限定されない地域や親族を基盤にした多様な人びとが関与する子どもの養育・教育が成立していたと考えるべきであろう。本章では、こうした認識を前提に、ウィーンを事例として、近代資本主義の成立とともに近代家族モデルが擡頭し普及するさなか、公権力が近代化とともに変質する「多様な人びとの関与する子育て」にどのように向き合ったのか、またそのような子育てはいかなる役割を担ったのかをスケッチし、現在の構想の一助となることを目的としている。

最後にオーストリアのウィーンという事例の位置づけについて簡単に述べておきたい。エスピン＝

アンデルセンによる福祉レジームの比較分析では、現在のオーストリア共和国は保守主義レジームに属し、強い家族主義を示すとされる。エスピン＝アンデルセンはこの理由としてカトリック的・国家主義的価値観が強いことを挙げているが（そしてファシズム期は福祉国家形成における「空白期」として表現されているが）、歴史研究から見ると「伝統的」装いをもつ家族観は第二次世界大戦後のアメリカ化から強い影響を受けていると見るのが妥当であろう（Eder 2007）。実際には、十九世紀オーストリアでは「子どもの流通」が活性化していた。結論を先取りすれば、公権力――二十世紀においてオーストリアは君主制から共和制、身分制国家、ナチズムへと変転するのであるが――は「子どもの流通」を単に排除したのではなく、むしろ統制し利用していくことになる。

2　捨て子院の解体

†　捨て子院

一八七三年、ウィーンでは万国博覧会が開かれていた。日本政府初の公式参加となるウィーン万博には岩倉使節団も見学に訪れた。同じ年、万国博覧会の開催地であるプラーター公園と市内区を挟んでちょうど反対側、アルサーフォアシュタットのウィーン捨て子院には一万九八六七人の「捨て子」が保護されていた。その万国博覧会開催中、ウィーン証券取引所での株価大暴落を契機にヨーロッパ全体が構造不況に陥ると、捨て子の収容数は増加の一途を辿り、一八八〇年には一年で三万四一一五人に達した（Pawlowsky 2001, pp. 283–286）。ウィーン捨て子院に預けられた子どもの大半は農村地域へ里子に出された。同院は「子どもの流通」の、まさにハブとも言える存在だった。その内容を見る前に施設の来歴を見てみよう。

一七八四年、国立のウィーン捨て子院はヨーロッパ啓蒙専制君主の代表格であるヨーゼフ二世のもと「啓蒙の施設」として開設された。同種の施設はすでに十八世紀を通じてヨーロッパ各地で創設されていたが、十八世紀末に創設されたオーストリアの施設は先行制度の経験を踏まえた、最新鋭の施設だったと位置づけられる（たとえば、産院を付設するなど）。

捨て子院という施設について、フーコーの「生政治」の議論を引き継ぎながら、ドンズロはその歴史的意味を次のように説明する。すなわち、十八世紀に入ると、国家権力が人びとの生命（生活）の管理を新たな領域として見出すのと呼応して、徐々に中産階級の間では子どもの養育や教育を中心に据えた近代家族が普及していった。両者の結合は医療制度や教育制度といった子どもの保護制度の発展として現われた。しかしこれは中産階級にのみ妥当するのであり、大多数の下層民に対する方策は異なっていた。下層に対しては、警察機構などを通して監視し逸脱したものを摘発し、隔離し管理するという方策をとったのである。捨て子院は、「家族の利益と国家の利益とを一致させること、つまり行為を道徳化する家庭の平和と、独身者・捨て子という、家族制度の不可避の廃物を処理する国家の力との妥協」の結果であった。そして、救貧施設などと同様に、捨て子院は「博愛的なエネルギーの動員を容易にし、それに視点を与え、一般民衆の生活の観測所の役割、社会的に有害な影響力を排除し、経済＝社会的な強制を媒介として民衆の家族を組織しなおす」基盤となるべき制度であった、という。捨て子院は国家権力による民衆支配の拠点として位置づけられる一方で、ドンズロはその支配は決して貫徹せず、下層民衆は捨て子院の「新しい使い方」――貧困を理由に「手軽」に子どもを預けたり、養育費欲しさに実母が養母になりすましたりする――を発見した、という（ドンズロ 一九九一、二四－二九頁）。要するに、捨て子院はさまざまな動機をもった親たちによる「子どもの流通」のハブとして機能していたのである。

ドンズロの議論はフランスを念頭においているが、ウィーンも同様の状況だったと考えられる。フランスとは異なり、オーストリアの施設では付属の産院で出産することが義務づけられ、「回転棚」（通常は壁と一体になっており、押すと子どもを置く盆が現われる棚。捨て子院の代名詞的存在であった）に比べれば「気軽に」捨てることはできなかったが、母親は子どもに会うことなく捨て子院を去るなど、親の秘密保護は徹底していた。諸研究によると、実際、ウィーン在住者のみならず、農村部からも奉公に出るという嘘をついてまで、捨て子院に預けるためだけにやってきた母親も少なからずいたことが分かっている。捨て子院の子どもたちはほとんどの場合、生後一か月にもならない間に里親に預けられた。里親には授乳や住居衛生面での調査を経た認可証の取得が義務づけられ、一定の養育費が施設から支払われた。里親の半数近くは小屋住み農や小農、農村の「未亡人」といった農村最下層であり、次いで土地と館をもつ農民が約三割を占めた。里親が子どもを預かる動機は、主として養育費による現金収入と労働力の調達であった。現金収入がほとんど見込めない農村最下層の里親にとっては前者が、工業化・都市化による若年労働力の流出に直面していた土地持ち農にとっては後者が重要な意味をもっていた（Pawlowsky 2001, pp. 151–198）。

以上のことから、ウィーンという大都市と捨て子院に、工業化に伴う構造変化の中困窮する農村が接続され、その中を子どもが流通する様が見えてくるだろう。その基本的な原動力は近代モデルの想定する情緒的な関係とは程遠い、農村の困窮と養育費と労働力という経済的な力であった。それと同時に、この「子どもの流通」においては下層民からなる当事者たちの、あえて言うならば「行動の自由」――とりわけ、母親が子どもとともにいるか否かの選択をする余地があった。

† 民法改正と捨て子院の解体

しかし、捨て子院をハブとする「子どもの流通」が最盛期にあった十九世紀後半、このネットワークの前提条件である生物学的な母子の分離に対する批判が先鋭化した。一八六〇年代から七〇年代、オーストリアにおいてもリベラル勢力が国政での政治的実権を握った時代になると捨て子院改革が現実のものとなった。焦点は母親の秘密保護であった。捨て子院批判派の見解によれば、母親の秘密保護は一八一一年に施行されたオーストリア一般民法典に規定されている「親の子どもに対する保護責任」に抵触するだけでなく、母親が「本来」は「自然」にもつはずの「母性本能」の芽生えを阻害するのであり、即刻、廃止されるべき規定であった。この流れの中で一八六九年には、ウィーンの施設ではいったんは母親の秘密保護規定は廃止された。これによって受け入れ数も減少するであろうと見込まれていた。

しかし先にも述べたように一八七四年以後の「大不況」の中、受け入れ数は増大するばかりであった。到底、子どもの養育コストを負担できそうにない「未婚の母親」の貧困を前にして、一八七八年には秘密保護規定が再導入され、一八八〇年代までは改革議論は沈静化した。ふたたび改革議論が過熱したのは一八九〇年代だった。一八九〇年代の議論においても母親の秘密保護規定が批判の焦点となったが、責任追及の重心が母親から父親に移った点で以前とは異なっていた。母親が父親に関する情報を開示し、父親から養育費コストを引き出そうというわけである。養育費請求をするためには父親の所在を確定し、場合によっては財産の差し押さえという処置も必要となってくる(2)。議論は捨て子院の枠組みを超え後見人制度の改革、さらには民法改正議論へとつながった。

一八一一年に施行されたオーストリア一般民法典は、子どもの養育義務を「父権」のもとにあると規定した。しかし婚外子については「父権」との関係は完全に断ち切られており、正式に婚姻関係を結ばない限り父親側の自発的認知すら認められていなかった。では母親が親権にあたる「父権」を担うかというと、一般民法典はそれを禁じていた。したがって婚外子の法的・経済的保護のために（男性の）後見人を立てることになっていたが、下層民の間では後見人も名ばかりであることが多く、後見人を通した保護・養育はほとんど機能していなかった。

こうした状況を受け、一九〇四年、民法改正のための公式委員会が発足し、一九一四年には改正民法が施行された(3)。婚外子と婚内子の同等化には遠く及ばなかったが、生後六週間の父親に対する養育費請求が明確に定められた。それを履行するために合わせて後見権をめぐる規定も改正され、それまで個人しか担えなかった後見を、行政が団体として担うことができる一般後見制度が導入された。

民法改正の動きと連動しながら捨て子院の在り方も変容した。一八九八年に母親の秘密保護を廃止し、一九〇七年には「子どもの権利部門」が新設され、父親の捜索と養育費請求が行なわれた。また結婚の推奨も積極的に行なわれた。一九一〇年には、行政上では産院が独立し、「捨て子院」という名前も廃止され、「中央子どもの家」へと改称された。それと同時に施設は母親の保護という役割を完全に放棄し、児童保護に特化されることになった（Pawlowsky 2001, pp. 252–278, Hämmerle 2001, pp. 161–171）。

改革論者や児童福祉推進運動家にとっては、児童保護施設である「中央子どもの家」は母子一体という「自然な」養育環境を普及させるはずであった。そして「子どもの流通」をできる限り縮減していくはずだった。しかし、民法改正が実現した一九一四年、第一次世界大戦が勃発し状況は一変した。婚内外にかかわらず大部分の子どもたちの養育環境は極度に不安定化することになった。

3　戦間期ウィーン
――子どもの流通の抑制から再活性化へ――

† 赤いウィーンの社会的子育て

開戦当初、短期決戦で終結すると考えられた第一次世界大戦は長期にわたる過酷な総力戦となった。

参戦諸国は前線のみならず銃後の「日常生活」を高度に組織化し戦争に投入する必要に迫られた。敗戦国であるドイツやオーストリア・ハンガリー帝国では銃後の組織化に頓挫し、人びとの日常生活は崩壊の危機に立たされた。一九一六年後半になると、各地で女性や子ども、若者たちが前面に立った飢餓暴動や飢餓ストライキが頻発するようになった。一九一七年には、「社会福祉省」と「国民健康省」の創設への動きが本格化したが、地方政府や私的な福祉団体はすでに中央政府に信頼を寄せず独自の動きを展開した。前線は崩壊し銃後の統制もとれないまま、一九一八年の秋、ついにオーストリア・ハンガリー帝国は解体した。

相次ぐ帝国からの独立宣言の中、「残余の国家」あるいは「誰も望んでいなかった国家」オーストリア共和国が誕生した[4]。共和国樹立当初は二大政治勢力であるキリスト教社会党と社会民主党によって連立政権が組まれていたが、一九二〇年の国民議会総選挙後に路線対立が先鋭化し第二党の社会民主党は下野した。以後、オーストリアは、農村地域とブルジョワ層に支持基盤をもつキリスト教社会党がドイツ・ナショナリスト諸派と連合して国政を握る一方、社会民主党は組織労働者という堅固な支持基盤を有するウィーン市政を担うという分断状態になった。

帝政期の広大な交通ネットワークから切り離されたウィーンには、人口の約三割（一八六万人）、巨大な官僚機構そして集中化された産業が残った。住民生活は混乱をきわめており、経済構造の再編は不可避であった。国政レベルでは国際借款の圧力で暗礁に乗り上げた社会政策を、社会民主党はウィーン市において実行に移し、この窮地を脱しようとした。州レベルの高度な自治権のもと、同党は徹底した累進課税や奢侈品《しゃしひん》への間接税などで財源を確保し、教育、衛生、住宅等々包括的な政策を展開した。オーストリア社会民主党による市政は「赤いウィーン」と呼ばれ、左翼社会民主主義の実験として国際的な注目を集めた（小沢　一九九五）。

その中で、児童福祉と家族政策は物質的な意味でも象徴的な意味でも住宅政策と並ぶ中核的課題の一つであったとみてよい。物質的な意味としては、経済立て直しのために社会民主党にとって、近代的な生産活動に適応しうる社会的人的再生産領域――それは少なくとも政策担当者にとっては家族であった――の立て直しと再編が急務の課題だった。また象徴的には、政治上の父たる皇帝を排し、実在の父親も戦死するか、帰還できたとしても心身に深い傷を負う中、「父を失った社会」（die Vaterlose Gesellschaft）が強く意識される状況において、児童福祉政策や家族政策はウィーン市行政を「家族を保護し扶養する父親」として提示し、住民の心理的安定を図り結束を促す重要な手段だった（Sieder 1988）。

近代的な生産活動に適応する家族とは、具体的に言えば、子ども中心の単婚の労働者小家族による「清潔で健康な家族生活」であった（Wolfgruber 1997, pp. 52–56）。しかし、この理念と現実の乖離《かいり》は著しいものだった。実際には親を失った孤児や親がいても扶養できるような経済状況ではない子どもたちは莫大な数に上っており、国内外を問わず疎開などを通して「子どもの流通」はむしろ活性化していたのである。こうした状況に対し、社会民主党の市政府は新設の福祉局に児童福祉課を設置し、各区に区児童福祉事務所を置いて対応した。

こうした動きの中で戦前の「子どもの流通」の主要構成要素となっていた婚外子や里子の保護も充実化が図られた。改正民法を根拠として児童福祉課が婚外子の後見となった。そして後見権を根拠に、児童福祉課は定期健診やソーシャル・ワーカーの訪問によって母親と婚外子を常時保護・監督する一方、強制執行を含む父親への養育費請求を行なった。また一九一九年に制定された里子保護法に基づき、十四歳以下の里子を預かる里親には認可制がとられた。また里親には月一回の定期健診も義務づけられ、適性がないと判断された場合には里親の認可が取り消されることもあった。これらのウィーン市の児童福祉政策は「家族的」、言い換えれば非営利的で「無欲」な養育環境の構築を志向し、児童労働や現金収入などの「私利私欲」に動かされる「子どもの流通」を否定していたことが分かるだろう。しかし、行政からの目配りが行きわたるほど、学校や街路、あるいは家族生活の中で理念像からの逸脱を多く見出すことになった。逸脱は主として二つの名前で呼ばれた。すなわち、「虐待」と「非行」である。

すでに世紀転換期から法律家や女性運動家からなる私的団体によって被虐待児童や非行年少者へのケア活動は広がっていた。ウィーン市の児童福祉課は民法改正によって導入された後見権を活用して、一九一九年、「子どもの引き取り」（Kinderübernahme）事業を開始した。一九二五年には、業務を一括して担う「子どもの引き取り所」が設置された。

「子ども引き取り所」は捨て子院に代わる、しかし同院よりもはるかに行政管理の徹底した「子どもの流通」のハブだった。その活動内容は以下のようなものだった。ソーシャル・ワーカーや学校教員が日常業務で虐待や非行を「発見」し、養育・教育困難と判断された場合、児童福祉課に通報する。「子ども引き取り所」は子どもを収容し、子どもの生活環境と「道徳的特性」の調査に入る。「道徳的特性」の調査は「ガラス越しのボックス・システム」によって行なわれた。文字通り、調査員は子どもと直接的に接触せず、ガラス越しに小集団に分けられた子どもたちの行動観察をするのである。この調査結果に応じて、子どもは里子に出すか、永続的な施設に収容するか、もしくは別施設での再調査するかに分けられた。永続的収容施設としてはウィーン市営の三つの孤児院と八つの教育院（旧矯正院）が中心的に利用された。再調査施設は二施設あり、その一つがウィーン捨て子院の後継施設である「中央子どもの家」だった。同施設は「子ども引き取り所」保護下の六歳未満の乳幼児に関する再調査および罹病《りびょう》（とくに性感染症）乳幼児の医療ケアに機能を特化させていた。

「子ども引き取り所」の受け入れ児童数は一九二二年には約七千人に上り、一九二六年には約三三〇〇人まで減少したが、大恐慌後の一九三一年にはふたたび約五千人まで増加した。「子ども引き取り所」に預けられた子どものうち約四分の三近くは、親と離され、施設に収容された(5)。市は刑務所に近い従来型の施設を否定し、「家族的」であるように設備も制度も整備した。施設は「教育に心を開かせる」「美しく喜びに満ちた場所」でなければならなかった。施設内では「家族システム」と呼ばれる小グループ制が採られ、専門者とは別に子どもたちの世話をする寮母と寮父が配置された（Melinz und Ungar 1996, pp. 111–116, Wolfgruber 1997, pp. 138–151）。

しかし、当時でも先進的とされたこの制度は、同時代においてキリスト教社会党をはじめとする保守勢力の批判の的となった。「子ども引き取り所」は、私生活への不当な介入であり、家族の崩壊を狙う「ボルシェヴィズム」を体現した施設だ、というのが保守派の言い分であった。この私生活への介入という点は的外れなわけでもない。一九七〇年代以後の福祉国家批判の文脈において、「赤いウィーン」の諸政策が規律化の要素を多分にもっていたことが確認されている。先に紹介したドンズロの議論に沿うならば、「子ども引き取り所」は捨て子院では十全に機能しなかった「隔離して管理する」という手法を洗練した施設と位置づけることも可能であろう。それでもなお困窮する社会経済状況の中で、「赤いウィーン」は従前の捨て子院とは異なる、より丁寧で高コストな子どもの養育を前提とした社会的な養育システムを作り上げようとしていた。

いずれにせよここで見落としてはならないことは、「子ども引き取り所」を通さない「子どもの流通」、すなわち農村への里子が公的機関から補助を受けたものだけで常時四千人程度に上っていた、という事実である。ウィーン市行政はガイドラインの作成や農村への分署の設置などを行なってはいたが、コストと人員不足のためにほとんど管理されていない状態にあった（Melinz und Ungar 1996, pp. 90）。要するに、労働力と養育費を原動力とする都市－農村間の「子どもの流通」はなおも継続していたのである。そして、一九三〇年代初頭に表面化する危機によって、ふたたびこの従来型の「子どもの流通」が前面に押し出されることになる。

†ファシズムの民営化とナチスの合理化

一九二九年の大恐慌を契機に世界経済は深刻な不況に陥った。世界不況はすでに一九二〇年代から続いてきた政治的危機と経済的危機を増幅させた。オーストリアではこの危機が一九三四年の議会制民主主義の破棄と身分制国家の樹立（オーストリア・ファシズム）、そして一九三八年のナチス・ドイツへの併合（アンシュルス）へとつながっていくことになる。

「財政の健全化」が、この一九二〇年代末から一九三〇年代の急激な変化に流れる通奏低音であった。一九二〇年代を通して、ウィーン市は「外国債権者」という味方を得た中央政府から「高賃金」と「行き過ぎた福祉」の負担を減らすようを要求されており、すでに「赤いウィーン」時代から緊縮財政の傾向は表われていた。一九二九年の大恐慌は、この動きをさらに加速させることになった。ウィーンでは一九三〇年から三一年にかけて失業者が十一・五万人から十四万人まで増加したが、その間失業手当などの給付を受けている失業者はほぼ横ばいの九・五万人に抑えられていた（Melinz und Ungar 1996, pp. 28）。社会民主党もまた財政緊縮の努力を続けたが、その妥協的な態度がむしろ保守権威主義に勢いをつけた。社会不安と政治的緊張が高まる中、一九三三年に政権についたキリスト教社会党のドルフスは議会を停止し（オーストリア・ナチも禁止）、一九三四年には内戦を経て社会民主党を禁止に追い込んだ。その直後、新憲法を発布し、カトリック的価値を全面に出した職能身分制に基づく権威主義体制を固めた。

「赤いウィーン」は終わり、キリスト教社会党のシュミッツが市長となったウィーンではよりいっその財政緊縮政策、つまり福祉の切り詰め政策が試みられた。シュミッツ市政権が採った方策は「民営化」であった。「隣人愛」を頼りに民間ルートで里子に出す、あるいは市営よりも「自立」しているために経済的合理性をもつとされる私的団体――むろん、カトリック系の団体が主流を占めた――に業務を委託し、市は補助金を出すという形に転換したのである。しかし民営化路線も長くは続かなかった。受給の申請者が増加の一途を辿ったうえに、私的団体内部の軋轢《あつれき》が先鋭化した。とくに後者について、上部団体が補助金のほとんどを吸収し末端組織が苦境に立たされたため、シュミッツ市政権は市営施設の立て直しを約束せざるをえなくなった。「身分制国家」の支配下のウィーン市政も、「社会民主党側が推し進めた社会的構造への家族の包摂をキリスト教的・ロマン主義的な家族概念で補完した」にすぎなかった（Melinz und Ungar 1996, pp. 134）。そして「赤いウィーン」と同様に、近代モデルの普及はごくごく限定的な影響しか生まず、むしろ農村社会に対して伝統的家族を保全する場として価値を付し、非公式な「子どもの流通」を問題視する視点すら後退した。

そのオーストリア・ファシズムも一九三八年のナチス・ドイツへの併合によって終焉を迎えた。(6)

ナチズムは「血の共同体」としてのドイツ民族共同体を実在のものとして前提しつつ、一方で実現すべき政治目標としていた。したがって、ナチスにとって人口再生産、あるいは生物学的親子関係は高度な政治問題であった。「ドイツ民族共同体」の増強の名のもと、現在の言葉で言えば少子化対策を主眼とする社会政策がとられたことはよく知られている。具体的に言えば、結婚資金貸付制度や独身者や高所得者層への増税と児童手当の増額をセットにした家族負担の平均化政策、あるいは子沢山の家族と母親への表彰制度（「ドイツ母親十字勲章」）などである。また結婚資金貸付制度が女性の就業断念を前提としていることからも分かるように、母性称揚や良妻賢母志向もきわめて強く、性別役割分業を基調とする近代モデルを推奨し、より広範な階層に普及させようとした。しかし、歴史人口学や家族社会史の成果によると、これらの政策は効果を挙げたとは言い難い。むしろ、同じ「ドイツ民族共同体」の「純化」と増強を狙った政策である「無価値者」、「反社会分子」あるいは「非アーリア人」への人口抑制主義の方がナチスの人口政策の支柱であったとされる（Ehmer 2004, pp. 10–15）。

こうしたナチズムの人口政策に基づいてウィーンの児童福祉制度も再編された。一九四〇年にはオストマルク（併合後のオーストリアの呼称）児童福祉令が出され、ナチス的な制度再編が本格化した。ウィーンにおいては、先行の民営化路線がナチス支配の貫徹において有利に働いた。ウィーンの福祉行政は、事実上、ナチスの党組織である「国民社会主義民族福祉団」（Nationalsozialistische Volkswohlfahrt）[7]によって掌握されたのである。「自助のための助け」をスローガンとする同団体は財政の大半を寄付金によって賄う自助団体であったが、その究極的な目標はドイツ民族共同体の維持と増強であった。「民族福祉団」の支配下で、ウィーンの児童福祉、中でも「子ども引き取り所」は排除政策の拠点となった。子どもの分類には「共同体能力のある／共同体能力のない」という指標が用いられた。「共同体能力のないもの」は「遺伝的」あるいは治癒の見込みのない「低価値者」として位置づけられ、「民族福祉団」の、つまりは公的福祉の範囲外とされた。「ドイツ人」と規定された「低価値者」は補助金削減をつねに迫られる他の私的（宗派）団体に任された[8]。さらに同所を通して

「ジプシー」「ユダヤ人」「ミッシュリンク（混血）」とされた者は、すでに一九四三年以前から強制収容所に送られはじめていた(9)。

しかし「排除」だけでは戦時下のますます逼迫《ひっぱく》する財政問題を解決することにはならなかった。ここでふたたび注目されたのが従来型の「子どもの流通」であった。ナチス支配下のウィーン市は農村への里子をさらに強く奨励した。農村への里子を円滑に進めるため、ウィーン大管区はシュタイアーマルク大管区との間で、後者の特定地区を里子の受け入れ先とする協定を結んだ。受け入れ地区を特定することによって、行政の管理とイデオロギー的な統制を徹底しようとしたこと以外に、ここには二つの狙いがあったと考えられる。第一に、農村での生活を通して大都市の子どもたちに「祖国」や「土着性」への意識を喚起させようというイデオロギー的狙いである。しかし、それ以上に重要なのは、食糧増産を必要とする戦時経済に対する、安価な児童労働力の提供であった。農家の側からすると、民族同胞愛という言葉の背後で、従来と同様に労働力（里子ならば農業労働使用しても触法にはあたらなかった）と養育費を得ることができるというメリットがあった（Jandrisits 2007, pp. 144–145, Stargardt 2005, pp. 64–65）。ナチスの「民族共同体」の維持・増強は、生命の増産と廃棄を要求するとともに旧来型の「子どもの流通」の再活性化をもたらしたのである。

† 「社会的子育て」を展望する

近代的な児童福祉や家族政策は十九世紀末に形成し、二十世紀に国家制度化され始めた。この近代的な児童福祉は、近代モデルの家族を前提としていたが、オーストリアの事例から分かるように、必ずしも「伝統的」な、近代的な規範からすれば否定されるべき「子どもの流通」を単純に圧迫し、排除したのではなかった。むしろ財政緊縮という政治課題を最優先させたファシズム期や戦時体制に向けて人口増強を狙うナチス期においては、「子どもの流通」は隣人愛や「祖国」の伝統といった語彙《ごい》での農村の称揚と一体となって、一連の法制度や政策にとって不可欠の要素となっていた。

オーストリアにおいて、「子どもの流通」が衰退するのは二十世紀後半のことである。法的規制に加え、農業分野での機械化が進み児童労働力への需要が低下したことが背景にあった。また、一九五〇年代から七〇年代前半の資本主義経済の「黄金期」とされる高度成長時代には、社会全体として子育てに相対的に高いコストを払うことが可能になった。冷戦の最前線にして中立国という地政学的位置のもと、「社会的パートナーシップ」という階級協調を基盤とする福祉国家となったオーストリアでは、家族手当などを通して二親－子ども関係に基づく子ども中心の近代家族モデルを普及させるような政策誘導が行なわれ、実際に、その関係が「平常」なものとして受け止められるようになった。

一九六〇年代後半には、広範な社会層の親が子どもを物質的にも情緒的にも手厚く細心の配慮をもって育てるようになった。もちろん、これには無給の主婦という労働力が必要だったことは言うまでもない。しかし、主婦が一般化したのとほぼ同時期に、女性解放運動の広がりと労働市場の要請が複雑に絡まりながらも、女性の職業進出が本格化し始めた。さらに一九七〇年代後半以後、経済の収縮局面に入ると、家計における子育てに要するコストは相対的に増大することになった。一九七〇年には二・六％程度あったオーストリアの合計特殊出生率は、一九八五年には一・八％まで低下した（OECD 2005, pp. 123）。一九九〇年代には、「子どもの育てにくさ」が社会問題として認識され、少子化対策が重要な政治課題として浮上することになった。

以上のことからも分かるように、現在、国際的な政治経済における位置、政治システム、移民の受け入れ、社会規範等々に大きな違いはありながらも、オーストリアは日本と同様に強い家族主義をもち、かつ少子化という問題に直面している。そのオーストリアでは、二〇〇二年、「ファミリーフレンドリー」な職場環境と地域間・社会層間の公平の実現を目指した、育児給付と親休暇制度の大規模な改革が行なわれた。とくに後者については、父親による親休暇取得を促進し、女性の就業を支援するという目標が掲げられていた。しかし現実には、父親の親休暇取得は進まず（全体の二％程度）、ほとんど母親が取得している。母親は子どもが二歳半になるまで雇用保障付きで休暇を取得できるが（したがって統計上、親休暇中の母親は就業とし算出される）、休暇終了後に職場復帰することは難しく、現状、多くの女性は退職している（OECD 2005, pp. 147–196）。つまり、オーストリアの「少子化対策」は男女性別分業の強化とまではいかないまでも、その維持を支柱としていると言えよう。

オーストリアの方向性は雇用における男女の平等という観点から批判されるべきものであることは間違いない。また、この方向性は労働市場や労働政策との関連でも問題をはらんでいる。なぜなら女性労働力の労働力市場からの排除は、結果的にはその供給不足を招くからである[10]。実際、日本と同様にオーストリアでも、政府は家族主義的な給付や税制改革による政策誘導を試みるのに対し、人びとの間で施設型の保育など子を預ける形での保育サービスへの需要は高まり続けている（OECD 2005, p. 61, pp. 170–173）。

では、女性の市場労働を拡大するという方向性をとったとしよう（現実に進んでいる）。労働市場におけるジェンダー格差の是正という観点からも、保育サービスの供給は必須の課題となる。ここで浮上するのが、無償を前提とする、伝統的な地域や親戚関係の復活であるが、本章で示してきたように児童労働というメリットが失われ、逆に子育てのための物質的・情感的な高コスト負担は当たり前となっている以上、少なくとも「ボランティア」で賄うことは難しい。こうした状況に対し、近年、オーストリアでは、少人数の子どもを一般家庭で預かる「子ども世話人」（Tageseltern）という保育サービスが広がっている。「子どもの世話人」のほとんどが女性であり、みずからも育児中の子どもがいることが多い。つまり、育児中の母親が有償で、近所のさまざまな年齢の子どもを四、五人程度、自分の家で預かるというわけである。預ける側の料金は州によって違うが、時間当たりで言うと公的施設よりもやや割高である。

政府の指針としてではなく半ば自然発生的に広がったこのサービスは、一つの「社会的子育て」の方向性を示していると言えるかもしれない。しかし、問題がないわけではない。一つは、ふたたびジェンダー格差である。「子どもの世話人」として働く女性のインタビューでは、彼女たちが育児と仕事のバランスを考え、他に選択肢がないので、この職を始めたことが浮き彫りになっている。もう一つは、拡大したがゆえに、とも言えるのだが、法的規制の問題である。実際のところ、政府はそもそも二〇〇七年まで「子どもの世話人」を法的カテゴリーとして把握しておらず（それだけプライオリティが低かったことがうかがい知れるが）、現状ではサービスの質は従事者個々人の意識に負っているところが大きい。質を安定化させ、かつ向上させるとなると、世話人の養成コースの設置や給与の引き上げなどが必要となる。そのコストをすべて料金上乗せで吸収するわけにはいかず、結果的に、財政支出という問題に突き当たっている（Kaindl u. a. 2010）。

オーストリアの動向からも分かるように、相当な人員と財政支出を伴う「社会的子育て」の制度設計が必至であろう。事実、日本でもさまざまなプランが提起されている（村山 二〇〇八、櫻井 二〇〇六）。これらの妥当性や優先順位を判断することは筆者の能力を超えている。それを前提に、本章の考察を踏まえて言うならば「財政危機」の不安言説が流布する中、二十世紀前半よりもはるかに高度な医療的スクリーニングが可能となった今、「社会的子育て」の制度を手放しでよしとすることは難しい。児童労働への需要が少なくとも先進国では低下し「子どもの流通」が後退し、受け皿が狭まっている以上、ますます選別と排除（廃棄）へ転換しないように注意を払わなければならない[11]。本章ではごく断片的な内容であったが、過去を踏まえることによって、「家族愛」や「国家の危機」といった感情を突き動かす言葉を前に立ち止まり、冷静に先を展望するための一助となることを願っている。

（1）　スターンズは、具体的にはラテンアメリカを事例に近代の「子どもの流通」を指摘している

（Stearns 2011, pp. 84–91）。

（2）現在のオーストリアにおいて、支払い能力のない父親に対する公的貸付という形で、母親に養育費を支給する制度が整備されている。

（3）一九一四年改正では母親の親族関係については婚内子と婚外子の同等化が図られた。オーストリアにおける完全な法的平等化は一九八九年にようやく実現された。

（4）一九一八年の共和国樹立当初、「ドイツ・オーストリア」という名称が用いられ、「生き残り」の鍵としてドイツとの合邦に強い期待がかけられていた。しかし一九一九年に結ばれた対オーストリア講和条約であるサン・ジェルマン条約によってドイツとの合邦が禁止され、国名もオーストリア共和国に変更された。

（5）一九三一年の統計では「子ども引き取り所」に保護された五〇七二人の子どものうち、三六六一人が施設収容となった（Melinz und Ungar 1996, pp. 111）。

（6）併合後の国民投票では合邦に対し九九パーセントの賛成票が投じられた。たとえ有形無形の圧力があったとしても高い数値として評価できる。

（7）「民族福祉団」は、一九三一年、突撃隊の男性とその家族の自助組織として創設された。一九三〇年代後半には、党内組織としてはドイツ労働者戦線に次ぐ第二の規模の組織となる。一九三四年、三七〇万人だった加盟者数は、一九四三年には一七〇〇万人まで増加した（Jandristits 2007, pp. 147–152）。

（8）強制的同一化政策によって非宗派系の団体はほぼ完全に解体されたが、赤十字や宗派系の福祉団体に関しては「民族福祉団」傘下の団体として継続した。

（9）当時の心理学者は、「引き取られた子どもの八〇パーセントが低価値（反社会的）、一五パーセントが低価値ではないが成長障害がある。二パーセントは特別な障害はない。三パーセントは不明である」という所見を示した（Jandristits 2007, pp. 76）。

（10）もちろん、女性の労働市場への包摂が女性の解放や「男女平等」と同義ではないことは留意しなければならない。また、女性の労働市場への包摂をめぐる言説がしばしば移民労働者の排斥と地続きとなることにも注意しなければならない。

（11）この点に関して、近年では国家対個人というような単純な図式は成り立たないことは留意すべきであろう。「リベラルな優生学」をめぐる議論からも分かるように、遺伝情報が商業化されつつある現在、「選別」や「廃棄」は親や保護者の自由意思に基づくようになっている（米本 二〇〇〇）。

参考文献

エスピン＝アンデルセン、ゲスタ（二〇〇〇）『ポスト工業経済の社会的基礎――市場・福祉国家・家政の政治経済学』渡辺雅男・渡辺景子訳、桜井書店（G. Espin-Andersen（1999）*This Transformation of Social Foundations of Postindustrial Economics*, Oxford University Press）。

ＯＥＣＤ（二〇〇五）『国際比較：仕事と家族生活の両立――日本・オーストリア・アイルランド』高木郁朗監訳、麻生裕子他訳、明石書店（OECD（2003）*Babies and Bosses. Reconciling Work and Family Life Volume 2. Austria, Ireland and Japan*）。

小沢弘明（一九九五）「ウィーン労働者の住体験と労働者文化――「最暗黒のウィーン」から「赤いウィーン」へ」小沢弘明他『労働者文化と労働運動――ヨーロッパの歴史的経験』木鐸社。

ドンズロ、ジャック（一九九一）『家族に介入する社会――近代家族と国家の管理装置』新曜社（Jacques

Donzelot（1977）*La police des familles,* Édition de Minuit）。
三成美保（二〇〇六）『ジェンダーの法史学——近代ドイツの家族とセクシュアリティ』勁草書房。
米本昌平他（二〇〇〇）『優生学と人間社会——生命科学の世紀はどこへ向かうのか』講談社現代新書。
Ehmer, Josef（2004）*Bvölkerungsgeschichte und historische Demographie 1800–2000*（*Znzyklopädie deustcher Geschichte 71*）Oldenburg.（ヨーゼフ・エーマー（二〇〇八）『近代ドイツ人口史』若尾祐司・魚住明代訳、昭和堂）
Hämmerle, Christa（2001）“Unmarried Father in the Austrian Legal Code and Popular Autography in the Early Twentieth Century” Richard Wall et al.（eds.）*Family History Revised: Comparative Perspectives*, Delaware UP.
Jandrisits, Vera（2007）“Zur Struktur des Fürsorgewesens im NS-Wien” Ernst Berger（Hg.）*Verfolgte Kindheit. Kinder und Jugendliche als Opfer der NS-Sozialerwaltung*, Böhlau.
Kaindl, Marcus u.a.（2010）*Tageseltern in Österreich. Rahmenbedigungen, Zufriedenheit und Motive aus Sicht von Eltern und Tageseltern*, Österreichisches Institut für Familienforschung. Forschungsbericht 3.
Melinz, Gerhard und Gerhard Ungar（1996）*Wohlfahrt und Krise. Wiener Kommunalpolitik 1929–1938*, Franz Deuticke.
Pawlowsky, Verena（2001）*Mütter ledig - Vater Staat. Das Gebär- und Findelhaus in Wien 1784–1910*, Studien Verlag.
Rahikanen, Marjatta（2004）*Centuries of Child Labour. European Experiences from the Seventeenth to the Twentieth Century,* Ashgate.
Rudolf, Clarissa und Gerhard Benetka（2007）“Zur Geschichte des Wiener Jugendamtes” Berger（Hg.）*op.cit.*

Stargardt, Nicholas（2005）*Witness of War. Children's Lives under the Nazis*, Vintage Books.
Stearns, Peter N.（2011）*Childhood in World History,* 2nd ed., Routledge.
Wall, Richard & Jay Winter（1998）*The Upheaval of War. Familly, Work and Welfare in Europe 1914–1918,* Cambridge UP.
Wolfgruber, Gudrun（1997）*Zwischen Hilfestellung und sozialer Kontrolle. Jugendfürsorge im Roten Wien, dargestellt am Beispiel der Kinderabnahme*, Praesens.

■「こうのとりのゆりかご」をめぐる問題

平成十八年十一月匿名で赤ちゃんを預かる「こうのとりのゆりかご」の設置構想がメディアで報じられ、社会に大きな衝撃を与えました。

実は私共の病院では妊娠・出産・育児などで悩む方々の電話相談を平成十二年より年に約一週間受けており、相談件数は多い時で二十六件ほどで「育児困難」という相談もありました。ドイツで捨てられる赤ちゃんを救うために匿名で預かる「ベビークラッペ」というものが設置されていると聞き、二〇〇四年視察に行きました。公立病院一箇所、私立病院二か所、保育園一か所を回り、その仕組みを学びました。預けられた最初の一例は、警察が捜査し、関係者は処罰されたそうですが、強い世論の批判の下、その後警察は事件性がある場合を除き捜査していません。ベビークラッペの中には母親に対する手紙があり、八週間経って名乗り出なければ、養子に出すと書いてありました。預けられた赤ちゃんは、健康に異常がなければ、すぐ里親の元で八週間育てられ、親が名乗り出なければ、すべて養子縁組をするということでした。

しかし、日本に果たして必要であろうかという思いとそれによって起こる以下のような諸問題を考えました。①法律（保護責任者遺棄罪）に抵触しないか。②倫理上の問題（親は子どもを育てるべきである）。③子どもの出自を知る権利をどうするか。④愛情をもって育てられ社会福祉を十分受けられるか。⑤社会的経済的負担はどうか。①については、ある法学者におうかがいしたところ、安全なところに預けるのであれば、保護責任者遺棄罪には当たらないということ。②については、日本では歴史的に子は親が育てるという倫理観があり、社会が子どもを育てるというドイツの考えとは違っている。しかし、現実に捨てられ、亡くなる子どもがいるということを考えれば、命を救うということがより大事である。③に関しては、確保できない。④子どもの福祉と幸せを考えた時、愛情深い家庭で育てるようにする。⑤実子として家庭で養育されれば公的経済負担は解決できる。

時を過ごすうちに熊本でも三例新生児の遺棄及び殺害事件があり、設置に踏み切ることにしました。まず警察に相談したところ、事件性がない場合は捜査をしないが、必ず検証させてほしいということで、次に熊本市保健所、熊本県福祉課に計画について説明しました。この時点でメディアが知り、全国的な報道があり、賛否両論述べられ、新聞紙上で法学者の「こうのとりのゆりかご」に対する見解が異なり、戸惑いました。

ゆりかごに反対するもっとも大きな理由は「預けられた赤ちゃんが出自を知りえない」という問題で、子どもの人権を守るシンポジウムでは、参加者の中より出自を知る権利が何より大事であり、子どもを路傍に捨てると警察が捜査をし、親が分かるという意見で、熊本での三人の新生児遺棄及び殺害事件では子ども二人が亡くなった話をしましたが、それでも出自が優先するとのことでした。

次に子どもの幸せと福祉を考えた時、愛情深い家庭で育てられることが重要であり、できるだけ早い段階で特別養子縁組を行ない、心豊かに育てられるべきだと考えます。預けられた赤ちゃんの中には手術が必要な重篤な先天性の障害をもったケースがあり、親は日本の福祉制度が分からず、自分たちの経済力では子どもを助けることができないと思い、預けたケースが複数あり、後にわが子のことが心配で電話をかけてきたため、福祉制度を説明し、子どもの引き取りがありました。

預けられたら出自が分からず、子どもの権利が損なわれるという問題ですが、児童憲章に謳われている子どもの命、幸せ、出自を知る権利を考えた場合、どれも子どもにとって大事であると思いますが、どのように順位をつけたらいいのでしょう。私共は命を第一と考えますが、出自を知ることが大事という考えもあります。救われた子どもが幸せに暮らすためには実子として家庭で愛情深く育てられることが多くの例を見て重要だと考えます。育児放棄を助長するという意見もありますが、預けられた数は一年目は十七人、二年目は二十五人、三年目は十五人、四年目は十八人となっております。また、日本に一か所しかないため全国からの預け入れがあり、最初、ドイツ（当時七十か所設置）の例を考えていましたため、予想より多くなりましたが、内容を見てみると、必ずしも育児放棄につながっているとは思えません。

私共は相談体制に重きをおき、どうしても育てられない場合、特別養子縁組に結びつけ、平成二十三年十二月三十一日までに進行中のものも含め一二九組ありました。平成二十三年三月三十一日までに預けられた赤ちゃん七十五人のうち特別養子縁組になったのは一人のみであり、残念です。

（熊本慈恵病院理事長　蓮田太二）

第6章　公共空間におけるパフォーマンスと法
——都市の中心で「I」をどこまで叫べるか——

兼重賢太郎

❖提　題

いささか唐突ではあるが、あなたには、『ドラえもん』の中で印象に残る場面（エピソード）があるだろうか。筆者には、ある。それは、登場人物の一人である剛田武ことジャイアンの「リサイタル」の場面である。彼が近所の空き地に空き箱などで即席の舞台を作り、「リサイタル」と称しては、自慢の歌をみんなに披露するという、あの場面である。なにしろ、ジャイアンが超絶的に音痴であることから、『ドラえもん』の中ではお約束的にドラマが展開されることになるのだが、ジャイアンのアナーキーでパワフルな行動に、筆者は憧れたのである。ここでは、野暮を承知の上で、このジャイアンの「リサイタル」をあえて現実世界の問題と接続したうえで、公共空間におけるパフォーマンスと法を考える本章の問題提起としたい。

まず、問題となるのは、ジャイアンがしばしば「リサイタル」を開く「空き地」である。「空き地」は、さしあたり使う用途が定まらないがゆえに空いている土地であって、都市の効率性の観点からは明らかに無駄な「使えない」土地である。しかもその所有形態は、外形的に、公有地とも私有地とも判然としない曖昧なものである。しかし、「空き地」は、一般社会的には無駄で曖昧な位置づけの空間であるがゆえに、ジャイアンをはじめとする子どもたちにとって、「家」（私的領域）とも「学校」（公的領域）とも異なる、第三範疇《はんちゅう》的な性格を帯びた共同的かつ自由な活動空間を構成しているようにもみえる。では、それはいかなる共同空間だと言えるのだろうか。加えて、ジャイアンがみんなの前で歌を披露する「リサイタル」というパフォーマンス自体も問題となろう。それは、彼の私的趣味を押しつける単なるエゴイスティックな振る舞いなのだろうか。それとも、自室ではない開かれた空間の中で他者に向けて行なわれる活動であるという点において、なんらかの公共的な性格を帯びた振る舞いなのだろうか。

そもそも、無邪気なジャイアンではないと自認する多くの「常識的な人間」は、「空き地」を公共空間だとはみなさないであろうし、かりに公共空間だと認めたとしても、そこで個人的な「リサイタル」をすること自体、自制するだろう。しかしジャイアンが、常識人に向かって「なぜなのか」とラディカルに問い続けたとき、この「常識」には、どこまで確固たる根拠があるのだろうか。

1　はじめに

冒頭に触れたジャイアンのように、もしあなたが不特定多数の人びとに何かを直接訴えたい、あるいは聞いてもらいたいという思いを抱いたとしたら、あなたならどう行動するだろうか。今ならさしずめ、〈まずはインターネット空間で情報発信してみよう〉というのが、定番の方法なのかもしれない。たしかに、インターネット空間なら、パソコン操作の簡単な知識と技術、あとは少しばかりの勇気さえあれば、いつでも情報発信が可能であるし、言語的制約があるにせよ、住んでいる地域や日本を越えて、世界中の人びとに直接訴えることもまた可能である。しかも、それはさまざまな現実のわずらわしさに拘泥されることもなく、可能である（とはいえ、インターネットにはバーチャルであるがゆえのわずらわしさもあるのだけれども）。

一方、リアルな都市空間の路上でも、さまざまなパフォーマンス（たとえば、ストリートパフォーマンスからビラ配布やデモまで）が繰り広げられているのを目にすることは少なくない。筆者がほぼ毎日通る歩行者専用の橋の周辺では、夜になると何組かのパフォーマーがさまざまなパフォーマンス（その多くは音楽演奏であるが）を繰り広げている。通行人の中には足を止めて演奏を聴き入ったり、パフォーマーと交流している人たちもいる。つまり、フェイス・トゥ・フェイスで何かを訴えたいと考えている人びとも、そしてそのメッセージを受け取る人びとも、少なからず存在するのである。もしかすると読者の中にも、すでにストリートパフォーマーとして活動している人もいるかもしれない。幅広く考えれば、公共空間のただ中で単にたむろしていることでさえも、その存在をアピールするという意味では、一種のパフォーマンスと考えることも可能かもしれない。

そもそも、数ある表現発信方法の中から、都市の公共空間の中でパフォーマンスするという方法を選択する人は、どのような動機づけに基づいているのだろうか。ストリートパフォーマーをフィールドワーク調査した『路上のエスノグラフィ』によれば、それは空間を管理しようとする「権力」の欲望に対する人びとの応答の一つであるとされる。たとえば、近年新たなデモのかたちとして着目されているサウンド・デモは、「都市における「抵抗」行為にほかならないわけだが、それは単純な管理／抵抗の二項図式には収まるようなものではなく、むしろその二項図式そのものをパフォーマティヴに脱臼させ、「都市における抵抗」のオルタナティヴを求める実践」である（吉見・北田編 二〇〇七、二二頁）。

公共空間におけるパフォーマンスは、個人ないし集団の表現活動の一つではあるが、他者とのかかわり合いの中で、日常空間では不可視化されている何ものかをリアルな空間の上にその都度即興的に可視化させていく行為でもある。と同時に、個々の利害には回収されないある種の共同的な快楽性（やって楽しい、見ていて楽しいという感覚）をも生み出すものでもある（もちろん、人が何を快楽と感じるかは多様ではあるが）。しかしまた、このような快楽性・即興性ほど、既存の法的思考の枠組みと懸け離れているものもないとも言えよう。

本章は、このようなリアルな公共空間の中で展開されるさまざまなパフォーマンス（自己表現）に着目し、それらが、公共空間の性質・あり方との関連の中で、どこまでその自由が認められうるのかを考察するものである。まず、2では、主に法的観点から表現の自由と公共空間との関係を概観する。その上で、続く3では、近年の公共空間の変容という事態が、そこでのパフォーマンスとの関連で、公共空間のあり方や法のあり方にいかなる影響と今後の見通しを与えているかを考察する。

以上の議論を通じて、本章は、読者が法の領分を考える上での一助となること、かつまた公共空間におけるパフォーマンスをすでに試みている/これから試みようとする読者の一助となることを目指すものである（もちろん、筆者の試みがどこまで達成されているかは、読者の判断に委ねるほかないのではあるが）。

2　表現の自由と公共空間

† 公/私の峻別に基づく表現の自由

パフォーマンスの自由は、法的領域においては、主に「表現の自由」の問題として取り扱われるのが一般的であろう。表現の自由は、基本的人権の典型とされるものである。通常、憲法の教科書では、表現の自由を人権として保障することの意義を次のように説いている。

一つは自己実現の価値といわれるもので、人が自分の内心の思いや知見を自由に外部に表明し、他人と交換できることは各人の人格の形成や発展のために重要な役割を果たすということである。もう一つは自己統治の価値といわれるもので、人に表現の自由を保障することは単にその人自身に利益をもたらすのみならず、民主主義の要である国民の政治的意志の形成・決定への参加に大きく寄与し、それを支えるということである。（手島監修・安藤編 二〇〇二、一〇〇頁）

今日の立憲民主主義的社会では、公的領域と私的領域との境界を確定・峻別し、私的領域での個人の思想・良心の自由への公権力の恣意的介入を拘束する一方で、公的領域を公共的にふさわしい議論に限定するというのが、基本的スタンスである。このことによって、個人に対する国家の恣意的な介入を防いで個人の自由を守りつつ、公的議論空間に公的決定に無関係な私的選好や私的利害が流入するのを防ぐのである。先の憲法学上の分類に従えば、「自己実現の価値」は主に私的領域にかかわる表現の自由であろうし、「自己統治の価値」は公的領域にかかわる表現の自由であろう。この公／私を峻別することの当然の帰結として、公共空間においては後者、すなわち民主主義の構築に資する表現の自由（政治的意見表明のためのデモ、チラシ配布など）が、まずもって重要だとされることになる。

†　表現の自由と公共空間

ところで、表現活動を行なうためには、その活動のためのなんらかの空間・場所が必要となる。この具体的な空間・場所と表現の自由の問題とを関連づける法的考え方の一つに、「パブリック・フォーラムの法理」という、アメリカで発展してきた考え方がある。「パブリック・フォーラムの法理」の基本的考え方は、「憲法が、表現の自由を保障しているということは、すなわち、話し手に、表現の自由のため公共の場所を利用する何らかの権利を保障する」というものである（紙谷 一九八八、一〇三頁）。

アメリカ連邦最高裁判所は、一九三〇年代から四〇年代にかけて、道路、歩道、公園などを伝統的なパブリック・フォーラムとして認め、ビラ配布や演説・デモなどの政治的表現活動を全面的に禁止することを違憲とする判決を積み重ねてきた。その後、その他の公有地（公会堂などの公共施設）に対しても、パブリック・フォーラムの適用が徐々に拡大されてきた[1]。その過程においては、〈表現の自由が保護される公共空間とはいかなる空間であるのか〉という議論を通じて、〈特定の空間・場所の性質が権利を生じさせうるか否か〉がつねに争われてきたのである。現在でもなお、パブリック・フォーラムを〈伝統的な場所にのみきわめて限定的に解釈する論〉と、〈実態的に多数の人びとがアクセスできる場所にまで広げて解釈する論〉とが拮抗している。とはいえ、基本的には公／私の区別を峻別した上で「自己統治の価値」にかかわる表現の自由の保護を図るというスタンスは共通である。

† 公共空間のあり方（理念型）

「パブリック・フォーラムの法理」の議論では、〈表現の自由が保護される公共空間とはいかなる空間であるのか〉という、個別の公共空間の機能・性格が問題となってきた。そもそも、公共空間を規定する一般的な考え方（「常識」）の一つとして、その所有・管理が公的機関（国や自治体など）に属するか否か、をメルクマールとするものがある。すなわち、国や自治体などの公的機関が所有・管理する公有地こそが公共空間であり、それ以外の民間が所有・管理する私有地は公共空間ではない、とする考え方である。この考え方を敷衍《ふえん》すれば、あくまでも国家を拘束する法である憲法が保障しうる表現の自由は、一義的には公有地である公共空間が対象だ、と言うことになる。つまり、ある空間における表現の自由の問題は、その空間の所有形態の問題へと還元される。

しかしながら、公共空間をどう捉えるか／どう表象するかは、それを語る人が理想とする公共空間のあり方と分かち難く結びついている。つまり、理想とする／規範とすべき公共空間のイメージが、現実の公共空間への認識に反映されることになる。パブリック・フォーラムの適用拡大をめぐって議論してきたアメリカの裁判官の間でも、公共空間を、〈所有権重視の立場に立って政府が所有する私的空間と考えるべき〉なのか、それとも〈古代アテネのアゴラに由来する西洋（アメリカ）民主主義の舞台と考えるべき〉なのか、という公共空間のあり方がつねに争われてきている（Kohn 2004, pp. 49–55)。空間の所有形態のみが争点なのではない。

〈公共空間を民主主義の舞台と考える〉系譜につらなる論者の一人に、アメリカの社会学者であるリチャード・セネットがいる。セネットは、都市の多様性や開放性に支えられた人びとの複合的な接触の重要性を指摘し、接触を実践するための公共空間の意義を強調した。また、公共性の問題を問い続けている齋藤純一も、都市空間の有する、開放性、非‐排除性、複数性を肯定的に評価し、ハンナ・アレントらの議論を参照しつつ、都市空間の再‐公共化に向けて、都市空間においては「経験やパースペクティヴを異にする他者との接点・接触を具体的に回復していくことがまず必要であるように思われる」とする（齋藤 二〇〇五、一五〇頁）。

いずれも、都市のもつ関係の多様性に支えられた、他者間の接触・コミュニケーションの場としての公共空間の役割を重視している。この公共空間のあり方（理念型）とパフォーマンスとの関係については、次節でふたたび論じることにしたい。

3 公共空間の変容

† 公開空地、「ナイキ公園」、ショッピング・モール

前節までの議論は、公共空間の所有形態に関し、〈公共空間＝公有地〉という図式をもっぱら自明のものとしてきた。たしかに、道路や公園、広場などは、公共的に重要な施設であるがゆえに、自治体や国が管理・所有する公有地とされている。しかし、近年、このような〈公共空間＝公有地〉という所有形態の前提を揺るがすような事態が進行しつつある。以下では、具体的にいくつかの事例を挙げて考えてみることにしたい。とりあげる事例は、公開空地、「ナイキ公園」、ショッピング・モールである。

近年、都市の大規模商業施設の広場・緑地などのオープンスペースの多くが、公開空地というかたちで整備されている。公開空地とは、ビルと敷地のオーナーがその敷地（私有地）の一部を、一般市

民が原則二十四時間通行・利用できるように整備したものである。オーナー側は、この公開空地の整備と引き換えに、ビルの高さ制限が緩和されるという経済的メリットを享受することになる。公開空地は、実態的には公有地の広場・公園と同様の機能を担っているわけであるが、その所有形態は私有地である。このような公開空地の性格は、公／私を峻別する観点からすると、きわめて曖昧な位置づけにあるようにも見えるのだが、果たして私有地形態をとる公共空間であると言えるのだろうか。

また、従来、国・自治体等が管理・運営することを前提としていた公共施設（公園、図書館、美術館等）が、民間企業・団体に委託されるケースも多くなってきている。その一例が東京都心部のいわゆる「ナイキ公園[2]」である。これは、東京都渋谷区がＪＲ渋谷駅の近くにある宮下公園（都心部のデモの出発地／目的地としても有名）の命名権（ネーミングライツ）を、スポーツ・ファッション関連で有名なナイキジャパンに売却したことに端を発している。ナイキジャパンと渋谷区は、二〇〇八年に、年間一七〇〇万円で十年契約のネーミングライツ協定を締結したが、これに基づき、スケートボード場、ロッククライミング施設、バリアフリー化等の新規の施設整備（施設は有料化）をナイキジャパンが行ない、公園施設の管理・運営を他のスポーツ関連企業が行なっている。かかる状況からすれば、「ナイキ公園」は、形式的な所有形態は渋谷区所有のままではあるものの、実質的には民間企業によって私有化されていると言いうるのかもしれない。

さらに、現代都市の中で多くの人びとが集まる空間として、ショッピング・モール（私有地）を無視することはできないであろう。モールを訪れる人びとの多くは、人間工学的に安全・快適にデザインされたショッピング・モール空間に満足しつつ、単に買い物するだけではなく、安全・快適なモール空間を回遊して時間を過ごしているように見える。そもそもショッピング・モールの父とされるアメリカの建築家ビクター・グルーエンは、その設計にあたって、彼の故郷のウィーン都心部の賑わいをアメリカの無機質な都市郊外に再現しようとする意図があった、と言われている。先に見たアメリカの「パブリック・フォーラムの法理」の議論の中においても、私有地であるショッピング・モールをパブリック・フォーラムとみなせるかどうかが一つの争点となっている。というのも、アメリカの都市の中には、都心部の衰退と郊外化の進展（移動の手段は自動車中心となる）に伴い、多数の人びとが集まる場所がもはやショッピング・モールしかないという地域も少なくない、という現実があるからである。日本においても、とりわけロードサイド型商業施設が立ち並んでいる都市の郊外などでは、その状況はアメリカとほぼ同様であろう。

以上挙げてきた事例は、不特定多数の人びとが集まるという外形的機能からすれば、公共空間であると言いうるとしても、私的所有や私的管理が前提となっていることから、その実態はもはや公共空間とは呼べないのだろうか。それとも、公共空間のあり方そのものが変わりつつあるのだろうか。あなたなら、どう考えるだろうか。

† 公共空間の私有化？

このような公共空間の変容を、イタリアとアメリカの現代思想家アントニオ・ネグリとマイケル・

ハートは、その著書『〈帝国〉』において、〈公共空間の私有化〉として次のように批判的に捉えている。

都市の景観は、公共の広場や人びとの公共空間での出会いを重視してきた近代的なあり方から、ショッピングモールやフリーウェイ、そして専用ゲートつきのコミュニティなどからなる閉ざされた空間へと移り変わりつつある。（ネグリ／ハート 二〇〇三、二四四頁）

このネグリとハートの議論は、単に公共空間の所有形態の実態的変化だけを問題にしているわけではないことに、留意が必要である。重要なことは、〈所有形態の変化が公共空間のあり方そのものに影響を与えているのではないか〉という彼らの認識である。つまり、先に見たセネットが定式化したような、〈他者との出会いや接触を旨とする公共空間のあり方（理念型）は近代的なものであって、もはや現代においてはそのアクチュアリティ（現実性）を失いつつある〉という見立てである。むろん、セネットらが提示したのはあくまでも公共空間のあり方（理念型）であり、それが現実と乖離《かいり》しつつあるとしても、ただちにその意義が失われるものではない、と考えることも可能ではある。しかしながら、アクチュアリティを欠いた理念型は、とりわけその理念型を共有しない人びとに対し、その訴求力に欠けることもまた事実であろう。

近年、「体感治安の悪化」ということがマスコミ等でも喧伝され、また都市政策においても「安全・安心なまちづくり」がキーワードとなりつつある。かかる政策（的雰囲気）を下支えしているのが、都市空間のセキュリティに不安を感じている少なからぬ人びとの存在であろう。このセキュリティに不安を抱く人びとからすれば、セネットが理想とするような見知らぬ他者に満ち溢れている公共空間は、危険に満ち溢れ、近寄りがたい空間である。彼／彼女らにとって、見知らぬ人びととの出会い・接触を限りなく制限することではじめて、公共空間は、安心・快適な空間となるであろう。このような、公共空間におけるセキュリティへの渇望を象徴するものの一つが、近年の監視カメラ設置数の増大であり、また監視カメラの設置への人びとの欲望である。人びとにとって、監視はもはや自由の侵害を意味するのではなく、「監視のまなざしのもとでこそ人々は安心して自由に振る舞うことができる」（阿部・成実編 三六頁）のである。

つまり、公共空間は、セキュリティの強化のもとではじめて自由な活動が可能となる場所だと人びとに認識され始めていることになる。この認識に立てば、〈公共空間がよりいっそう自由であるためには、さらなるセキュリティの強化が必要だ〉ということとなる。しかし、この不安とセキュリティの強化とのマッチ・ポンプ的関係は、際限なく亢進し続けるほかないのかもしれない。

†セキュリティ／接触

さて、やや強引にも、ここまでの公共空間のあり方（理念型）の議論を、公共空間でのパフォーマンスとの関係からいささか図式的なやり方で整理してみると、二つの方向性が浮かび上がってくるように思われる。すなわち、第一の方向性は、公共空間におけるパフォーマンスの有する意義・可能性を人びとの「接触」に見出す方向性である。これは、セネットらに代表される理想的公共空間のあり方から導出される。ここではこの立場を、さしあたり「接触派」と呼んでおくことにしよう。他方、第二の方向性は、公共空間の「セキュリティ」の強化と連動し、一定の条件をクリアしたパフォーマンスを積極的に選別・囲い込むという方向性である。これは、阿部らが指摘するような、近年の人びとの実態的な感覚（たとえば「体感治安の悪化」など）から帰納的に導出される。ここではこの立場を「セキュリティ派」と呼んでおくことにしよう。

この「接触派」と「セキュリティ派」との相違は、先のナイキ公園計画に引き付けて考えてみると、たとえば次のようになるだろう。すなわち、「接触派」からすれば、ナイキ公園が予定しているような施設の有料化は、利用者の選別・排除につながり、パフォーマーとオーディエンスとの交流の機会を、ひいては多様な人びとが接触する機会を公共空間から奪うものとして、批判されるべきものである。他方、「セキュリティ派」からすれば、有料化による一定のアクセス制限は、公共空間により「ふさわしい」パフォーマンスないしパフォーマーを選別するフィルターとなりうるものであり、セキュリティへの不安を抱いている利用者の潜在的な自由と快適さを保障するものとして、積極的に推進されるべきものである。そもそも、「セキュリティ派」にとって、なんらかの公的な選別を経ずに公共空間で自由勝手にパフォーマンスすること自体、単なる私的選好の露悪的な表出にすぎず、公共空間の振る舞いとしてふさわしくないものであろう。曰く〈一般的な「常識」をもってすれば公共空間では自ずと自制すべきパフォーマンスをあえて行なうような人たちに、われわれの公共空間を自由に使わせる必要はない〉と。

現状は、ネグリや阿部らの認識が正しいとすれば、「セキュリティ派」の目指す、公共空間におけるパフォーマンスの隔離・選別の方向に向かいつつあるように思われる（たとえば、東京都のヘブン・アーティスト事業[3]を想起せよ）。そして、この趨勢《すうせい》に対し、「接触派」が民主主義的対話の基盤としての公共空間という規範的観点から、抵抗を試みているように見える（たとえば、都市空間の公共性がセキュリティの確保という文脈でのみ語られることを批判する齋藤（二〇〇五）論文の副題が、「分断／隔離に抗して」であることに象徴されるように）。われわれは、この二つの方向性の間のどこかに、あるいは二つのどちらかに、これからの公共空間におけるパフォーマンスのあり方の着地点を見出すことになるのだろうか。

† 不確実性の解消／容認

しかしながら、ここでやや見方を変えてみるならば、一見、対極にあるように見える「接触派」と「セキュリティ派」は、共に不確実性への対処の仕方のバリエーションとして見ることもできよう。つまり、「接触派」は、公共空間における他者との濃密なコミュニケーション・接触を通じて、他者との不確実性を解消しようとし、一方、「セキュリティ派」は、公共空間のセキュリティ強化による他者の排除・アクセス制限を通じて、見知らぬ他者＝不確実性の解消を図ろうとしている、と見えるのである。もちろん、「接触派」は他者とのコミュニケーションによって、他者と同時にみずからが変わりうる可能性をも排除してはおらず、したがって不確実性が予定調和的にただちに解消されるわけではない。にもかかわらず、そこでは見知らぬ他者とのコミュニケーションを通じた一定の合意の調達可能性が暗黙のうちに前提とされているように思われる。

ここで、本章の最初の関心、すなわち都市の公共空間においてパフォーマンスすることの意味を再度振り返ってみても無駄ではないだろう。そもそも、公共空間におけるパフォーマンスは、リアルな空間で不可視化されているものを可視化しようとするきわめて政治的な営みである。それはまた、不可視化されがちな／不確実性のうちにあるクレームやノイズを社会に組み入れようとする試みでもある。と同時にパフォーマンスはそのうちに、ある種の即興性・快楽性をもはらんでいる。この即興性・快楽性とは、予定調和や予期可能性の内に回収され得ない、そのつどの不確実な何ものかがもたらしうるものであろう。だとするならば、ここで次のような問いかけがなされてもよいだろう。すなわち、〈このような不確実性をはらんだパフォーマンスの自由を可能とする公共空間の条件とはいかなるものなのか〉と。

この問いを考えるためには、〈接触／セキュリティ〉という補助線に加えて、〈不確実性の解消／容認〉という、もう一つの補助線を引くことが有効であるように思われる。この二つの補助線を軸に、公共空間のあり方とパフォーマンスとの関係の布置状況を図化したものが**図6－1**である。

この**図6－1**を確認するとすれば、以下のように整理される。まず、図の第一象限（右上）にあた

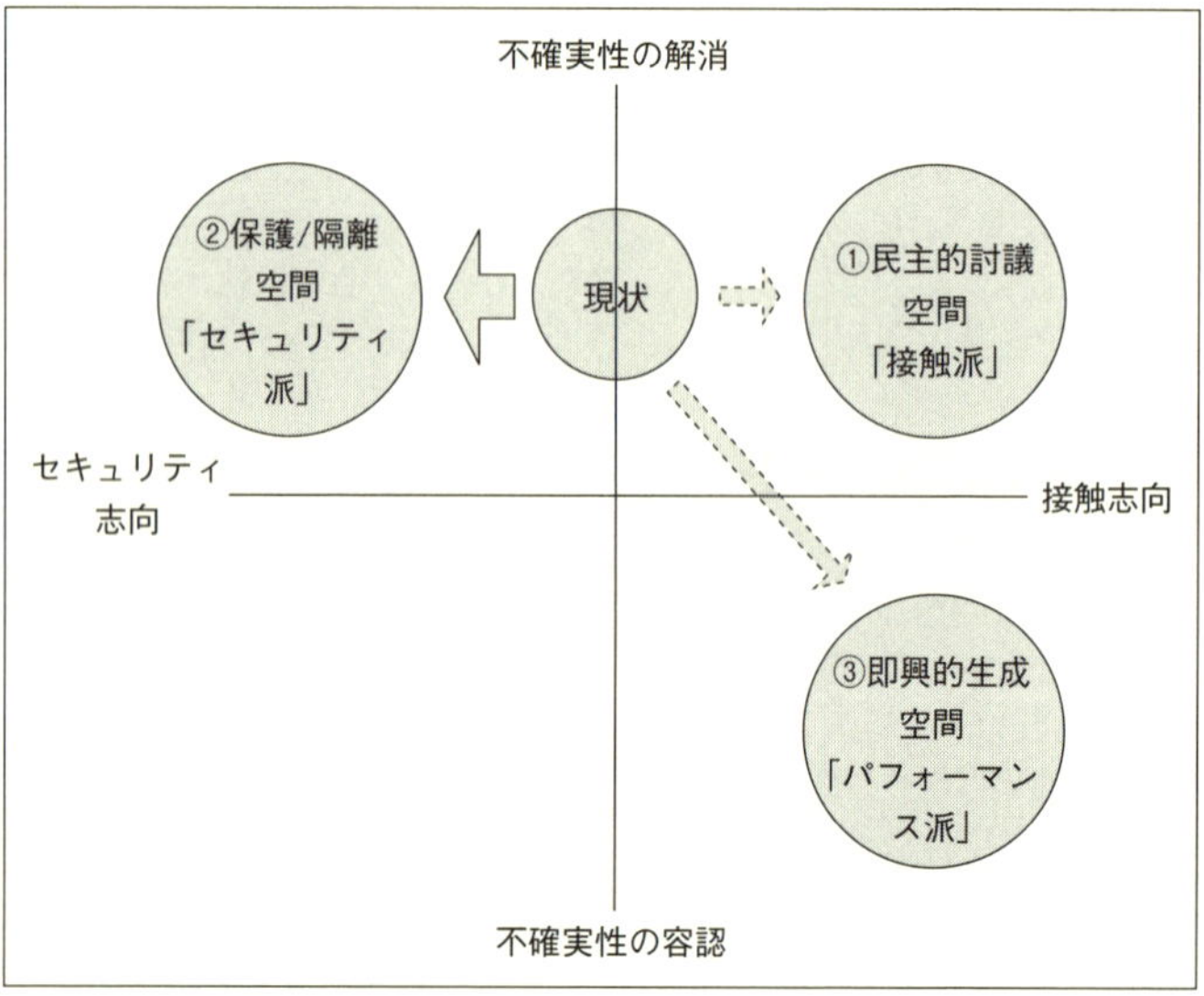

図 6-1　公共空間のあり方とパフォーマンスとの関係の布置状況

る①の「民主的討議空間」は、他者との濃密な接触・コミュニケーションを旨とし、公共空間を市民の民主的な討議の基盤とみなす。そこでは、まずもって民主的な討議に資する狭義の政治的なパフォーマンスの自由が重視される。かかる公共空間を構成する市民には、見知らぬ他者との接触をいとわない自立した個人としてのたくましさが求められよう。また、そこでの法のあり方は、市民たちの予期可能なコミュニケーションを媒介する資源であるというものであろう。具体的には、本章の前半で論じた「パブリック・フォーラムの法理」の適用拡大が目指されることになろう。

次に、第二象限（左上）②の「保護／隔離空間」は、セキュリティの強化を通じて、公共空間を安全・快適なものとし、そこでの自由を可能にしようとするものである。そこでは、公共空間に「ふさわしい」パフォーマンスないしパフォーマーが予め選別されることとなる。かかる公共空間では、人びとには自立した個人としてのたくましさよりも、人間工学的な快適さに素直に身を委ねる振る舞いこそが求められよう。そこでの法のあり方は、トラブルを事前に回避・予防するような、管理・規制的な法の強化が目指されるであろう。あるいはむしろ、法によらずともゲートやカメラなどの空間工学的な環境の設計が重視されるのかもしれない。この「保護／隔離空間」が全面展開するならば、われわれ個々人の公共空間におけるノイズ耐性が著しく低下するようにも思われる。

最後に、第四象限（右下）にあたる③の「即興的生成空間」は、他者との一定の接触を保ちつつも、その不確実性をそのまま許容するものである。このような公共空間のあり方こそ、パフォーマンスの不確実性のうちにあるクレームやノイズを、公共空間の豊饒《ほうじょうか》化に資するものとして受け入れる余地がある。かかる公共空間では、人びとは、熱い連帯と排除との表裏一体性を自覚した上で、そのつどの即興的な薄い＝醒めた連帯の可能性をもちうるかもしれない。そのためには、少なくとも、他者への重大な権利侵害がない限り、公共空間にいること・パフォーマンスすることが許される権利を最大限尊重する、謙抑的な法使用が求められよう。むろん現状においても、公共空間の管理者の黙認（無関心？）の上で、パフォーマンスが結果的に許されているケースも少なからずある。しかしながら、かかる黙認状況に安住することは、管理者のさじ加減（恣意性）一つで帰趨が決まるという危うさをもはらんでいる。管理者の恣意的な管理に対抗するには、謙抑的な法使用を前提としつつ、トラブルが生じた際に、たとえば、パフォーマー等の当事者の間でのそのつどの自主的な交渉を通じて、自治的に問題解決を図るという方向性が考えられるのではないか。さらには、かかる個別具体の交渉の積み重ねの中から、パフォーマーと管理者との間でのローカルルールや作法が自生的に形成されるかもしれない。そのためには、パフォーマーにも、不確実な状況下でのコミュニケーションのための技法が求められようし、と同時に、公共空間における不確実性やノイズに対する社会全体の耐性を向上させることも重要となろう。

以上、きわめて図式的な整理を行なったが、これは、現状で趨勢的な②「保護／隔離空間」への動きを、あるいは②「保護／隔離空間」と①「民主的討議空間」との間での〈管理－抵抗〉の二項対立的構図を、相対化する手掛かりになるものと思われる。

4　結びにかえて

本章で最初に提示した問いは、〈リアルな公共空間の中で展開されるさまざまなパフォーマンスが、公共空間の性質・あり方との関連で、どこまで自由が認められうるのか〉というものであった。この問いに対する暫定的な答えは、〈公共空間におけるパフォーマンスは、クレームやノイズを社会に組み入れる点において、公共空間の豊饒化に資すると考えられることから、少なくとも、他者への重大な権利侵害がない限り、公共空間にいること・パフォーマンスすることが許される権利は最大限尊重されるべきであり〉、このことを前提に、〈トラブルが生じた際には、当事者どうしのそのつどの交渉を通じた自治的な問題解決を図る方向性を探る〉というものである。

ところで筆者は、公共空間におけるパフォーマンスという行為のうちには、即興性・快楽性がはらまれていると繰り返し述べてきた。この快楽性とは、行為選択のわずらわしさをルーティン化（定型化）することで縮減させる人間工学的な快適さとは別種の、さらに言えばこのような人間工学的な快適さにあえて抗うことでもたらされる種類の、快楽性のように思われる。たとえば、路上の音楽パフォーマンスのもつ力について、酒井隆史は、フランスの思想家ジル・ドゥルーズとフェリックス・ガタリの『千のプラトー』を参照しつつ、次のように述べている。

> 音は私たちを一瞬のうちに占拠して、感情や観念の特定の配置によって構築された私たちの身体を変貌させ、そして一瞬のうちに消失する。路上に生じるかもしれない磁場は、音楽にふさわしいはずだ。（酒井 二〇〇二、一九頁）

音楽をはじめとしたパフォーマンスが創出する磁場は、予め予期できないがゆえに、日常の生活空間の中に、ある種の裂け目やズレを生み出す。と同時に、ルーティン化された日常から踏み出る契機をもたらしうる。そしてまた、その契機にかける／その契機を待ちわびる醍醐味（「ドキドキ感」）こそが、人をパフォーマンスに駆り立てる原動力であろう。

公共空間もまた「公的なもの」としてあらかじめあるわけではない。それは、複数の公共空間の理念型をめぐる争いが繰り広げられる動的過程の中で生成されるものである。公共空間は、われわれ一人ひとりがパフォーマンスやコミュニケーションを求め実践し続ける限り、つねに別の可能性（自由）に開かれているのである。本章の冒頭に戻れば、あえてジャイアンになってみること。そして、都市の中に公共空間としての「空き地」を増殖させること。都市の中心で「I《アイ》」を叫ぶためには、これらのことに賭けてみる価値は十分あるのではないだろうか。

（1）紙谷（一九八八）によると、「パブリック・フォーラムの法理」は、「公有地に対するアクセスを確保するための重要かつ有効な手段として主張されてきた」が、「ある表現の場をパブリック・フォーラムではないと定義づけることにより、公有地における表現活動の機会を否定」するケースもあるという（同、一一七頁）。

（2）「ナイキ公園」は、二〇一一年四月に、「みやしたこうえん」としてオープンした。開園時間は、八時三十分－二十二時三十分とされ、夜間は施錠閉鎖されている。なお、公園整備に際しての渋谷区の行政代執行に対し、二〇一一年四月に国家賠償請求訴訟が起こされている。

（3）石原東京都知事（当時）の肝いりで開始された「ヘブン・アーティスト事業」は、「東京都が実施する審査会に合格したアーティストに公共施設や民間施設などを活動場所として開放し、都民が気軽に芸術文化に触れる機会を提供していくことを目的」としている（東京都生活文化局ホームページより）。なお、その批判者からは、「市民の側から文化をつくったり、表現をする権利を剥奪しながら、毒にも薬にもならないタップダンスやジャグリングで公的な空間を埋め尽くそうというおぞましいまでの試みである」（毛利 二〇〇三、一七四頁）とみなされている。

■参考文献

東浩紀・北田暁大（二〇〇七）『東京から考える――格差・郊外・ナショナリズム』〈NHKブックス〉日本放送協会出版。

阿部潔（二〇〇六）「公共空間の快適――規律から管理へ」阿部潔・成実弘至編『空間管理社会――監視と自由のパラドックス』新曜社。

兼重賢太郎（二〇一〇）「公開空地にみる現代都市コモンズの諸相」『法社会学』第七三号。

紙谷雅子（一九八八）「パブリック・フォーラム」『公法研究』第五〇号。

齋藤純一（二〇〇五）「都市空間の再編と公共性――分断／隔離に抗して」植田和弘他編『都市とは何か』〈都市の再生を考える1 岩波講座〉岩波書店。

酒井隆史（二〇〇二）「都市再編と音楽」DeMusik Inter. 編『音の力――ストリートをとりもどせ』インパクト出版会。

篠原雅武（二〇〇七）『公共空間の政治理論』人文書院。

渋谷望（一九九九）「ポスト規律社会と予防テクノロジー」『現代思想』第二七巻第一一号。

セネット、リチャード（一九七五）『無秩序の活用――都市コミュニティの理論』今田高俊訳、中央公論社。

高橋義人（二〇〇五）「パブリック・フォーラムの法理と公共の討論」『大分県立芸術文化短期大学研究紀要』第四三巻。

手島孝監修・安藤高行編（二〇〇二）『新基本憲法学』法律文化社。

ドゥルーズ、ジル（二〇〇七）『記号と事件――一九七二－一九九〇年の対話』宮林寛訳〈河出文庫〉河出書房新社。

ドゥルーズ、ジル／フェリックス・ガタリ（二〇一〇）『千のプラトー――資本主義と分裂症（上・中・下）』宇野邦一他訳〈河出文庫〉河出書房新社。

ネグリ、アントニオ／マイケル・ハート（二〇〇三）『〈帝国〉』水嶋一憲他訳、以文社。

宮下紘（二〇〇四）「民営化時代における憲法の射程――ステイト・アクション法理に対する新たな挑戦」『一橋法学』第三巻第三号。

毛利嘉孝（二〇〇三）『文化＝政治』月曜社。

――（二〇〇九）『ストリートの思想――転換期としての一九九〇年代』〈ＮＨＫブックス〉日本放送協会出版。

吉見俊哉・北田暁大編（二〇〇七）『路上のエスノグラフィ――ちんどん屋からグラフィティまで』せりか書房。

Kohn, Margaret (2004) *Brave New Neighbourhood: The Privatization of Public Space*, Routledge.

Staeheli, Lynn A. and Mitchell, Don. (2008) *The People's Property?*, Routledge.

■俳人の社会的責任？——体験的市民活動試論

私が現在住んでいる「俳都・松山」。夏には毎年「俳句甲子園」全国大会がNPO主催で開かれ、まちの真ん中で高校生の熱いバトルが展開される。地元ラジオ局は平日毎朝俳句番組を流し、蜜柑農家も呑み屋の女将も、さりげなく「俳号」をもっていたりする。

そんなまちにあっては「俳句」もひとつの地域資源だ。「はいくぅ〜？」などと侮るなかれ。近年では、「気付き」を促したり、人と人とを結びつけたりするアートや文化の力が再確認されている。俳句という「ことばのアート」にもその力は充分に備わっているのだ。

俳句のネタを求めて散策する「吟行」は「まち歩き」（市は現在、ガイド付きまち歩きと俳句のコラボを前面に押し出した、新たな観光振興策を展開中だ）、作者を伏せたままで作品について談じ合う「句会」は、ワークショップとしても使える。また、俳句を媒介にした異業種・異世代間の人的ネットワーク——お互いに本名され知らなくても、作品から大まかな「人となり」が摑《つか》める、というわけで、比較的容易に信頼・協力関係が構築可能なのだ——は、まさに「ソーシャル・キャピタル」といえる。たとえば毎年一月に開かれる「まる裏俳句甲子園」（＝高校生以外のための「オトナの俳句甲子園」）には、数年前から、ボランティアの「点訳隊」ができた。俳句仲間同士のお付き合いを通して、心身にしょうがいを抱える人びとへの共感や理解が、ごく自然に深まった（＝社会包摂？）結果である。

こうした観点から、活動するギョーセイガクシャを目指し、まちづくり活動にも首を突っ込んできた私は、かねてより地元の俳句関係者にエールを送ってきた。

とはいえ、二〇〇八年四月、俳句を活用したイベントの企画・運営や出版などを業務内容とする、地元の小さな有限会社の関係者から「非営利団体を対象とした市の助成金を受けるため、市民団体をつくりたい」と相談を受けた時には、躊躇《ためらい》が先に立った。

まちのPRにも役立つように、観光ひとくちガイド、名所や名物などの写真を盛り込んだ絵葉書と、俳句入門とを一冊にまとめたポストカードブックを制作・販売したいが、資金がない、という。……見方によれば、それって、「営利企業」が「市民団体」の看板を隠れミノに、私益を追求する行為とも受け取られませんか……？

しかし実情に照らせば、彼らの活動内容は、NPOのそれにも非常に近似していた。私自身、その活動が地域社会にもたらした効果を目の当たりにしてもいた。最終的に、「社会的起業家」への本格移行の契機になればと腹を括り、団体の設立趣旨および規約の草案づくり、役員の人選にも関わった。旧い体質も残る結社などからの風当たりを避け、より幅広い層との連携が図れるよう、はじめは会長職にも就いた。「まる裏」などのイベント開催も会の活動内容として企画書に盛り込み、初年度は六十万円ほどの助成金を獲得した。

しかし、それからが難儀であった。私自身、時には県や市の審議会委員として、各種団体への助成金をつけたり削ったりもする。立場上、自分の団体の体裁もある程度整えたいという我欲と、発足したての会の歩調がズレてしまうのである。

もっとも悩ましかったのはおカネの問題だ。会の事務局長となった、件の有限会社の関係者が、事務手数料などの名目で、制作費の一部を自社に回したいというのだ。

冊子の制作に関しては、デザインや印刷会社との折衝などで、その会社にもシワ寄せが及んでいたらしい。団体の内部にそのスキルをもつ人がいなければ、外部委託にかかる費用は、当然発生していただろう。市民の「無償奉仕」への過度な依存が、まちづくり活動の持続的発展につながらないことも重々承知しているつもりだ。

一方、その段階ではいまだ、公的助成の大半を費やす冊子の肝腎な活用方法についての具体案が（行政が作成するPRグッズの多くと同様に）固まっておらず、冊子が「まちづくり」にもたらす「効用」は、さほど見込めない状況にあった。イベントの参加者層拡大もまだまだ不充分。そんな状態で、わずかといえども「身内」にまずおカネが回るのは、あまり外聞のよい話ではない。

正論をいえば、このような矛盾について、オープンな場で議論の俎上に載せ、ルール作りに向けた道筋をつけられれば良かったと思う（それは会本来の活動目的からは外れるし、荷の勝ちすぎる話であるが）。現実には、役員間ですら正確な情報の共有にも至らなかった。それでは役員として責任は取れないと、ヒラ会員に降格させてもらい、以後、会とはつかず離れずのビミョーな関係が続いている。

今も会からは時々メールマガジンが届く。市からの助成期間も終わり、メンバーにも変動があったようだ。解散か、新たな助成獲得か。「市民団体」としては、ひとつの正念場であるはずだ。いざ決断の時がきたら、さて、ワタシは、一体どのように振る舞うべきなのだろうか？

（松山大学法学部　甲斐朋香）

第7章　アーキテクチャ批判（の困難さ）への〝いらだち〟

――近代法主体の「退場」に抗すべき理由はあるか――

林田幸広

❖提　題

「何がしかの装置」が、つねにそのつどアナタを「快適」にするとしよう。このとき、にもかかわらず「装置」を取り外すべきだとするアナタの主張に公共的理由はあるだろうか。これが本章のもっとも単純でもっとも大きな問いである。「快適な装置」とは、いささかSF的かもしれないが、われわれの社会は、確実にこのSF的状況に足を踏み入れている。以下には、こうした状況の概観、それを批判することの困難性、そして法主体との関連について、「アーキテクチャ」なる概念を軸に検討していく。その結果、この問いを解くというよりも、読者には、この問いが問いであるのは〝いかにしてか〟を共有してもらえれば、と思っている。

1　アーキテクチャとは何か

アーキテクチャとは何か、この点の確認が先決であろう。とはいえ、このコトバが使用される分野はいまや拡散していると言ってよい。文字通り建築物・建築術を指す場合もあれば、行動経済学で用いられることもあり、果ては社会工学全般にまでと、その使用域は実に多岐にわたる。よってここでは、昨今の社会科学における文脈を念頭におきつつ、本章の記述にかかわる限りで、その輪郭《りんかく》を素描してみることにする。

まずは、法哲学者の安藤馨による次の発言を導きの糸にしたい。

物理的構造によって人々の行為を一定の型にはめることで行為規制を行うことはアーキテクチュア的規制といわれる。（安藤 二〇〇九、八二頁）

安藤が同箇所でアーキテクチャの例として用いている「地下鉄のプラットフォームに設けられた扉」を参照して話を進めていこう。周知のようにこの扉が開くのは、車輌が駅のホームに着いた時（乗降時）だけである。このため、乗客がホームの下に踏み出すことはできない。上記引用にならって言えば、乗降時のみに開く扉という「物理的構造」により、プラットフォームにいる人びとは、車輌が到着したときにだけ、線路の方向に――したがってこの場合必然的に車内に――進むという行為を「一定の型」として実行することとなる、と同時に他方で、人びとは〝自由に〟線路を覗いたり近づく車輌に迫ったりする行為を「規制」される。これが、アーキテクチャによる典型的な規制のあり方と言ってよい。以下にはこうしたアーキテクチャ規制のあり方をより明確にするために、その特徴としてしばしばもち出される次の四点、すなわち①事前の規制②利便性（低コスト）の実現③自明性の獲得④意識の素通り（個人の無意識や感覚に作用する）をとりあげ、その様相をやや詳しく確認していこう。(1)

まず①事前の規制。プラットフォームの例から明らかなように、扉は人びとが実際に乗降という行為をなす前の段階から設置されている。そのように事前に設置された扉により、結果的に、行為が「一定の型」にはめられていくこととなる。

②利便性の実現。これはとりわけコストの低減という視点が分かりやすい。ふたたび扉を引き合いに出せば、それは不用意にホームから飛び出すという行為を事前に不可能にしているのだが、もし扉設置以外の方法で同じ効果を引き出すとすれば何が考えられるだろうか。たとえば、構内に警告の張り紙をしたり場内アナウンスを頻繁に行なうなどして周知を徹底する、あるいは、線路際に居合わせるヒトにそのつど注意をうながす担当者を配置する、といったことが挙げられよう。とはいえ、これらは煩雑で手間がかかるし、加えてその効果の証明はなかなか難しいのではないか。むしろときとして張り紙は無視され、場合によっては、注意されたヒトと担当者の間でトラブル（紛争）が生じるこ

とさえあるかもしれない。この点、扉というアーキテクチャには、この類の手間ひまはかからず、しかも確実な効果を発揮することができる。加えて乗客の落下事故による運行ダイヤの乱れは生じないという点での利便性も兼ね備えていると言える。

③自明性の獲得についてはどうか。繰り返せば、扉というアーキテクチャは、一方で「行為を一定の型にはめる」と同時に、他方でそれ以外の行為を防止＝できなくする。ここでできなくされる行為とは、ホームに飛び出す等の、いわゆる危険な行為と目される種類のものである。扉は、その危険な行為を不可能にし、翻《ひるがえ》って人びとを安全に乗降させることができる。一般に交通機関にあっては、日々安全な乗降が実現・維持されることは望ましく「当たり前」のこととして受け止められており、利用者や社会全体にとって、その「当たり前」さを実現する扉の存在自体もまた、「当たり前」の装置となってゆく。このようにしてホームの扉はいつのまにか見慣れた風景となる。

最後に④意識を素通りする、ということを考えてみよう。かりに扉というアーキテクチャがなくとも、おそらく利用者は、やみくもに線路際に立つ行為は控えるに違いない。なぜなら、線路際が危険であることを知っていたり、自分で時々の状況を判断したりするからである。このことをあえて回りくどく表現すれば、利用者＝個人は、自分の意識によって、自分の置かれた環境を自分で思考し意味づけ、合理的な判断――この場合、線路に近づかないという意思決定――を下していると言える。もちろん、このような判断は、先の張り紙でも生まれるかもしれないし、担当者とのやりとり（コミュニケーション）によって認知されるかもしれないが、いずれの場合も、そこには当人の意識を通じた判断や認知が介在し、それによって危険を回避していると言える。対して、扉というアーキテクチャは、当人のこうした意識を必要とはしない。扉が閉まっているという環境それ自体が危険な行為をはなから妨げているため、自分で状況の判断をせずとも、さらには、扉設置の理由さえ認知してなくとも、合理的な判断をした場合と同様の行為をとることができる。危険／安全の程度など意識の俎《そ》上《じょう》にのせる必要なく、利用者は、〝ただ扉が開けば〟つねに安全に乗車することができるのである。

以上、四つの特徴に基づき、アーキテクチャ規制のあり方を見てきた。言うまでもなく、これらは密接に関連している。利用者の立場から見れば、自分の置かれた状況を別段に意識せずとも（④）安全な乗降ができ便利な（②）扉が、乗る前から設置されている（①）ことは、当たり前となる（③）のである。以下ではとくに④に照準を合わせ、アーキテクチャと法主体の関係を検討してみたい。

2　アーキテクチャと法的規制の関係
――近代法主体像の「退場」――

個人の意識を素通りして規制を行なうアーキテクチャは、近代法が想定する個人像＝主体像に対し、すくなからぬインパクトを与えていると考えられる。本節ではこの点を検討していく。だがそのためには、近代法がそもそも個人をどのように位置づけてきたのかを確認しておく必要がある。そこでまず、近代法の基本原理と基本原理から導かれる個人像を描いておこう。

† 近代法の想定する「個人＝主体」像

近代法の基本原理としてしばしばもち出されるのは、「人格の対等性」、「所有権の絶対」、「契約の自由」である。このことを商品交換の場面を念頭におおまかに説明すれば以下のようになる。(2) いま、個人Aと個人Bがいるとしよう。一方のAは自分のモノ（財物でもサービスでも）を提供しようとし、他方でBは自分が欲しいモノを探している。もしも、Aの提供したいモノとBの欲しいモノとが一致した場合、両者はできるだけ〝自分に有利になるように〟提供／獲得しようとするだろう。単純に言えば、Aはなるべく高価に／Bはなるべく安価に、取り引きをしたいのである。そしてその利害が両者の間で一致することになれば、その取り引きは成立することになる。さて、ここでの個人Aと個人Bはともに具体的な顔をもっておらず、抽象的な人格として登場する。別言すれば、それぞれの属性、たとえば年齢や性別、出自などは遠景化され、両者は、あくまで対等な取り引き主体として位置づけられている（人格の対等性）。また、言うまでもなく個人Aがあるモノを提供できるのは、そのモノが絶対にAに属していることが前提となる。そして取り引きの結果、そのモノがBに渡った場合には今度はそれがBに属することとなる（所有権の絶対）。さらに、両者の間でなされる取り引きは、なんら外から強制されているわけではない。取り引きが成立するために必要なのは、両者の自由な意思とその意思の合致だけである（契約の自由）。

このような基本原理が維持されるためには、原理を体現しうるアクターが、すなわち近代法が想定する「個人＝主体」像が必要になる。それはひとことで表わせば、「合理的で自律的な主体」と言うことができる。基本原理を現実化していく主体とは、最初から外的な強制力に従属・依存するのではなく、自分でみずからの利益や目的を意識の俎上《そじょう》にのせ、自分にとってもっとも納得のゆく決定を導き出すべく、ときとして相手と交渉し、場合によっては契約を回避するような、思考する主体である。そこでは、たとえば、自分にとって、そのモノが果たして必要なのか否か、契約を結ぶこと／結ばないことは得なのか損なのか、結んだ契約＝ルールがいかなる意味をもってくるのか、などにつき、自分で意識的に考えてゆくことが想定されているのである。またこのように近代法主体は、選択可能な諸行為を前に、自分にとってもっとも合理的な行為を選ぶ主体とみなされることから、自由意思をそなえているとも位置づけられる。どの行為が自分にとってもっとも合理的なのかを考え、意思に基づき自由にそれを選べる、というわけだ。近代法主体は、ひとまず以上のように描かれる。

もっとも、この主体像は、かならずしも実態に沿うわけではなく、その意味でフィクションであることもよく知られている。典型は労使関係である。労使は対等ではないし、雇用契約は雇用者／被雇用者の自由意思の合致とは言いがたい。ほかにも、消費者は生産過程の情報量において生産者側に比べて不利な立場にあるし、同じように、患者は専門知において医師との間にいちじるしい立場の格差があるため、そもそも自由意思を発揮したり、常に合理的な行為を選んだりすることは現実的には困難である。だがこうした、いわゆる社会権的構成を必要とする状況においてこそ、たとえば、トレーサビリティ（追跡可能性）の徹底やセカンドオピニオンの推奨《すいしょう》に見られるように、その対策は、できる限り消費者や患者といった社会的「弱者」の側の自由意思が発揮・尊重されるべく、かれらの選択肢を広げていく方向で講じられる。

ここから分かるように、現代においてなお、近代法主体は――フィクションでありながらも――、その概念は実定法規範にとっての範型として維持されていると言える。すなわち、近代法主体における個人の意識と自由意思、およびそれに基づく合理的思考や決定は、法（学）的な論理構成にとって不可欠な要素である、と。以下では個人がこうした意識をもつという側面を強調すべく、近代法が想定する「個人＝主体」像を「意識主体」と呼ぶことにしたい。

ここまでの記述から、法は意識主体と密接なかかわりがあることが確認されたと思われる。だが次にみるように、法はそもそも意識主体を手放すことができない。その大きな理由は、法的論理構成にあっては、個人の意識と責任概念とが不可分であるため、別言すれば、責任を負いうる（＝責任が帰属する）のは意識主体のみであるためである。このことをより明確にするために、近代刑法（責任刑法）の論法を見ておこう。(3)

† 責任の帰属先としての意識主体

通常、法的責任が問われるためには、当人に、いわゆる他行為可能性があったことが認知される必要がある。他行為可能性とは、加害行為以外の別の行為をとることができたのに、加害行為を選択したということである。他行為可能性があったとみなされると、あまたある行為選択の中から、自分があえてした（＝意図的に選んだ）行為によって他人やモノに危害を与えた場合にはもちろんのこと、つい、うっかりと（＝意図的でなく）とってしまった行為によって危害を与えてしまった場合にも責任が発生する。

このことを順にみていけば、まず、当人が加害行為を意図的に選んだ場合、その選択には当人の意識が当然に介在しているといえ、他面で、ありうる他行為を選ばなかったのも意識的にそうしたとみなされるため、当人に責任が発生することには説明を要すまい。たいして、うっかりの場合は、意識が介在しない（＝無意識な）行為と一見みてとれる。しかしこの場合にも、法の論理構成には意識主体の考えがそのベースにもちこまれ、責任が発生することになる。その構成とは、もしそのときに意識的であったなら、他行為を、すなわち、加害を与えない行為を実行できた可能性があったのにそれを怠った、というものである。ここには、個人は本来的に意識主体であるべきという考えが大前提にあることが分かる。意識主体であるべきにもかかわらず、意識することを怠るというのは、意識主体としてあってはならないことである。にもかかわらず、そのあってはならないことをした（＝他行為を選ばなかった）のは、みずからが招いた（＝選びとった）、というわけだ。

この他行為可能性は、当人自身が自分の無意識をあとになって認識できる、という点からも説明されうる。加害行為のあとで、当人がそれを振り返ってみて、自分がうっかりしていたことを意識できるのなら、うっかりしなかった場合の選択肢があったことが、すなわち他行為可能性が、当人の中で意識されているわけである。このようにして、うっかりの場合にも責任は発生する。

ここから分かるように、法的論理構成にあっては、個人を意識主体として定位させることで、その個人に責任を帰属させていくという手法がとられる。別言すれば、個人は意識主体である以上、他行為可能性を認知できるがゆえに、他行為を選択しなかった責任を引き受けなければならないとされるのである。このように、近代法は意識主体を想定し、意識主体に向けて、責任帰属を含めた基本原理を、いわば仮託することで機能してきたと言える。

† 意識主体不要への危機感?

他方、本章が主題とするアーキテクチャは個人の感覚や無意識に作用するため、合理的に思考するという意味における意識は不要であるとの特徴をもっていた。単純に考えれば、これは、アーキテクチャ規制においては、法の想定する意識主体が不要となることを意味する。したがってこの先の社会において、アーキテクチャがその規制領域を拡大していけば、それと反比例するかたちで、近代法主体が定位される圏域は低減していく。これは同時に、近代法の論理構成の成立が困難となる事態が多くなることにもつながる。この点に加えて、アーキテクチャに利便性や効率性が備わっていたことをも勘案すれば、アーキテクチャ規制の擡頭《たいとう》(=法規制のたそがれ)という見立ては、あながち的外れではないかもしれない。このように考えれば、アーキテクチャは、法的論理構成にとって不可欠な意識主体=近代法主体に「退場」を迫る規制であると言えなくもないだろう。

もっとも、アーキテクチャに対する批判はすくなからずある。詳しくは4でふれるが、よくある批判は、アーキテクチャ規制は、事前に、外側から、しかも一方的に、ヒトを規制してゆくがゆえに、そこでは、人びとが文字通り主体的に環境にかかわり、能動的にそれを変えてゆく余地が最初からないではないか、というものだ。この考えに従えば、アーキテクチャとは、行為を「一定の型」にはめようとする大きな力によって、——その型がどんなに望ましいものであれ——いわば外部から事前に、人びとを配置＝支配していく〝権力〟である、ということになる。なるほど、プラットフォームの扉は、行為を型にはめられるヒトたちの手の届かないところで、あらかじめ設置されており、その環境は人びとによって変えられるとは考えにくい。だがしかし、現代社会におけるアーキテクチャはこのような意味での外部からの一方的な事前設置だけではない、と筆者は考える。むしろ反対に、個々人の積極的・持続的なかかわりを通じて、個別的かつ可変的に環境が設置される、言ってみれば動態的な規制を実現している、と。先の批判が、アーキテクチャの外的かつ一方的な環境設置を問題視するならば、もはや現代のアーキテクチャはその域にとどまらず、主体と環境とがそのつど双方向的に状況を設定＝規制してゆくものとなっていると言ってよい。このことをもっとも分かりやすく体現しているのが、ユビキタス社会なるコトバで表現されている状況である。そこでのアーキテクチャはもはや物理的構造の枠を超えるものであり、情報による行為規制を実現する。しかもそれは主体に「快適」さをもたらすものとなっている。節をあらためて記述しよう。

3 「快適」な主体
――再帰的（リフレクシヴ）アーキテクチャ――

ここ数年、ユビキタス社会というコトバをよく耳にする。大まかにそれは「いつでも、どこでも、誰でも、コンピュータ・ネットワークにつながることができ、欲しい情報を引き出したり、伝えたい情報を提供したりして、遠隔地にいる他人とも自在に情報のやりとりができる」環境を備えた社会と言えるだろう(4)。こうしたユビキタス社会において、アーキテクチャはいかなる様態を呈すのか、これが本節で確認したいことである。以下にはまず、都市社会学者の若林幹夫のテキストを参照し、ユビキタス社会が目指そうとするものは何かについて概観する。次にそのことが、主体＝個人に対してどのようなアーキテクチャを構築するのかにつき、社会学者の鈴木謙介の主張を追って見てみることにしたい(5)。

† ユビキタス社会の目指すもの

若林は「日本を代表する〝ユビキタス・コンピューティング論者〟のひとりである坂村健」を引用してユビキタス社会とその目的を描写している。社会全体の効率化を図るため、コンピュータによって現実世界を完全に認識することを自身の研究にとっての究極目的におくという坂村の発言を若林に倣って見てみよう。

今、私がもっとも力を入れて研究していることは、あらゆるモノに、あらゆる場所に、そしてもっと広くいえば社会全体にチップを組み込んで、世界を情報のネットワークとして構造化していくということです。（若林 二〇一〇、一八六頁、ただし坂村 二〇〇七、五頁からの引用）

若林はこの坂村のビジョンを「「現実の世界」と「情報の世界」の自動的な対応づけを不断に行うためのもの」（若林 二〇一〇、一八六頁）として認識する。一方にある「社会という現実」に対し、他方から「それに関する情報」を対応させれば、われわれは、日々進歩する情報処理の高度化・細分化を背景にして、現実を多角的に捉え、現実への操作性を高めていくことができる、というわけだ。同箇所で挙げられている例に倣えば、道路わきの植え込みという現実世界に端末装置を近づけると、その名称・出生地・特徴・植えられている理由や経緯・季節ごとの様子まで映像つきで教えてくれる。あるいはまた、自分の立っている場所が現実には（＝自分の目には）、高層ビルに挟まれた「たんなる点」であっても、その点にGPSからの情報を重ね合わせることによって、その方位、目的地までの距離、移動手段や所要時間、周囲の建物に入っているショップの種類にいたるまで、情報が、「たんなる点」を多角的に意味づけ、点にいる個人は、点の周囲にある時空との関係を立体的に知ることができる。このように、ユビキタス社会では、われわれは、目の前の現実を多層的な情報によってさまざまな角度から意味づけてゆくことができる。またその一方で、われわれは、ネットワーク上の情報を知ることで、遠隔地にある現実を像として結ぶこともできる。たとえば、商品の在庫や改札の通過、車輌の交通状況などは、現実の動きがただちに情報化され、その情報がネットワークに流れるが、われわれはその情報により、見えない現実を意味づける。在庫が激減したという情報から、その商品が売れている現実を知るのである。

このように、ユビキタス社会とは、目の前の現実にまつわるさまざまな情報を引き出すことができると同時に、情報の引き出しにより目の前にない現実を意味づけていくことができる社会なのである。もっとも、若林が正しく指摘するように、社会全体の構成要素すべてにチップを埋め込むことはできない。チップが埋め込まれるためには埋め込む対象となるモノや場所が必要だが、社会の構成要素にはそうした実体のないものもあるからだ。したがって、コンピュータで認識できるものはどうしても限定されざるをえず、ユビキタス社会は、認識できない「他の部分を排除するところに成立している」（若林 二〇一〇、一九〇頁）にすぎない。若林はこの論点を発展させ「ヴァーチャルの罠」として重要な問題提起をしているのだが、それについては後にふれるとして、次にユビキタス社会におけるアーキテクチャを「情報アーキテクチャ」として見ていくことにしたい。

† 情報アーキテクチャ

言うまでもなく、ネットワークから自在に情報を引き出すとは、別の角度から言えば、ネットワーク上に自分の痕跡《こんせき》を残す、ということである。ある個人が、ＰＣやケータイ端末を通じて、どのような情報を閲覧しダウンロードし、また商品を購入したのか、これらはすべて履歴として記録される。単純に言えば、あるサイトにアクセスすることは、そのサイトに載っている情報が欲しかったそのときの自分を登録することであり、なおかつ、その情報を問い合わせた事実と引き出した事実とが同時に記録されることなのである。(6) その記録の集積・分類をデータベースと呼ぶなら、データベースには、当人の興味関心や嗜好《しこう》が直接投影されていくと言える。そして個々人が、日々情報を引き出し=履歴を残していけば、そのデータベースは〝個別に豊饒化《ほうじょうか》〟される。豊饒化に応じて、この私が現在までどのような傾向性を有しているのかが判別されてくる。ここで豊饒化されたデータベースをアーキテクチャによる環境設定に見立てれば、一方で、データベースは、現在までのこの私の傾向性を前提とし、それを踏まえた選択肢をネットワーク上の情報や商品から選び出し、この私の前に差し出す。他方で、選択肢を差し出されたこの私は、その中からその時々に応じてもっとも欲しいモノや情報を自分で選んでいく。ここにユビキタス社会に特有のアーキテクチャ的規制が生まれるのである。すなわち、当人が選ぶ前の段階で、過去の履歴から候補を絞り、実際に選ばれる可能性が高いものを差し出すというわけだ。むろん、差し出され/選ばれていく選択肢は単一ではない。大型通販サイトにアクセスした際の「お勧め商品」は、ジャンルをまたぎ、つねに複数あることからもこれは明らかだ。

個別に分類されたこの私だけのデータベースに基づき、あまたある他の選択肢(他行為可能性)をあらかじめ排除=不可視化し、当人の嗜好を反映させたメニューを並べることで行為を規制していくこのアーキテクチャは、プラットフォームの扉と違い、もはや外部から一方的に規制するアーキテクチャとは言えまい。なぜなら、データベースを起動させるのは、ほかならぬこの私であり、豊饒化・更新するのも、この私からの働きかけであり、そのつど何を選ぶのかも、最終的には、この私が決めるからだ。ここにおいて、情報アーキテクチャは、個人の「主体性」を要素とする双方向な規制であると言える。さらに、いくら嗜好性が反映されているとはいえ、個人は差し出された選択肢を場合によっては拒否することができるし、排除された別の選択肢へのアクセスもしようと思えばできなくはない。こう考えれば、扉による規制に比べ、情報アーキテクチャは、個人の〝自由度〟が高いとも言える。もっとも、この拒否という選択もまた、ただちにデータベースに組み入れられ、次回以降の規制に反映されてゆくこととなる。このように、主体のはたらきかけがただちに次の規制に反映するという意味において、情報アーキテクチャは、再帰的（リフレクシヴ）アーキテクチャと言うことができよう。こうした性質をもつアーキテクチャこそ、現代ユビキタス社会において擡頭する規制のありかなのである。

† そのつど現前する「快適性」

「現実の世界」と「情報の世界」を即時に対応させるユビキタス社会では、なにがしかの場所やイベントなどが、特定の個人にとって有意味な世界たりうるか否かを当人のデータベースから割り出し、有意味と判断した場合には、それを情報として瞬時に差し出していくことが可能となる。ふたたび若林のテキストを参照し要約すれば次のようになる。(7) いま、街を歩く個人が、街に埋め込まれたネットワーク端末とつねに情報のやりとりをしている自身の携帯端末をもちいて、折にふれ情報を引き出す＝記録を残すとしよう。そのやりとりから蓄積されるデータベースに基づいて、そのときの当人のニーズや嗜好に応じた情報が街歩きの最中に提供される。たとえば、当人がクラシック音楽に興味をもつなら、当日に行けそうなコンサートの情報や会場までの案内、ついでに中華が好きなら、そのあとのお勧め料理店まで提案してくれる。街中の端末と自身の携帯端末との連携によって、当人のニーズを満たしてくれそうな情報をそのつど提供するこのシステムは、情報工学者の北川高嗣が言うところの「街のコンシェルジェ」となる。また、若林に言わせれば、これはあたかも、個人の歩く周囲と先々に、「個人の目的と嗜好《しこう》に応じた情報のみ」が連なり、「行き先をナビゲートする」、さながら「透明のチューブ」である。さらに個人がそのチューブに拒否も含めた微細な反応をすれば、それがふたたびデータベースとなり、環境はますます当人用にあつらえたもの、すなわち「カスタマイズ」されていく。

　このように、アーキテクチャは、個別かつ時間・空間に応じて、当人にぴったりあったかたちに、より細分化していくことになる。むろん、「透明のチューブ」は、チューブ内にいる当人にとってみれば、チューブの外を見る要請が生じないという点において少なからぬ問題をはらんでいるということは、後述するとおりである。しかしここでは、こうした「アーキテクチャ規制のコンシェルジェ化＝カスタマイズ化」そのものをいったん正面から見据えておきたい。

　チューブの中にアナタがいるとしよう。そのとき、アーキテクチャ規制はアナタに何をもたらすか。

それはほかでもない「快適さ」ではないか。そのつど自分の興味を惹く事柄がいくつかメニューとして提案され、アナタはその中からそのときもっとも具合がいいものを選択できる。アナタは普段、端末で何気なく情報を引き出す〝だけ〟で、アナタ専用のデータベースが作成されていき、アナタはアナタの好きなことを提供されるのだ。さらにそれを実行すれば、こんどはより詳細に、アナタの嗜好に見合ったものが提供されてくる。だからといってそれ自体を拒否する選択が断たれているわけではない。そのような透明チューブの中はアナタにとっての「快適」そのものにちがいない。言ってみれば自分の嗜好がどんどん近づいてくるのだから。冒頭の問いにあった「なにがしかの装置」とは、ほかでもない、アナタ専用にカスタマイズ化されたこの情報アーキテクチャである。アナタは、この装置をとりはずさねばならない正当な理由を見つけることができるだろうか。いや、なぜそもそも見つけ出さねばならないのだろうか。

ところで、この情報アーキテクチャにおける主体に目を転じてみると、あらためて近代法が想定する意識主体との乖離に気づかされる。以下では、両者の乖離と対置の意味を込め、情報アーキテクチャに規制され＝快適を享受している個人のことを「快適主体」として記述を進めよう。つねに意識をはたらかせることをベースに自身で思考し、合理性を見出しながら主体的に決定していくことが想定される意識主体に対し、快適主体は、たえず自分用にカスタマイズされていく選択肢からそのつど好きなものを選ぶにすぎないと言える。一方、さきにふれたように、アーキテクチャ規制の領域が広がれば広がるほど、それに連動して、意識主体が想定・発揮される領域がどんどんせばまっていくことが考えられる。これらを前提にすれば、ユビキタス社会における情報アーキテクチャへの批判とは、近代法主体像の「生き残り」と正当性を賭けた批判であると言っても過言ではない。果たして、その批判は成功するのか。快適はなにゆえに批判されうるか。最後にアーキテクチャ批判を検討する。

4　批判の困難さ
——What's wrong with Architecture?——

アーキテクチャが個々人の行動を「一定の型」にはめる規制である以上、そこに広義の権力が作用していることは間違いない。とはいえよく知られるように、個人の主体化と従属化は同型であり、社会は微細な権力関係から成ることを表わしたフーコー以来、権力そのものが社会から一掃されうると考えるのはあまりにもナイーヴすぎる。よってアーキテクチャ批判の目的もまた、その権力性の指摘のみに置かれるべきではない。あくまで照準はその権力の質の方に、すなわち、アーキテクチャという権力はいかなる様態をまとっているのか、という地点にあわせなければならない。したがって、アーキテクチャ批判が文字通りに批判的（critical）であるためには、個別に快適さをもたらすアーキテクチャという権力装置が、いったい何を付随させ何を不可避に生み出すのか、なおかつ、そのような事柄がなにゆえに社会的な問題とみなされるのか、そしてそのうえで、快適さを享受する当人がその問題を共有しなければならないのはなぜなのか、が析出されねばならないだろう。この作業が成功してはじめて、「アーキテクチャによる快適性そのものは問題である」との命題が確立すると思われる。

以上を念頭におき、以下には、アーキテクチャ批判としてしばしばもち出される論拠を三つとりあげ、果たしてそれらが批判的たりうるのかについて検討したい。その際、筆者は、かなり意図的にアーキテクチャを「擁護」しようともくろんでいる。そうすることによってはじめて、批判の強度や問題点が摘出されると考えるからだ。

† アーキテクチャは「監視」である

まず、アーキテクチャは個人を監視（surveillance）する装置であるとみなして批判する手法から取り上げてみよう。現代社会を監視技術の浸透という観点から描出し、監視を批判的に捉えようとするデイヴィッド・ライアンは、次のように監視を位置づける。

> 監視とは何か。ここでは、個人の身元を特定しうるかどうかはともかく、データが集められる当該人物に影響を与え、その行動を統御することを目的として、個人データを収集・処理するすべての行為である。（ライアン 二〇〇二、一三頁）

ライアンによれば、現代社会とは、監視が日常のいたるところに張りめぐらされている社会である。街中の監視カメラはもちろんのこと、改札や高速インターの通過、各種のＩＣカードの提供行為やケータイ通話、PCの過去ログやネットでの通販にいたるまで、現代社会において、われわれの行動はたえず履歴として記録され、それをもとに個人の行動が統御されるというのだ。よってここでの監視は、「総記録社会」[8]とも言える様態を可能にしている技術（テクノロジー）を基点に、個人の行動を制御・規制してゆくことを視野化しているという点において、ひとまず情報アーキテクチャと同一線分上に位置づけられる。が、そのうえでライアンの分析の重心は、個々人の嗜好や行為ではなく、データ集積のされ方やその使われ方の次元に置かれ、その危険性が析出されていく。本章のアーキテクチャが個人の快適さに着目するのに対し、ライアンは、監視というコトバを使って、テクノロジーによる社会統治のあり方とその危険性に人びとの目を向けさせるのである。

今日の監視は、人間集団を分類・類別化する手段であり、単に、個人的空間を侵害する手段、個人のプライヴァシーを侵犯する手段ではない。ポストモダン化するコンテクストの中で、スーパーパノプティコン的分類が、適格性やアクセス権を判定し、囲い込み、排除するべく、執拗に選別・モニター・類別化を行うにつれて、監視は、次第に、社会的分割を強化する強力な手段となっていく。（ライアン 二〇〇二、二五八頁）

ライアンの言う監視とは「手段」である。それも、個人に快適さを提供するためのではなく、人間集団を分類するための手段である。その際、まずライアンは、データを「類別化」してゆく諸機関の存在を指摘する。ネットワーク上を「自由に」流通する個人データを扱う機関は、公権力をもつ国家に限られず、保険会社をはじめとする民間のマーケティング機関に拡散していることを、である。そしてそのうえで、ネットワーク上を流れる情報は、個々人の嗜好提供のためだけに用いられるのではなく、むしろ、情報のデータベースは、モニタリング、クロスチェック、シミュレートを通じ、社会階層の分類化やリスク管理、治安維持といった、社会全体を統治し、場合によっては分断してゆくテクノロジーとして用いられることが析出される。これらこそ、ライアンが監視というコトバで問題視するテーマである。

ライアンの視点は実に明快だ。本章アーキテクチャの視点が個人の快適にあるなら、ライアンが注視するのは、個人が快適な選択肢を差し出されるまでのプロセスや前提、ないしその背後で生じている個別情報の社会的な構成・加工がはらむ危険性にある。快適さをもたらすアーキテクチャは同時に、社会集団を分類化していく危険性を備えた監視技術によって成立していること、これがライアンから得られるアーキテクチャ批判の視角と言える。

たしかに、チューブの快適さは、情報ネットワーク上でのモニタリングやチェックによってはじめて可能になる、というライアンの指摘はその通りである。しかも、やり方しだいで、その技術が、社会統合や分断の手段と化すおそれがあることについても一定の説得力はある。だが、このことを認めたうえで、われわれに何ができるというのか。危険とされる監視は同時に利便性をもちあわせているのではなかったか。事実、ライアン自身、「監視社会システムへの順応」という表現を用いて、われわれわれはもはやこの監視社会から降りることが困難となっていることを示唆する。

監視社会では、権力は多様な経路に沿って流通するだろう。社会という景観を見下ろす集権的な見張り塔は存在しないし、また監視体制による束縛や、まして管理を感じている人も滅多にいない。ほとんどの場合、ほとんどの人は、身分証明書の呈示要求に進んで応じるし、個人データの企業への提供も承諾する。コストを上回る利益があるはずだと、或いは、間違ったことをしていないのだから隠したり恐れたりすべきこともないと、そう考えるからである。（ライアン 二〇〇二、二二頁）

こうした「順応」を踏まえたうえで、監視社会に「抵抗」することなどできるのか。ここでライアンが提唱するのは、「個人を再‐身体化」させ、「生身の個人の価値を擁護すること」である。生身の身体からデータを吸い上げ加工し流通させる監視社会にあっては、「抽象的データが特権化される」こととなり、事柄についての意味付与は、脱‐身体化されたデータの探索やその客観性や真偽のほどから（データ再帰的に）なされる。これに対し、ライアンは、生身の個人どうしの対面的コミュニケーションを対置させ、そこにこそ社会の出発点があることを「倫理的姿勢として」再確認することを訴える。監視社会における優劣順位、すなわちネットワーク上の情報（データ）と対面的な発話（コトバ）の「順番を逆転させること」、これがライアンの「抵抗」戦略である。

なるほど、監視が浸透し監視を不可欠とする現代社会にあって、その問題点を指摘したうえで、なお、監視＝アーキテクチャのメカニズムに汲みつくされない領野を確保すべきとする姿勢は、素朴とはいえ、まっとうな批判と言えそうである。また、同書の解説にもあるように、この「抵抗」は、自他関係を開かれた対話によって自発的に再構築するという意味で、いわゆる公共性の問題系へとつながるポテンシャルをもっているとも言えよう。

だがしかし、ライアンの「抵抗」が成功するとは思わない。ライアンも認めるように、われわれはもはや監視を必要としている。もっともだからこそ「それ〔監視〕に対抗する手段を、監視のテクノロジックや、個人を無視したその脅迫観念的な日常生活のモニター活動の外側に求めねばならない」（ライアン 二〇〇二、二六三頁。強調引用者）となるのだろう。この外側こそ、情報ネットワークの外側にある、生身の個人同士による発話の領域だ。が、それは文字通り「外側＝外部」からの批判でしかあるまい。チューブ内で快適さを享受している「ほとんどの人」が、なぜ、その外側を「意識」しなければならないのだろう。快適主体は自分の欲しい情報を引き出し＝提供されているだけなのに、である。

こうした指摘を回避するために、ライアンは慎重にも「倫理的姿勢」なるコトバを選んで用いているのかもしれない。しかし、ライアンのいう倫理が倫理として駆動していくための足場やその理由が、「快適なチューブ」の中に抽入・定位される必然性はない。これはあくまで、チューブの外側からの声である。監視＝アーキテクチャの危険性を意識する意識主体の側から、それを意識しない快適主体にむけて、意識せよと言っているようなものである。しかもその理由は、意識しないと危険だから（＝意識したら危険だと分かるから）、というなかばトートロジーである。ここでは意識主体であるべきという（法と同様の）視点が先取りされたうえで、意識主体の側が意識的に問題にすべきとする事柄を訴えているにすぎないのではないか。だがアーキテクチャにはその意識自体が不要なのだ。

以上総じて、アーキテクチャを監視とみなして批判する手法は、外在的なものにとどまる。もちろん、外在的批判それ自体を否定するわけではない。ここで言いたいのは、外側からの声が、いつのまにか、チューブ内に響くはずであるとか、響くべきであるというふうに、――倫理の外観をまといながら――ショートしていくおそれがあることについて確認し、監視の外側＝生身の身体という、アプリオリな位置取りも含め、その批判がどれほど快適主体に響くのか、という問いを提出したいのである。

† アーキテクチャは「自由」を剥奪する

次に見る批判の手法は、行為の選択肢があらかじめ絞られていることにつき、主体の自由という観点から問題化していくものである。とはいえ、ここで「自由とは何か」についての原理的考察をする余裕はない(9)。よって以下には、この手法が用いる自由の位置づけを筆者なりに二パターン抽出し、それぞれの主張を概観するにとどめ検討していく。一つは、個人の自由とは選択肢の多寡に比例する（＝選択の自由）というもの、もう一つは、自由とは与えられた状況＝制約を主体的に可変させその責任をひきうける次元に定位するというものである。順に見ていこう。

快適性の差し出し／選択によって行為を規制する情報アーキテクチャは、たしかに事前に、個人が決定する選択肢の幅をせばめている。ここで、自分で決められる幅が広いほど（／せまいほど）、そのヒトにとっての自由が大きくなる（／小さくなる）とすれば、アーキテクチャにおいて、個人の自由はあらかじめ一定程度剥奪されていることとなる。差し出された選択肢からだけしか選ぶことができないということは、そこには、事前に除外された選択肢を選ぶ自由は、はじめから個人にない、と考えられるからだ。これが一つめの批判である。

だがそもそも、個人が何かを決定する際には、当然ながら、あまたある選択肢を絞り、そのときの自分にもっとも適合する選択肢を選んでいくのであって、どのみち、選択肢は絞られざるをえない。しかも、すでに見たように、アーキテクチャにおいて差し出される選択肢は、決定する当人の意思を無視しているどころか、それまでの当人の嗜好を反映＝履歴を参照したものであった。当人はその中から選び快適を享受するのだ。加えてもしかりに、選択の目的が快適達成にあり、自由とはそれを実現する手段だとすれば、何のことはない、アーキテクチャはそれを実現しているではないか。それでもなお、「選択肢の事前除外はただちに自由の剥奪である」と言われたとしよう。(10) だが快適主体が不自由さを抱えているとただちに自認できるだろうか。もしできないなら、不自由でない当人に対し、「選択の自由が剥奪されている」というメッセージは届くまい。さらに言えば、なぜ、当人に不快・不便をもたらしかねない選択肢がわざわざ組み込まれなければならないのか、という疑問も浮かんでくる。このように考えれば、この批判は、監視と同様に、意識主体の側から、つまり快適主体の外側からなされている。意識主体なら、差し出された選択肢の外側を意識したり、快適のただ中に居る自分の姿を疑うことが可能になる、と。

このように、監視にせよ選択の自由にせよ、アーキテクチャ批判は、意識主体の領域を死守する方向で展開される。だが、それはあくまで意識主体の側からの論理構成であり、その論理が快適主体にまで着地していくことを根拠づけるのはかなり困難である。この点、自由に基づくもう一つの批判は、この困難を承知しながらも、なお意識主体を「選び取る」とするものである。この批判は自由を責任と結びつけ、あくまで個人はコミュニケーション主体であるべきとする。その理由まで含めて見ていこう。

法哲学者の大屋雄裕は、アーキテクチャによる規制を——個人の嗜好に沿った規制という意味で——「配慮の論理」と名づけたうえで、それに「主体の論理」を対置させ「主体の論理」の再構築を主張する。

自由を制約の欠如という静態的な理解で捉えるのではなく、われわれの行為可能性空間を画する制約の必然性・妥当性を常に問い直していくこと、そのように正当性を常に問いうる主体として自己を産出していくこと、すなわち態度としての自由として動態的に理解することが重要なのである。（大屋 二〇〇四、二二七頁。傍点原文）

これを筆者なりに要約すると次のようになる。まず、何の制約もない状態というのはそもそも存在しえない。この意味で、選択の自由は制限されざるをえず、選択肢の多寡で自由を測る先の批判は、自由の「静態的な理解」にとどまる。そのうえで自由とは、その制約が正当なのか否かをたえず問い直していく次元に定位されるべきとされる。たとえ、その制約が「善意の制約」であるアーキテクチャ規制（「配慮」）であったとしても、である。そしてその問い直しをするアクターとして登場するのが、「主体」である。主体によって、制約を問い直してゆくこと、場合によっては、主体どうしのコミュニケーションによって、いかなる規制を受け入れ拒絶するのかを公共的に議論し、その結果を責任として引き受けていくこと、ここにこそ大屋の言う自由がある。他面、アーキテクチャにおける快適主体にあっては、規制の問い直しにおけるこの自由は脅威にさらされることになる、と。

ここには明らかに、〝自由と意識主体の救出〟が見てとれる。アーキテクチャ規制を問いなおす自由においては、あくまでそれを実行するための主体が必要である、との潔い決断があると言ってもよい。主体を拠点に規制のあり方を吟味するという方途は、何とかしてアーキテクチャをその「内部」から揺るがせ、食い破っていこうとする批判であり、その動態にこそ、主体の自由が宿るとする主張とも言えよう。むろん、その主体は大屋の言うように、「選択に責任を負いうる主体」である。

このように、意識主体を死守することは、自由を確保することであり、さらには自由・主体・責任といった近代法の鍵概念を維持することである。裏返して言えば、意識主体のコミュニケーションを通じたアーキテクチャ「内部／外部」の区別やその質の吟味ができなくなれば、近代法の基本原理に基づく論理構成もまた困難になるおそれさえある、ということへの懸念《けねん》がここにうかがえる。

自由とは規制を問い直していくコミュニケーション主体にあるというこの主張は、アーキテクチャ批判たりうるか。ここでもアーキテクチャを擁護してみたい。まず、このような自由がなぜ必要なのか。快適さを問いなおす自由とは何か。なぜわざわざ快適さを問い直さなければならないのか。これに関連し、主体がコミュニケーションを行なうべき公共的理由はどこにあるのか。さらに問えば、この意味でのコミュニケーションが必要なのはなぜなのか。アーキテクチャにはコスト低減の特徴が備わっていたが、この点、コミュニケーションは高コストなのではないか。[11] なぜわざわざコストをかけて快適さを食い破らなければならないのか、たとえそこに自由があると言われたとしても、である。

この点、大屋は周到に次のように言う。「われわれの前に置かれた選択肢が何であるのかだけを述べて、本稿を閉じることにしよう」（大屋 二〇〇四、二二八頁）と。「配慮の論理」と「主体の論理」との選択肢を前に、大屋個人は「主体の論理」を選ぶべきだと考えるものの、その選択が正しい（＝公共的理由をもつ）と主張することは、大屋以外の他の個人を――逆説的にも――「配慮」することになってしまうがゆえの発言であろう。ここには、意識主体の方が快適主体よりも正しいとまでは言い切れない批判の側のジレンマが見てとれる。だがこのジレンマ状況をポジティブに捉えてアーキテクチャを批判するやり方がある。それが三つめの手法である。

† アーキテクチャは「現実」を覆いつくせない

この手法は、監視とも自由とも異なり、ある意味きわめて単純だ。すなわち、アーキテクチャといえども、現実世界をすべて覆いつくすことはありえないのであって、アーキテクチャに包摂されつつも全面的に覆われていない世界——これを「現実」と表記する——では、意識主体がどうしても必要となるという「当たり前さ」を根拠にして、いわばアーキテクチャの範囲の限界や不完全性を指摘するものである。なるほど、われわれは、いくら情報アーキテクチャの環境に接しているとはいえ、そして、その領域はたしかに拡大しているとはいえ、チップが身の回りの生活世界すべてを埋め尽くしてはいないし、おそらくこれからもそれは不可能だろう。またわれわれは、データベースから差し出される選択肢以外の——想定外で計算不可能な——行為をすることだっておおいにありうる。さらに、こと「現実」においては、われわれはつねに快適さを享受できているわけでない。「現実」では自分の意識をはたらかせ自分で決定したり、試行錯誤したりしている。その結果うまくいき快適になる場合もあれば、意図せざる結果に落胆したり驚愕したりなお歓喜したりすることもある。この意味において、個人がアーキテクチャに〝完全に飼いならされる（＝配慮されつくす）〟ことなどありえず、主体は、アーキテクチャの「内部／外部」をことあるごとに往還しているしせざるをえない。

このように、この手法は、アーキテクチャには必らず外部があること、そこには意識主体を定位させる余地が求められ続けること、そしてそれこそが「現実」であるということを主張する。「現実」は、アーキテクチャに侵食され続けるものの、侵食され尽くすことはない。よって個人は、快適主体の場合もあれば意識主体でなければならない場合もある、ただそれだけなのだ、と。

この手法は、アーキテクチャの内部／外部を同時に視野化させ、アーキテクチャへの過大評価／過剰批判という両極のアプローチを問題化してゆく利点があると思われる。過大評価への批判については、先出の若林の言葉である「ヴァーチャルの罠」を参照したい。「ヴァーチャルの罠」とは、「社会の中にあるメディアが開くヴァーチャルな場を、社会そのものと外延を同じくする「新しい社会」であるかのように見誤る」（若林 二〇一〇、一九九頁）こと、同じく、「インターネットの内部を実質的な社会と等置し、その内側から社会を理解してしまう」（若林 二〇〇七、五七頁）ことである。[12]

この若林の言葉は、アーキテクチャ内部にいる個人はそれがあたかも現実の社会であるかのような誤解に陥りかねないことに対し、警鐘を鳴らしているとみなすことができよう。アーキテクチャが「現実」を覆いつくしたり、ましてや「現実」と一致したりすると考えるのは誤解であり、それはあくまで世界の意味づけに一つの位相を付加するにすぎないということについては、アーキテクチャ内部にいる個人はもとより、それを肯定的に捉える人たちへの批判として位置づけることができる。

一方、アーキテクチャへの過剰批判の問題化について。アーキテクチャに覆われない「現実」があるということは、ライアンが「抵抗」の拠点とした「生身の身体」や、大屋が救い出そうとする「主体の論理」の次元が依然として残り続けるということである。よって、アーキテクチャを、たとえば「配慮」か「主体」かを選ばねばならない切迫した二択問題として構成するアプローチをクールダウンさせていくことができると言えるだろう。

見たようにこの主張は、アーキテクチャを是か非かで意味づけるのではなく、その機能性と限界性を直視した、単純だが現実的（リアル）な批判と言えよう。だがしかし、われわれは、このリアルさをこそ、もっとも警戒すべきではないか。最後にこの点を指摘し、あわせてアーキテクチャから見た近代法主体（意識主体）の位置価を確認し、同時に問題提起を行ないたい。

5　よるべない批判の拠点
――「リアルの罠」に落ち込みながら――

アーキテクチャが「現実」と一致せず、「現実」は依然残り続けるとする三つ目の手法の認識は間違ってはいまい。だが重要なのは、その「現実」において、そして「現実」に対して、われわれは、どう向き合うことができるのか、である。まずもって、アーキテクチャによって侵食されるも残り続けるという〝矛盾〟をまとった「現実」が、つねにアーキテクチャ批判のアプリオリな足場たりうると考えるべきではない。掘り崩されながら残り続けるというこの表現を真に受けるなら、「現実」はアーキテクチャの「まったき外側」にない。そうではなく、「現実」とアーキテクチャは重なり合わずしかも混ざり合っているのだ。にもかかわらず、両者を分界し批判／肯定すること、ましてや双方の主張を腑分《ふわ》けできるとすることは、この「現実」を捉え損なっている。

若林の主張に全面的にのったうえで言おう。ヴァーチャルによって「現実（リアル）」が覆い尽くされる錯覚にとらわれるのではない。逆である。アーキテクチャの外側を「現実」と措定して、その「現実」から、アーキテクチャをマークし対象化（批判／肯定、「現実」との棲み分け・腑分け）できるという「現実」での錯覚が問題なのだ。警戒すべきは「リアルの罠」、すなわち、アーキテクチャの内部と外部の区別を意識できるという「現実」での錯覚、同じく、意識主体／快適主体を自在に行き来できているという「現実」での錯覚、これである。その「現実」にアーキテクチャが闖入《ちんにゅう》していない保証などない。こう考えれば、アーキテクチャ批判は、その拠点（＝「まったき外側としての現実」）の欠如を前提に、われわれが、アーキテクチャと「現実」との混交とどう向き合うことができるのかという点から始めなければならないだろう。問題提起を簡単に二点して本章を閉じる。

まず、本章で意識主体と記した法主体との関連について。「現実」が残る以上、近代法の論理構成はこれからも維持される。だがしかし、法が責任を帰属させるべくみずからの論理構成の前提に意識主体をおく方法をとり続けてゆくことは、結果的にアーキテクチャがその「現実」をさらに掘り崩していく事態を招来しかねないのではないか。社会学者の加藤秀一は、責任に関するゼミ生の発言を受け次のように言う。「その学生たちにとって責任というのが主体的に引き受ける対象、自分の失敗も含めて引き受けていく対象としてはそもそも考えられていなくて、もっぱら外部から押し付けられたものとされているんだなという鈍い衝撃がありました」（加藤・岡野 二〇一〇、四－五頁）、と。責任とは引き受けるものではなく押し付けられるものという発言、これを正面から見据えるならば、法が個人を意識主体とみなし責任を帰属させること、別言すれば、法が責任を帰属させるために意識主体を構築していくことは、逆に、個人が責任主体から退却していくことを、すなわち、責任帰属というリスクの少ない快適主体へと移行していき、ますますアーキテクチャを呼び込んでいく状況に拍車をかけることになるのではないか。むろん、だからといって、法がなくなることはない。しかし、法の側は依然として「責任とは引き受けるものである」とするだけでよいのだろうか。「押し付け」だと思わせてしまう責任とは何かにつき、法の側＝意識主体の側から意識的に考えてゆく必要があるのではないか。

もう一点は、アーキテクチャを批判するわれわれの「身振り」について。掘り崩され続ける「現実」を擁護する身振りがアーキテクチャを呼び込んでいくさまを警戒すべきだ。「アーキテクチャの快適さは危険である」との文章を準備するとき、われわれはネット上でデータベース検索をし痕跡をしるしているではないか。そうした「リアルの罠」に落ち込みながら、せめて、落ち込んでいる身振りを発見すること、快適主体と意識主体の間を自在に行き来しているなどと自分を見誤らないこと。たとえば、会議中のテーブルの上に無意識にケータイを置くという「現実」にこそ、まずわれわれは向き合うべきである。

（1）これらの特徴を含め、アーキテクチャの概括的な位置づけ、および法・市場・道徳といった他の規制方法との関係性については、レッシグ（二〇〇七）、松尾（二〇〇八）を参照。

（2）近代法の基本原理については、さしあたり服部（一九九三）を参照。

（3）法における個人像につき、『法律時報〈特集　法は人間をどう捉えているか〉』vol. 80、No. 1を参照。責任刑法については、同誌所収の安田（二〇〇八）を参照。

（4）元来、ユビキタス（ubiquitous）とは「偏在する」という形容詞であることから、ユビキタス社会（「偏在する社会」）という表現は明らかに誤用であるとの批判があるが、ここでは（この国だけらしい）慣用に倣い本文に記した意味で使用する。

（5）本節は、若林（二〇一〇）のとりわけ第五章、および、鈴木（二〇〇七）の同じく第一章に負う。

（6）鈴木（二〇〇五）参照。

（7）若林（二〇一〇、一九〇‐一九二頁）を参照。ただし若林は、本文後出の北川（二〇〇二）の例を参照している。

（8）「総記録社会」というコトバは、東（二〇一〇）から借用した。

（9）アーキテクチャを個人の自由という観点から問題化してゆけば、「そもそも自由とは何か」という原理的な地平にまで踏み込まざるをえなくなる。この点につき、仲正（二〇一〇）を参照のこと。

（10）立岩（二〇一〇）は、選択行為や選択肢の多寡の視点から自由を考えていく方法に疑問を呈している。

（11）アーキテクチャの問題系において、コミュニケーションとコストの関係が先鋭的な問題になってくるように思われる。コミュニケーションにアプリオリな価値を認めることなく、コミュニケーションをどう位置づけることができるか。この点については、今後の課題とせねばならない。

（12）ここで、若林の言うヴァーチャルと本章のアーキテクチャの混同には注意せねばならないが、アーキテクチャには、ネットワーク上の情報によって現実を意味づける側面があることを踏まえ、ここでは両者に互換性があるとしておく。

■参考文献

東浩紀（二〇一〇）「一般意思2.0総記録社会」『本』二〇一〇年六月。

安藤馨（二〇一〇）「功利主義と自由――統治と監視の幸福な関係」北田暁大編『コミュニケーション』〈自由への問い4〉岩波書店。

大屋雄裕（二〇〇四）「情報化社会における自由の命運」『思想』九六五号。

加藤秀一・岡野八代（二〇一〇）「対論　生存・生き方・生命」加藤秀一編『生』〈自由への問い8〉岩波書店。

北川高嗣（二〇〇二）「新世代情報都市のビジョン」西垣通・NTTデータシステム科学研究所編『情報都市論』NTT。

坂村健（二〇〇七）『ユビキタスとは何か――情報・技術・人間』岩波新書。

鈴木謙介（二〇〇五）『カーニヴァル化する社会』講談社現代新書。

――――（二〇〇七）『ウェブ社会の思想――〈偏在する私〉をどう生きるか』NHKブックス。

立岩真也（二〇一〇）「どのようにでもあることについて」加藤秀一編『生』〈自由への問い8〉岩波書店。

仲正昌樹（二〇一〇）「「アーキテクチャ」と「法」と「私の自由」」仲正昌樹編『近代法とその限界』御茶の水書房。

服部高宏（一九九三）「現代法をどうとらえるか」田中成明編『現代理論法学入門』法律文化社。

松尾陽（二〇〇八）「アーキテクチャによる規制作用の性質と意義」『法哲学年報　2007』。

安田拓人（二〇〇八）「刑法における人間」『法律時報〈特集　法は人間をどう捉えているか〉』vol. 80、No. 1.

ライアン、デイヴィッド（二〇〇二）『監視社会』河村一郎訳、青土社。

レッシグ、ローレンス（二〇〇七）『CODE VERSION 2.0』山形浩生訳、翔泳社。

若林幹夫（二〇一〇）『〈時と場〉の変容――「サイバー都市」は存在するか？』ＮＴＴ出版。

――（二〇〇七）「テーマ別研究動向（インターネット）」『社会学評論』57（4）。

■「身の丈ジャーナリズム」のススメ

突然ですが、キョウチクトウを知っていますか？

変な質問から入ってしまいましたね。キョウチクトウは夏に可憐な花を咲かせ、平和教育の教材や街路樹として親しまれているおなじみの低木です。コラムでは、どこにでもある樹木六百本が直面した、何とも不可思議な「事件」について考えたいと思います。

「福岡市教委が、市内の学校にあるキョウチクトウを根こそぎ刈ってしまうらしい」。そんな情報が飛び込んできたのは二〇〇九年十二月のこと。しかも、市教委が伐採の根拠としたのは「キョウチクトウは毒性があるので撤去して」と訴える匿名の投書一通のみでした。過剰反応と感じ、早速取材にかかりました。

まずは方針を決めた市教委を直撃しましたが、担当課長は「キョウチクトウには（強毒性で知られる）トリカブト以上の毒性がある。子どもに何かあってからでは遅い」の一点張り。しかし、取材を重ねるうち、①毒性の根拠はネット事典・ウィキペディアの記載のみ②決定までの議論も乏しく、専門家の意見も聞いていない——などの問題点が次々と浮かんできました。

翌日の社会面で「投書1通で「全部伐採」90校に計600本　福岡市教委が方針」（二〇〇九年十二月十一日付、西部本社朝刊）と報じると、ネットニュースを通じて情報は全国へと伝わりました。直後から福岡市に抗議メールが相次ぐなど反響は大きく、市教委は報道からわずか四日後、伐採方針の撤回を決めたのです。

切られる心配がなくなったとはいえ、本来なら命の尊さ、自ら考え、決断することの大切さを教えるべき教育現場がなぜ安易な決定と撤回を下したのかは謎のままでした。さらに検証取材を続けると、行政、教育現場が抱える深刻な問題が見えてきました。

匿名の投書が市に届いたのは十月。内容はすぐに学校の木を管理する市教委と、公園や街路樹を管理する公園管理課に知らされました。しかし、両課が出した結論は真逆だったのです。

専門家に照会せず「何かあっては遅い」と安易に伐採を決めた市教委に対し、公園管理課は樹木の専門家である造園職と事務方が一緒に協議をしていました。「毒性があるなら撤去すべき」と言う事務方を、造園職が「毒性があるアジサイやスイセンも全部引っこ抜くのか」と説得。結局、公園管理課では「見通しが悪いなど防犯上問題がある場合のみ伐採する」との結論に落ち着きました。

その結果、学校のキョウチクトウは伐採され、公園では切られないという、ちぐはぐな結果が生まれてしまいました。二つの結論を共有できなかった「縦割り行政」の問題が潜んでいました。

その後、現役教諭からも「教育現場には教師がおかしいと言えない空気がある」との証言が出て、市教委と学校の力関係、モンスターペアレントにおびえる教育現場の姿まで浮かんできました。伐採問題は単なる現象ではなく、教育の根幹にかかわる問題をはらんでいたのです。取材当初、「何だか変」程度の感覚でも、掘り下げてみたら根源的な問題に行き着くということは意外にあるものです。記者の仕事はだからこそ気を抜けないし、面白いのだと思います。

こうした経緯を記者志望の大学生に話したところ、「『身の丈のジャーナリズム』ですね。大事件ならどの記者も飛びつくけれど、日常の仕事こそ大切なのかもしれないですね」と感想を話してくれました。なるほど。身の丈のジャーナリズムですか。言い得て妙ですね。コラムのタイトルもこれに決めました。

さて、物言えない空気というのは教育現場に限ったものなのでしょうか。最近、社会に少しずつ、こうした空気が広がってきているように思えてなりません。たとえば職場や普段の人間関係で「決まったことだから」と安易に受け入れていませんか。首をかしげながらも「上司の命令だから」と従ってはいませんか。

自戒の意味も込めて、胸に刻んでいることがあります。新聞は、先の第二次世界大戦で戦争をあおる記事を書きました。物言えぬ空気に飲み込まれて、です。批判的精神を失い（失わせられ）、誤りを誤りと言えないことが世の中を間違った方向に導くことだってあるのです。何を大げさな、と思うかもしれません。でも、これを機に職場や普段の人間関係の中でやり過ごしていることを今一度、見つめ直してみませんか。

身の丈のジャーナリズムは何も記者だけのものではありません。一人一人が今日から実践できるジャーナリズムの手法だと考えますが、あなたはどう思われますか。


（毎日新聞西部本社報道部記者　鈴木美穂）

第8章　教育コミュニティと法

——われわれが学校に参加する条件とは何か——

土屋明広

❖提　題

明るい教室内で厳しくも優しい先生が、あるときは真面目に、またあるときはユーモアを交えて授業を展開し、子どもたちは笑顔と真剣さをもって応えていく。休み時間ともなれば、教師と子どもたちが校庭で一緒になってスポーツに興じている。このような学校の「原風景」は、あまたの学校批判が繰り広げられる今日でさえ、多くの人びとに理想として共有されており、また、教育現場において、現実に観察可能な光景——「現風景」——である。それに対して、学校の教育活動に直接間接に関わる保護者と地域住民、すなわち、われわれは、「原風景」の中でいかなる役回りを果たすことになるのだろうか。おそらくそれは、戯画化された「モンスター・ペアレンツ」を反転させたものと考えられる。すなわち、学校に対して「理不尽な要求」をすることはもちろんなく、子どもの教育に無関心で、すべてを学校に押し付けるということもない。むしろ、「原風景」の中の保護者・地域住民とは、学校の教育活動に理解を示すと同時に、積極的に協力していく、そういった存在として描かれるのであろう。そして、現実に目を向ければ、ボランティアなどで学校の教育活動に参加する人たちの姿を数多く見出すことができるように、保護者・地域住民をめぐる「原風景」もまた、「現風景」として存在するのである。それだけではない。現在、法制度によって保護者・地域住民の学校運営への参加が整備されているように、学校はさまざまな人びとが共同で、協働していく空間へと変貌を遂げようとしているのである。

しかし、ここであえて問うてみたい。そもそも、われわれは、学校の活動に参加したいのであろうか、また参加したいとしても、どのような役割と責任をもって参加したいのであろうか、と。この問いは、反射的に次の問いを喚起する。すなわち、現在、法政策を通して押し進められている保護者・地域住民の学校参加は、われわれにどのような役割と責任をもたらし、学校空間をどのように変容させるものであるのか、という問いである。

1　はじめに

二〇〇〇年以降の教育改革を経て、学校と保護者、地域住民の関係が大きく変わろうとしている。すなわち、保護者や地域住民も学校運営に参加し、地域全体で子どもの育ちをトータルに支援していく、さらには地域の活性化も図るという意味での「教育コミュニティ」の形成が、教育行政上の課題として急浮上してきているのである。

教育コミュニティ活動の一つである教育活動への保護者・地域住民の参加は、これまでも全国各地で行なわれており、多くの報告がなされてきた。その活動内容は、教室での学習支援（ゲスト・ティーチャーや授業補助）、校庭や図書館などの整備活動、体験学習（農作業など）におけるボランティア、サポーターというように多岐にわたる。そしてこれらの取組みについては、子どもたちの学習意欲の向上と保護者の子ども・学校理解の高まり、地域の活性化などに言及されるように、おおむね好意的に評価されている。現在、行政課題としての教育コミュニティ形成とは、こうした保護者・地域住民の学校参加の範囲を制度的に学校運営にまで拡張しようとするものなのである。

学校への保護者・地域住民参加を近代教育批判の観点から次のように評価することも可能である。すなわち、学校への親・地域住民の参加は、教育制度にとっての「他者」を学校に組み入れることであり、これまで学校によって独占的に序列化されてきた知識や価値を多元化させ、また、教師＝制度のまなざしの届かないアジール（隠れ家）を学校内部に作り出すことになる、と。簡略的に言えば、教育コミュニティに学校の規律訓練的性格をズラす可能性を見出すことができるのである。

上述のように教育コミュニティは、さまざまな可能性を合わせもつものである。しかし、教育コミュニティが近代教育制度のもとで展開される以上、そして、先に述べたように教育行政上の課題として位置づけられている以上、さまざまな「権力」――とくに国家権力――とつねに隣り合わせであることに変わりはない。それでは、国家制度のもとに形成される教育コミュニティとは一体、どのような内実をもつものなのであろうか。このようなやや古色蒼然《こしょくそうぜん》とした問いを発するのは、国家が教育コミュニティと参加する人びとの実践に関与し、その目的と姿を大きく規定する可能性があると考えるからにほかならない。教育コミュニティの形成が目指されるものであるとしても、権力にからめとられることなく、人びとの多様で多元的なコミュニケーションの場、協働・共同の場、換言すれば、「公共空間」として成立しうる条件は何か、そのために法に求められる役割とは何か、以上について考察することが本章の課題なのである。

本章の構成を以下に簡単に示す。はじめに、従来の教育コミュニティ論を検討することで、これまで理念として描かれていた教育コミュニティと、学校と保護者・地域住民との「協働」の姿を明らかにし、現行教育コミュニティ法制と対比する（2）。次に、学校参加を正当化する代表的な議論を経由して、教育コミュニティの法制化が意味するところを明らかにする（3）。さらに、学校参加が、学校評価制度とセットになることで、国家権力を貫徹させる触媒になると同時に、われわれを国家目標実現へと志向させるメカニズムについて明らかにし（4）、公共空間としての教育コミュニティ形成において法の果たす役割について試論的に提示していく（5）。なお、以下、「住民」とは保護者を含むものとして使用している。

2　現代版教育コミュニティ法制

† 理念としての教育コミュニティ

コミュニティとは広義に「ある特定の領域において継続的にいとなまれる社会関係」(長谷川 二〇〇三、一二五頁)と定義されるが、こうした「コミュニティ」の用語法には、「共同体」とは区別された理念的な意味が多分に込められている。名和田是彦は用語としての「コミュニティ」を、「地域の公共課題に自覚的に取り組む住民活動に着眼するとき」に使用するとしているが(名和田 一九九八、八頁註六)、「教育コミュニティ」の使用法も同様である。学校と地域との「協働」の探求・実現に実践活動も含めて取り組んだ池田寛の見解によれば、教育コミュニティとは、「学校と地域が協働して子どもの発達や教育のことを考え、具体的な活動を展開していく仕組みや運動」であり、その担い手である教師、地域住民、保護者、行政関係者、NPOなどが「新たな人びとのつながり」を作り出す場を意味する(池田 二〇〇五、一二頁以下)[1]。つまり、教育コミュニティとは、学校を中核に人びとが協働して教育を営むことに加えて、コミュニティそのものの(再)創造を包摂する理念として語られているのである。

さらに池田はグッドラッド(Goodlad, J. I.)やデューイ(Dewey, J.)らから、住民たちが学校とかかわることで、地域に横たわる差別や経済格差等の「社会的障壁」を認識し、それらの解消を志向すること、そうしたコミュニティがあってはじめて学校教育も「健全」なもの(個人的目的と社会的目的の統合）になり得るとする循環論的な「市民性教育」を構想する（同上、第三章）。この捉え方によれば、教育コミュニティは、市民社会論的な着想、すなわち、自律した「市民」によって構成され、教育活動だけではなくさまざまな社会問題に連帯して取り組むことで、各人の自己陶冶《じことうや》と学校を包摂するコミュニティ全体の改善を果たすものとして構想されているのである。[2]

それでは、既存の住民参加制度は、学校を中心に多様な人びとが協働・共同する場、市民性教育を行ないかつ受ける場としての教育コミュニティを創り出す条件を備えているのであろうか。次項では、現在の参加制度について、学校運営と教育活動の二つのフェイズに分けて紹介していこう。

† 学校運営に地域住民が参加する

学校運営に住民がかかわる制度として、学校評議員制度（学校教育法施行規則四十九条）と学校運営協議会制度（地方教育行政の組織及び運営に関する法律四十七条の五）を挙げることができる。学校評議員制度とは、校長の推薦を経て、教育委員会によって委嘱された評議員（自治会関係者、保護者、社会福祉施設関係者など）が、校長の求めに応じて種々の意見（地域との連携協力、学校評価、学校の危機管理体制など広範な内容におよぶ）を述べることを通じて学校内部に住民の意思を反映させる制度である。しかし、学校評議員の意見は校長を拘束することがないため、あくまでも校長の諮問機関的な役割を担うにとどまると批判されることになる（二〇〇六年八月一日現在で全国設置率約八割）。

上記の批判を受けて、創設されたのが学校運営協議会制度である。学校運営協議会は、教育委員会の「指定」によって設置され（二〇一〇年四月一日現在で、全国六二九校）、その委員には、「地域の住民」、「生徒、児童又は幼児の保護者」、「その他教育委員会が必要と認める者」（評議員で挙げたものに加えて、地元団体の理事や学校のPTA会長、校長や教師など）が教育委員会から任命される（一部を公募で募る協議会も存在する）。

学校運営協議会は、学校長による学校運営方針への承認権限や職員の任用に関する意見具申権（教育委員会は合理的な理由がない限りその内容を実現するように努める必要がある）をもつなど、評議員制度に比して、学校の意思決定の公的ルートに位置していると言える。ただし、委員の意見がどの程度、意思決定に反映されているのかは必ずしも明らかではない。

†教育活動に地域住民が参加する

ボランティア、サポーターとしての学校教育活動への住民参加は、本章冒頭に述べたように、これまでさまざまなかたちで行なわれてきた。参加する人びとの多くは、各自治体の教育委員会や学校によって独自にリクルートされてきていたが、近年では、文科省が参加の仕組みづくりに事業として取り組むようになっている。その事業の一つが、二〇〇八年度から開始されている「学校支援地域本部事業」であり、その趣旨は次のようなものである。現在、「都市化」や「個人主義の浸透」、「地域における地縁的なつながりの希薄化」によって、子どもたちが「社会性」や「信頼関係」を作り上げていくことが困難になっている。また、多忙化によって「教員が、子ども一人一人に対するきめ細やかな指導をする時間を確保する」ことも難しい現状にある。そのため「地域住民が積極的に学校支援活動（例えば、学習支援活動、部活動指導、環境整備、登下校安全確保、学校・地域との合同行事の開催等）に参加し、教員を支援する」ことが望ましい。住民による支援は、教師の負担軽減に加えて、「地域住民と児童生徒との異世代交流を通して、弱まった地域の絆を回復させ、地域の教育力を活性化させ」ることになるとされる（「学校支援地域本部事業について」）。

文科省が学校支援活動の中心に位置づけている学校支援地域本部とは、学校長、教職員、PTA関係者、公民館長、自治会長などで構成される「地域教育協議会」のもと、退職教職員やPTA経験者など学校と地域の現状を理解している「地域コーディネーター」が、学校支援ボランティア（無償）及び外部の専門人材（有償）を調整し、学校支援の円滑化を図る機関とされている（中学校区に一本部設置が目標とされている）。二〇〇九年度の文科省調査では、設置されたのは全国一〇〇四市町村、三法人を合わせて二四〇五本部であり、八〇一一の学校で活動が行なわれている。文科省委託調査「「学校支援地域本部事業」実態調査研究・報告書」（三菱総合研究所 二〇一〇）によれば、コーディネーターには約四万六千人、ボランティアには約四十八万人が登録している（二〇〇八年度）。

† 住民の権限と責任の増大

上述のように住民の学校参加は、学校運営と教育活動の二つのフェイズにおいて同時進行的に推進されてきた。しかし、後者に比して、前者はすでに制度として存在していることから、政策として重視されていると理解し得る。それでは、なぜ、学校運営への住民参加が政策の俎上に乗せられ、制度化されるに至っているのか。その経緯について、主立った政策文書から簡略的に振り返っておこう。

住民の学校参加は、政策的には臨時教育審議会第三次答申（一九八七）が端緒であると言われているが、現行制度への直接的な足がかりとなったのは、中央教育審議会（以下、中教審）答申「今後の地方教育行政の在り方について」（一九九八）である。本答申は「学校が地域住民の信頼にこたえ、家庭や地域が連携協力して教育活動を展開するため」には、「学校を開かれた」ものにし、かつ「学校の経営責任」を地域住民に明らかにする必要があるとの認識に立ち、「保護者や地域住民の意向を把握し、反映」させつつ、「その協力を得て学校運営が行われるような仕組み」として、学校評議員制度の必要性を説いた。

その後、教育改革国民会議報告「教育を変える一七の提案」（二〇〇〇）においては、「良い学校になるかどうかはコミュニティ次第」、「コミュニティが学校をつくり、学校がコミュニティをつくる」というように住民の学校参加・取組みと学校教育の「質」とが直結して論じられることになる。同様の傾向は、「コミュニティ・スクール」の名称が登場した総合規制改革会議「規制改革推進に関する第三次答申」（二〇〇三）、住民が「一定の権限と責任」をもつ「地域運営学校」並びにその運営機関としての「学校運営協議会」を提言した中教審答申「今後の学校の管理運営の在り方について」（二〇〇四）においていっそう強まる。さらに同年の閣議決定「規制改革・民間開放推進三か年計画」では、「社会や地域住民・需要者のニーズに応じた多様で機動的な学校経営」と「既存の公立学校システム全体の活性化」に資するため、教職員人事や予算使途、教育課程等の学校運営を学校、保護者、地域などに委ね、かつ地域に対して責任を負う「地域学校協議会」が設置されることが望ましいとされた。

以上の流れの中で住民の位置づけが学校運営に対する協力者・助力者から権限と責任をもつ運営者の一員へと変質したことをあらためて確認しておきたい。この傾向はその後も強まり続け、中教審答申「新しい時代の義務教育を想像する」(二〇〇五)においては、「教育を受ける側である保護者や子ども」の発想に立った教育を実現しなくてはならないとして、次のように述べられるに至る。「保護者や地域住民が、学校に要求するばかりでなく、学校とともに地域の教育に責任を負うとの認識のもと、学校運営に積極的に協力していくことも求められる。学校が責任を果たすことは当然であるが、これからの時代に求められる教育の実現のため、保護者や地域住民には、学校教育に積極的に参画することが重要であるという意識を持つことが期待される」と。[3]このように本答申は、住民に対して学校への積極的な参加と責任意識をもつように促しているのである。

†「新しい「公共」」としての学校

そして、現在「「新しい公共」型学校」として「地域コミュニティ学校」が提唱されるに至っている。「新しい公共」とは、「官だけでなく、市民、NPO、企業などが積極的に公共的な財・サービスの提供主体」となり、教育、福祉などのさまざまな分野で活躍できること(閣議決定「新成長戦略」(二〇〇九年十二月))、「人々の支え合いと活気のある社会。それをつくることに向けたさまざまな当事者の自発的な協働の場」を表わす価値概念とされる（「新しい公共」円卓会議「「新しい公共」宣言」〔二〇一〇年六月〕）。このような価値観を形成し、社会に流通させていく場として登場したのが、「地域コミュニティ学校」である。文科省によれば、「地域住民の学校運営への参画の促進」、「地域力を活かした学校支援」、「学校力を活かした地域づくり」を柱とした「学校と地域の共助体制によるコミュニティ・ソリューションの核」となる学校であるとされている（文科省「「新しい公共」に係る文部科学省の施策について——新しい公共に係る各府省の施策のヒアリング」〔二〇一〇年九月〕）。

ここで提唱されている「地域コミュニティ学校」は、前項までで確認した住民の学校運営への参加と教育活動への参加の二側面に、地域づくりの側面を統合したものとして理解することができるだろう。言い換えれば、住民が参加し、さまざまな活動を行なうことを通して、地域の改善に資するものとして「地域コミュニティ学校」は提唱されているのである。このように理解するのであれば、「地域コミュニティ学校」と、本節冒頭で確認した理念としての教育コミュニティとの異同は見出しがたいものとなる。どちらも「主体」的に学校に参加する住民によって、地域改善を念頭においた活動が展開されることになるからである。しかし、両者は、その目的や構成員が同じであるとしても、決定的な違いが存在する。それは、教育コミュニティ形成の推奨者（機関）が、一方は自発的な「市民」であり、他方は国家であるということだ。次節では、国家によって構想される教育コミュニティの内実を考察していくために、やや遠回りではあるが、学校への住民参加の意義や必要性を論じる教育権論、ガバナンス論、そして再帰的近代化論をとりあげ、検討することとする。

3　意義づけられる学校参加

† 権利としての住民参加

近代公教育は国家制度として整備され、その規制と監視のもと展開されてきた。戦後にわき起こった教育権論争は、法制度（国家）の役割を公教育の条件整備にとどめ、学校現場の自治を確保しようとする「国民の教育権」論と、議会制民主主義を根拠として国家に包括的な決定権を委ねるべきとする「国家教育権」論との間で展開された、教育課程編成権の主体をめぐる争いであった。が、見方を変えれば、この論争は、法が教育内容や指導内容を統制するのは妥当か否か、という教育法制の統制領域をめぐる争いであったと捉えることができる。国民の教育権論は、内心に関わる教育に法は踏み込むべきではなく、教育現場構成員、すなわち教育専門家たる教師に学校教育に関する広範な自治権を認めよという主張であり、国家教育権論は国家意思の現われである教育内容を民主的正統性が担保されない教師（教育現場）に一任することはできないとするものであった。しかし、こうした争いは、教育課程編成権の主体として登場するのが、教師や国家に留まる限りで、教育行政のウチに限定的なものであったと言ってよいだろう。なぜならば、学校現場が自治領域として保障されようとされまいと、住民は「蚊帳のソト」状態であることに変わりはなかったのだから。

そのため、保護者や住民の教育要求や学校参加を「親の教育権」や「住民の教育権」として理論化する作業が、おもに教育法学において試みられてきた。また、これらの権利を保障することは、ひいては子どもの学習権や基本的人権を保障することになると立論された（今橋 一九八三）。このような議論からすれば、現在進行中の法による住民の学校参加ルートの敷設は、その具体策の是非はともかくとして、教育行政・教師たちが寡占する学校教育をソトに向けて開放するものとして積極的に評価されることになると考えられる。

†ガバナンスとしての住民参加

ガバナンスとは、字義的には「統治の構造と過程ないし機能の実情」（新川 二〇〇三、一五〇頁）であり、ガバナンス論とは「国家が伝統的な権力基盤の多くを喪失する中での、集合的利益の接合や追求といった政治の根源的な機能を達成する新たな方法の探求」（近藤 二〇〇八、一〇三頁）を目的とする議論を意味する。現在、提唱されている新たなガバナンスの基本枠組みを一つ挙げれば、それは国家による一元的統治ではなく、国、地方自治体、コミュニティ、民間福祉団体、NPO・NGOなどの多様なアクターが相互に緊張関係をもちつつもネットワーク的に行なう統治形態である（山本 二〇〇八、二頁）。このような議論によれば、コミュニティは新たなガバナンスの一翼に位置づけられ、行政依存から脱し、みずからの課題に、みずから取り組む「主体」として設定されることになる。もちろん、地方公共団体やその他の団体は必要に応じて連携・協力することになるが、基本的にはコミュニティの自主的な活動こそが、効率的、かつ民主的で住民のニーズに適うものであると肯定的に論じられ、その帰結として、コミュニティ構成員、すなわち住民の積極的な参加が求められることになる。

以上のようなガバナンス論に即せば、学校参加制度は学校運営における新たなガバナンスを制度的に担保するものと理解することが可能である。つまり、新たなガバナンスとして学校教育を再編成する場合、その運営は、国家や地方自治体、コミュニティ、NPOなどの多様な機関・人びとによって担われることが望ましいとされるのである。たとえば、国家や地方自治体は学校教育制度の設計や条件整備を、コミュニティは住民ニーズと地域の教育資源（文化財やボランティアなど）に合わせた教育内容の立案・実施を、というように各々が異なる役割を担うことが想定される。このように考えれば、学校参加制度は、制度的に学校教育の担い手を多元化させ、担い手同士の協働を形成するものと肯定的に評価されるものと思われるのである[4]。

† 再帰的近代における学校教育

教育社会学者である苅谷剛彦（二〇〇四）は、ギデンズを参照しながら、既存の慣習や制度の自明性が失われ、その意味がつねに問われ続ける（社会的再帰性の増大）現代社会においては、われわれ自身が「理想的に語られる参加や共同や共生」を実現する責任と覚悟をもつ必要があると述べている（一九一–二〇頁）。すなわち、現代社会においては、われわれは好むと好まざるとにかかわらず、コミュニティの在り様について議論し、決定、実現していく責任を負っているとされるのである。

再帰的近代化論から言えば、自明性を喪失したのはコミュニティばかりではない。教育制度、そして教育を受けることの意義そのものが曖昧になり、「何を学ぶべきか」、「学ぶ目的は何か」といった諸事項について、われわれはみずからその意味を調達しなくてはならなくなったのである。そして意味を調達することではじめてわれわれは、自己の行為選択の準拠点を定めることが可能になるのである（ギデンズ 二〇〇五）。

しかし、コミュニティや学校教育の存在価値は、個々人の決定に委ねられるものでもないだろう。コミュニティや学校教育は、多くの人びとによって共有され、また、将来にわたって不特定多数の人びとに影響を与え続けると考えられるからである。以上を踏まえて、学校参加制度を捉え直せば、そこに二つの意義（二つの手続化）を見出すことができる。第一に、学校の存在価値を調達するプロセスを整備したことである。これまで学校が存在することの意味を問うてこなかった、より正確に言えば、問い得なかった住民たちが、その意味を考察し、決定していく手続きが制度化されたと理解できる。第二に見出せるのは、個人的意見・意思を「公共」化していく契機の手続化である。個人化が進む再帰的近代においては、各々の保護者や住民のもつ教育理念や要求は、そのままでは共有されえない。住民の集いを制度的に担保する参加制度の存在は、個人的な理念や要求の「公共」化をもたらすと考えられるのである。

† 国家制度に参集される保護者・地域住民

以上に検討してきた三論は、各々異なる視点からではあるが、住民の学校参加を理論的に正当化するものである。さらに、学校参加制度を積極的に意義づけるものでもあった。これらの議論を総じて言えば、学校参加制度は、存在意義が不確かになった学校教育制度を、権利としての住民参加による「協治」のシステムとして新たに再編しようとするものなのである。しかし、これらの議論には共通して暗黙の前提が想定されているように思われる。それは、住民の参加意思の存在である。

そもそも近代学校教育制度が、公定の教育目的をもち、効率的に「国民」形成を図る国家プロジェクトとして誕生した以上、その自明性は、再帰的近代への移行如何とかかわりなく、つねに問いうる対象であったはずである。が、学校教育は誰にも開かれた地位向上装置であるとの社会的に共有されてきた「夢」、家庭やギルド、私塾といったさまざまなかたちで存在した「教育」を選別、統合、独占することによって生じた、学校教育こそが唯一正当な教育システムであるとの「錯覚」の流通が、問いそのものを封殺させることに成功してきたのである。しかし、現在、学校教育にさまざまな疑問――階層再生産装置であるとの批判、教育の「質」への疑念など――が投げかけられることによって、われわれは、これまで抱かされていた夢と錯覚から醒めはじめている。その結果として、学校教育制度は、その自明性を喪失してきたのであり、だからこそ、われわれは学校教育に参加し、みずからその存在意義を「創造」「発見」していかなければならないとされるのである。

しかし、たとえ夢と錯覚から醒めたからといって、われわれが、学校教育の主体になることを選択する必然的理由はあるのであろうか。参加／不参加をも考察せざるをえないことこそが、再帰性の再帰性たるゆえんのはずである。さらには、考察自体を放棄して、教育コミュニティへの不参加を選択する住民も存在するはずである。(5) そのため、上述の三つの議論のように住民の参加意思を無根拠に想定することは、困難である。われわれがコミュニティ再生と自己陶冶をセットにした教育コミュニティの責任主体であることを引き受けるには、それなりの動機が必要なのである。

このように考えるとすれば、2で検討した教育コミュニティ法制と政策の意味が明らかになってくる。すなわち、国家による教育コミュニティ政策は、コミュニティと学校教育に新たな意味を、住民への役割も含めて備給し、学校の地位と機能をコミュニティの責任のもと、再活性化させようとするものであると考えられるのである。こうして、われわれは学校や教育コミュニティの意義についてみずから考察する前に、国家によって学校参加を動機づけられることになる。

次節においては住民が国家主導の学校参加制度に加わることの意味について、学校評価制度の分析を通してさらに検討しよう。なぜならば、学校評価制度は、国家機能の変容を表わすとともに、住民をして公定教育目的へと昂進せしめる新たな法の姿を示しうるものと考えられるからである。

4　統治対象としての教育コミュニティ

† 学校評価制度

学校は現在、自己の活動に対する評価を義務づけられている（学校教育法四十二条、同法施行規則六十六条など）。文科省「学校評価ガイドライン〔平成二十二年改訂〕」（二〇一〇）によれば、学校評価の目的は、自主性・自律性の高まった学校の教育活動水準の向上と保証を図るために、その活動の成果の検証ならびに支援・改善をみずから行なうこと、また、「学校運営の質」について保護者等に説明し、相互の連携協力を図ることだと説明されている。

学校評価は、教職員が行なう「自己評価」、保護者などの学校関係者によって「自己評価」の結果を検証する「学校関係者評価」、当該学校に直接のかかわりをもたない専門家などによる「第三者評価」の三つからなる。このうち、「自己評価」は学校評価の中心に位置づけられ、その実施・結果公表ならびに設置者（教育委員会）への報告が義務化されている。他方、「学校関係者評価」の実施と結果公表は努力義務とされており（実施した場合、設置者への報告義務が課せられる）、「第三者評価」は、「ガイドライン」にその必要性が述べられているが、現在のところ法定されてはいない。

最重要とされている自己評価は、「ガイドライン」によれば以下のように進められる。年度当初に前年度の評価結果、改善方策などを踏まえて重点目標が定められる。一年を通して、その目標達成のために、どのような取り組みがなされたか、どの程度達成されたか、などについて教師みずからが評価する。学校は、教師による評価結果に学校関係者評価の結果（実施した場合）などを加味して、改善方策を含む報告書を作成し、設置者への報告と外部への公表を行なう。そして、これら評価結果と改善方策は、翌年度の目標設定に際して参照される。以上のように学校評価制度は、いわゆるPDCAマネジメント・サイクルとして設計されており、学校（＝教師）が自己改善に向けた運動に取り組み続けるシステムになっている。

† 評価項目

前述の「ガイドライン」には評価項目・指標の例として、「教育課程・学習指導」「生徒指導」「安全管理」「教育目標・学校評価」「情報提供」「保護者、地域住民等との連携」などといった学校運営・生活の細部に至る点まで挙げられている。多くの自治体は、この「ガイドライン」を参考に独自の評価表を作成し、各学校がそれを活用、もしくは独自の評価シートを作成し、自己評価を実施している。たとえばある小学校では、「ガイドライン」の「教育課程・学習指導」に該当するものとして、学校経営方針の重点目標の一つに「新学習指導要領について研究し、その実践化を図る」を掲げ、「理解したことを説明したり自分の考えを表現したりするなどの活動を数多く取り入れ、各教科等における言語活動の充実を図る」や「新学習指導要領に関する研究を深めるとともに、移行措置を踏まえ、〇〇年度版の〇〇プランを作成する」などの具体的な取り組みを設定し、評価項目としている（千々布編 二〇〇九、三七－三八頁）。

また、ある中学校では、「学習習慣の確立（学習指導）」、「挨拶や服装等の基本的生活習慣の確立（生徒指導）」、「過程・地域と一体化した教育活動（保護者、地域住民との連携）」、「学校評価の実施と公表（教育目標・学校評価）」というように、「ガイドライン」に即した「評価項目（短期経営目標）」を設定している（同上、四八頁）。

†　品質保証国家への転換

上述の学校評価制度は、学校参加制度の目的の一つと同じく、「学校の経営責任」の明確化を目指して導入されたものである（中教審答申「今後の地方教育行政の在り方」）。学校が保護者や地域住民に教育の成果を説明するためには、学校の教育目標、計画とともにその実施状況について自己評価する必要があるとのロジックである。この基本的な発想は、教育改革国民会議報告や総合規制改革会議第三次答申などにおいても、そのウェイトの置き方が、学校の自己改善を目的とするか、学習者（＝消費者）ニーズの反映を目的とするか、という小さくない違いはあるものの、変わりはない。

こうした自己評価と結果報告を基軸とする学校評価の徹底について、大田直子（二〇〇二）は、教育における国家の役割転換を示すものと指摘している。大田はイギリスでの教育改革（とくに、一九八〇年代以降）において、教育サービス供給を市場に委ねながらも、国家が教育内容・水準の決定と評価に関する権限を掌握したことを捉えて、「福祉国家」から「品質保証国家」への転換と論じた。この国家像の転換は、同時期のアングロサクソン諸国における公共部門への成果主義、市場主義、顧客主義等を特徴とするＮＰＭ（New Public Management 新公共政策）手法の導入、すなわち国家が公共サービスの実施部門を市場に開放し、みずからの役割を目標設定と結果検証に定置する目標管理型行政への移行を意味する。日本においても、中教審答申「新しい時代の義務教育を創造する」に、教育における国家役割の転換を示す象徴的な文言を見出すことができる。同答申では、「国の責任によるインプット（目標設定とその実現のための基盤整備）を土台にして、プロセス（実施過程）は市区町村や学校が担い、アウトカム（教育の結果）を国の責任で検証し、質を保証する教育システムへの転換」が図られるべきだと提言されている。つまり、国は、戦略に基づく目標設定と基盤整備を担い、市区町村と学校に実施面での権限と責任を委譲しながらも、最終的に実施結果の検証を行なうものとされたのである。

二〇〇六年に改定された教育基本法でも、教育目標（二条）と義務教育の目的（五条二項）が新設され、それを受けた学校教育法に義務教育の目標が詳細に規定された。そして、同法に基づいて学習指導要領が作成されていくことになる。つまり、教育改革は、学校裁量を拡大しつつも、「公教育管理の根幹部分」である目標設定と結果検証を国が掌握している点で、国家戦略としての学校教育という色彩を強めたと考えられる（中嶋 二〇〇八、一八〇頁）。これら国家による教育目標は、学習指導要領や研修などを通して学校現場に「降りて」くることになるが、PDCAマネジメント・サイクルを中心に据えて設計されている学校評価制度によって、個々の教師をその目標の実現に向けた自己昂進へと駆動させていくことになるのである(6)。このように、品質保証国家と歩調を合わせて登場した、われわれの行為を一定の目標に誘引し、かつ目標達成に向けてみずからの行為を検証し、改善策を講じるように方向づける法を、本章では「自己昂進プログラムとしての法」と呼ぶことにしよう。

† コミュニティと統治

学校評価制度によって駆動されるのは教師だけではない。制度がすべての学校を対象にしている以上、前節までで検討してきた住民参加型学校、そして学校を中心に形成される教育コミュニティも学校評価制度の射程に収まることになる。

文化人類学者の田辺繁治（二〇〇八）は、ブルデューやフーコーを参照しながら、コミュニティと統治、そして住民の関係について次のように述べている。二十世紀末以降、国家や国際機構、官僚制などの権力は、コミュニティを「社会的マネージメントを推進するための枠組み」として捉える傾向が強まった。そして、個人やコミュニティのハビトゥスと実践は、「統治」によって一定の「範囲のなかに構造化」され、「権力の一部あるいは権力そのもの」になる、と（二九九―三〇一頁）。フーコーやブルデュー、そして田辺も権力＝国家というように限定しているわけではないが、彼らの議論から、コミュニティとその構成員が、国家権力によって主体として馴致される、換言すれば、主体化／従属化されていく可能性につねにさらされていることを理解できるのである。

翻ってみれば、構成員の権限が強い学校運営協議会制度においても、たとえ校長の教育方針に対する承認権限があったとしても、委員みずからの教育方針を現場に貫徹させるまでの権限は付与されていない。また、教育基本法や学習指導要領に相反するような教育目標をアジェンダとして掲げることまでは想定されていないと考えられる。つまり、学校、そして教育コミュニティに参加する住民たちの活動は、国家によって設定された教育目的・目標に即したものへと構造化されることになる。しかも、教育コミュニティは自己昂進プログラムを法によって組み込まれることで、積極的に参加する住民や熱心に取り組む教師たちを原動力に国家が定める教育目標を円滑かつ低コストで実現していくりソースとなるのである。こうして、学校に参加した住民は、意識的か無意識的かを問わず国家による教育管理の一端を担うことになり、その達成に寄与するようになる。(7)

それでは、住民の活動を枠づけない自由な「公共空間」として教育コミュニティを構制するために法が果たす役割＝法の範域はどのようなものか。次節では、この課題に取り組んでいこう。

5　教育コミュニティを公共空間として構築する条件

†法の範域

法に求められる役割を考察する上で、参考となるのが法化論である。学校参加制度を教育コミュニティ自治の手続整備と捉えれば、法化論で言うところの「自省的法」モデルの具体化として捉えられなくもない。自省的法とは、自治構成者の権利保障・救済を可能にしつつも、法による直接的介入が自治領域を「植民地化」することを避けるためにみずからの役割を自治の促進にとどめようとする法モデルである。教育コミュニティ法制は、自治を促進するために、多元的な構成員の参加ルート、意思決定ルートを整備していることから、自省的法の性質を帯びているようにも思われる。そして、このような自省的法モデルによる学校の「法化」は、学校教育の他領域からの自律性・独立性を担保し、なおかつその内部構成員を多様化させ、さまざまな意見を自由な討議を経て学校運営に採り入れるということで、学校空間の「公共」化を可能にするものであると言うことができるだろう。

しかし、すでに検討してきたように現代版教育コミュニティ法制は、学校運営や教育実践レベルの決定における関与者の多様化を図るという面においては「公共」的であるが、教育コミュニティの目的や意義は、前もって国家によって決定されていた。また、学校評価制度によって、その活動の範囲は画定されることになっていた。つまり、教育コミュニティ法制は、自省的法の外観をまといながら、その実は特定の政策目標実現を目的とした法の増殖、すなわち「政策化された法」と捉えることが可能であろう。さらに言えば、「自己昂進プログラムとしての法」の出現によって、われわれは、みずから政策にからめとられ、別様の意思決定と行為選択の機会を見失うのである。

それでは、自省的法モデルを基盤とした場合、考えられうる法の範域とはいかなるものか。まずは、**2**で紹介した池田の議論を再検討することから始めることとする。

† 意思決定プロセスと制度への反映

池田の論じた教育コミュニティは、「市民性教育」を含んでいたことから、社会や国家の在り方をも批判的に捉え、抵抗していく「市民」を育て、かつ、そうした「市民」によって構成されると考えられた。このような池田の構想からくみ取れるのは、教育コミュニティ内部の活動には、既存の教育政策に留まらず、社会や国家の在り方についても批判的に捉えた上で、教育について語り合い、合意を形成し、実施していく営みも含まれるということである。

しかし、池田の主張する教育コミュニティが成立するためには、名和田の言う「社会的決定の主体」としての条件を満たす必要があると考えられる。その条件とは、第一に、住民が「自らの総意を形成できるくらいの力能をもち、かつそのような組織的場を獲得していること」、第二に、「国家権力の側が、その公的意思の形成にあたって、当該住民の総意を自らの意思とするのが適当であるとの判断を持ち、これを何らかの形で制度化」していることである（名和田 一九九八、一一一―一一四頁）。これら二つの条件は、教育コミュニティ内部で形成される合意の正当性・正統性とその合意の実現可能性を高めるために必要だと考えられる。とくに、第二の条件は、コミュニティの意思がたとえ既存の国家目的に反するもの、対抗するものであっても、圧殺されないばかりか、場合によっては国家目的を変更させうるために必要不可欠な条件である。以上のことから、教育コミュニティにかかわる法は、内部の合意調達手続と合意を公的意思へと反映させる手続きとしての役割を担う必要があると考えられる。

† 教育コミュニティの陥穽

しかし、教育コミュニティを設計する上で広田照幸（二〇〇四）による二つの指摘を見落としてはならない。一つは、教育コミュニティが参加しやすく、行政に親和的な多数者によって専制され、少数者を排除してしまう危険性であり、二つは、教育コミュニティ内で形成される合意が、つねに「公共的」であり、「正しい」とは限らないというものである。

広田の指摘は、バウマンの議論を踏まえて、さらに敷衍《ふえん》することができる。バウマンによれば、すべてのものの流動性が高まり、あらゆることが不確かになったリキッド・モダニティにおいて、人びとは自身のアイデンティティの拠り所をコミュニティに求めるようになった。そして、人びとは、アイデンティティを侵害する可能性をもつ異質な他者を排除するために、閉鎖的な空間としてコミュニティを構築するようになってきたと論じられる（二〇〇七、二〇〇八）。

バウマンの指摘を、コミュニティが新たに構築されることの社会学的な意味（背景とその危険性）について述べたものと理解すれば、教育コミュニティは、あらかじめ設定された目標を共有する人びとによって構成される空間だからこそ、同質なアイデンティティが構築されやすく、既存の目標に抗う参加者を排除してしまう可能性を否定できないことになる。さらには、**3**で言及したような、そもそも参加意思を表明しない、表明しえない住民の意思を存在しないものとして捨象する可能性もある。つまり、閉鎖的な教育コミュニティでは、意思決定のプロセスがその時々の参加者以外に開かれず、また決定内容に対する不参加者からの批判も聞き届けられないことになることも予想されるのである。このような教育コミュニティはもはや公共空間とは言えないだろう。

† 他者をいかに係留させるか

それでは、少数派と不参加者の排除の可能性がある場合、公共空間としての教育コミュニティを構想する立場からは、何を議論しうるのだろうか。それは、さしあたり参加する人びとによって構成、運営される教育コミュニティ内部を公共空間とするための条件とは何か、であると考える。そして、その条件とは、コミュニティ内部における多様な生き方・考え方——混生性——の確保と「不在の他者」の想起可能性の担保であると考える。

前者は多数派の専制を回避するために、教育コミュニティ内部にさまざまな意見をもつ他者を係留させ続けることを意味する。たとえば、コミュニティ内部をフォーマルな場とインフォーマルな場の多元的・多層的で、討議・決定の輻輳的進行と相互調整からなる空間（勝野 二〇〇九、一六六－一六七頁）として整備するための具体的な制度設計が課題になるだろう。

後者については再び広田の議論（二〇〇九）を参照しよう。広田によれば、教育コミュニティ内部の討議が公共的と言いうるためには、その射程が単なる「親のニーズ」を超えたもの、すなわち「その場に居合わせた諸個人の集合によってではなく、地理的・時間的要因で「討議の場」に参加しえない者も含めた世界に向けて開かれたものであるべき」であり、「想像力を欠如させていたら見えない「異質な他者」まで含めた「これからの世界」を思い描いて、あるべき教育を構想する」（二二二頁）ものであることが求められるとされる。広田は、現在の市場原理ベースの教育改革を批判する文脈で引用の様に述べているのであるが、「親のニーズ」を「住民のニーズ」や「参加者のニーズ」などさまざまに置換することが可能である。教育が、個人的側面と社会的側面をもつと考えるのであれば、教育コミュニティ内での合意は、その場に集まった人びとの利害関心を超えたもの、また、その場に同席していない人びと、言い換えれば、不在の他者をも想起しながら形成される必要がある。このような不在の他者の想起を可能にするためには、いかなる制度がありうるのか、慎重な考察が必要である。

† 教育コミュニティの豊饒化と法の役割

本章では学校参加制度を検討しながら、国家目的の達成に適う教育コミュニティが構築されつつあることを指摘し、法に求められる役割について論じてきた。しかし、残された課題は多い。法制度の具体的な内容については未検討であり、また、教育コミュニティに委ねられる討議・決定の範囲についても未着手である。とくに、教育目的や教育内容の決定主体については、慎重に検討されなくてはならない。

そして、これらの課題に答えていくことは、大きく変容した現代国家と、それに呼応して出現した新たな法に直面した今日において、われわれの自発的な協働・共同の持続・発展に向けて、法の範域を画定し直すことと同義なのである。

（1） たとえば、秋津小学校や辰野高等学校といった、保護者や地域住民が学校に参加し、教師とともに学校環境整備を行なったり、地域に根差した活動について協議、実施したりといったものがある。

（2） 加えて言えば、教育コミュニティは、これまでの伝統的な共同体としてではなく、山口（二〇〇四）の言うところの「人々の選択によって生まれた組織・集団でありながら、そこに生まれる関係の長期にわたる持続や、共通の苦難と幸せの体験を拠点として連帯感が生じた結果誕生する「選択的（連帯）共同体」」（二三八頁）として構想されていると考えられる。

（3）　教育再生会議最終答申「社会総がかりで教育再生を」（二〇〇八）ならびに中教審答申「教育振興基本計画について」（二〇〇八）にも同様の文言を見出すことができる。

（4）　この議論が校区の範囲を前提としていると捉えれば、近年の近隣自治組織（政府）論と親和的である。近隣自治組織論とは、地域住民が自発的に地域に根差した政治を執り行なうことを目指すものである。実際に近隣自治政府論における自治範囲は校区が望ましいとも論じられている。なお、自治の十全化には財源調達権限が不可欠であり、現在の校区は自治の主役になりえないとの指摘につき、以下を参照。辻（二〇〇三）六八頁。

（5）　尾﨑（二〇〇二）が、「現代社会において、あえてコミュニティを取り上げ論じる理由と意義は何なのか、そこには不可視化された前提はないのか、「コミュニティ」の「外」にいようとする（あるいは排除される、ないし敷居の高さを感じている）人たちにとってそれは何を意味しているのか、不断に問い続ける必要があるだろう」（八八頁）と述べるように、積極的にせよ消極的にせよ参加しない住民に対して行なわれる、参加している住民と行政からの参加要請（圧力）とラベリングについて検討する必要がある。

（6）　勝野（二〇〇七）は、個々の教師がかつてないほど、みずから「主体的」に学校の成功＝国家の成功に向けて学級経営、そして自分自身を編成していくようになったと批判的に述べている（一三頁）。

（7）　これまでの行論に対して、あまりに住民を受動的な存在として捉えすぎているとの批判もありえる。法社会学の観点から言えば、法がいかにコミュニティに貫徹していくか、コミュニティに住まう人びとの生にどのように干渉していくか、あるいはコミュニティは法をいかに受容もしくは拒絶、または変容させていくか、双方の相互作用はいかなるものとして展開していくか、といった経験的な議論が求められるところである。これらの課題については他日に期したい。

参考文献

池田寛（二〇〇五）『人権教育の未来』解放出版社。

今橋盛勝（一九八三）『教育法と法社会学』三省堂。

大田直子（二〇〇二）「イギリスの教育改革」『現代思想』三〇巻五号。

尾﨑一郎（二〇〇二）「現代の社会変動とコミュニティ論」『都市問題研究』五四巻七号。

勝野正章（二〇〇七）「教師の主体化／客体化」『人間と教育』五五号。

――（二〇〇九）「学校選択と参加」平原春好編『概説　教育行政学』東京大学出版会。

苅谷剛彦（二〇〇四）「創造的コミュニティと責任主体」苅谷剛彦他編『創造的コミュニティのデザイン』〈講座　新しい自治体の設計〉有斐閣。

ギデンズ、アンソニー（二〇〇五）『モダニティと自己アイデンティティ』秋吉美都他訳、ハーベスト社。

近藤康史（二〇〇八）『個人の連帯』勁草書房。

田辺繁治（二〇〇八）「コミュニティを想像する」『文化人類学』七三巻三号。

千々布敏弥編集（二〇〇九）『「学校評価」実践レポート』教育開発研究所。

辻琢也（二〇〇三）「新しい自治の枠組み」森田朗他編『分権と自治のデザイン』〈講座　新しい自治体の設計〉有斐閣。

中嶋哲彦（二〇〇八）「教育行政における国－地方関係の変化とその要因」佐貫浩・世取山洋介編『新自由主義教育改革』大月書店。

名和田是彦（一九九八）『コミュニティの法理論』創文社。

新川達郎（二〇〇三）「日本における分権改革の成果と限界」山口二郎他編『グローバル化時代の地方ガバナンス』岩波書店。

バウマン、ジグムント（二〇〇七）『アイデンティティ』伊藤茂訳、日本経済評論社。

――（二〇〇八）『コミュニティ』奥井智之訳、筑摩書房。

長谷川貴陽史（二〇〇三）「都市コミュニティにおける法使用」『法社会学』第五九号。

広田照幸（二〇〇四）『教育』〈思考のフロンティア〉岩波書店。

――（二〇〇九）「社会変動と「教育における自由」」広田照幸責任編集『教育』〈自由への問い〉岩波書店。

山口定（二〇〇四）『市民社会論』有斐閣。

山本隆（二〇〇八）「ガバナンスの理論と実際」山本隆他編『ローカルガバナンスと現代行財政』ミネルヴァ書房。

＊本研究は、科研費（22730003）の助成を受けたものである。

■「武器」として、時に「自由」を狭めるものとして

二〇〇九年末、私も組合員であるフリーター全般労働組合で、分会「キャバクラユニオン」が結成された。キャバ嬢の、キャバ嬢による、キャバ嬢のための労働組合である。

このことはメディアでも大きく報じられ、時に面白可笑しく取り上げられた。

当のキャバ嬢の反応はというと、意外にも好意的なものが多かった。キャバクラでは意味不明な天引きや給料の未払いが横行していることも少なくなく、しかし、多くのキャバ嬢たちは「夜のルール」という言葉の前に黙らされてきたからだ。私自身もフリーター時代キャバクラで働いていたが、遅刻は一時間五千円の罰金、風邪をひいて休む場合も一万円の罰金、無断欠勤に至っては一万五千円の罰金などの規則があり、「給料がマイナスになる」などという転倒が起きている同僚もいた。

しかし、キャバクラユニオンへの反応は、好意的なものばかりではなかった。「競争の世界のキャバクラで労組なんてお門違い」「遅刻が多い子には罰金も仕方ない」「そもそも高い給料貰ってるんだから文句を言う筋合いはない」。そんな声があちこちで聞かれた。一見、「正論」にも見えるこの手の発言に一番有効だったのは、「違法か合法か」という線引きだ。

たとえば罰金。私がキャバ嬢だった十年以上前と比べ、その罰金額は現在、五倍程度にまで跳ね上がっている。しかし、多くの人は罰金に「上限」があることを知らない。労働基準法では、罰金は日給の五〇％、一賃金支払期における総額の一〇％を超えてはいけないことになっている。たとえば月収制なら、月収の一割を超えてはいけないということだ。また、このような罰則をもうけるのであれば、就業規則による定めが必要となる。しかし、私は「就業規則の存在するキャバクラ」など見たことも聞いたこともない。

このようなことから総合すると、「給料がマイナスになる」ほどの罰金をキャストに負わせている現在のキャバクラの多くはアウトだ。

そんなふうな話をすると、多くの人は納得してくれる。そして自らが違法にさらされていたと知ったキャバ嬢の中には、怒りをもち、キャバクラユニオンの門を叩く者もいる。これはキャバ嬢に限った話ではない。ここ数年、フリーターや派遣社員などが続々と個人加盟できる労組＝インディーズ系労組に加入し、団体交渉や争議、果て

はストライキや裁判まで起こすという動きが続いていたが、その背景にあったのは紛れもなく、「フリーターだろうが非正社員だろうが労働基準法に守られている」という事実の「発見」だ。

こうした「労働基準法」発見の一方で、プレカリアート運動の活動家の間で少しやっかいな問題となっているのは「道路交通法56条」だ。

プレカリアート運動には、デモがつきものだ。それもDJを乗せたサウンドトラックが爆音で音楽を流すサウンドデモ。イラク反戦の運動で日本に登場したこのサウンドデモだが、二〇〇六年のメーデーである事件が起きる。それはトラックの荷台でプレイしていたDJの逮捕だ。容疑は道路交通法55条違反。荷台でプレイしていたことが罪にあたるという言い分である。しかし、それまではDJが荷台でプレイすることは認められ、事前に警察も合意していたことだった。それが突然、「だまし討ち」のように逮捕されてしまったのだ。

以来、現場ではサウンドデモの際には、道路交通法56条の「目的外乗車」のための「荷台乗車申請」をしている。それまではそんなことをしなくても当たり前に許されていたことが、「申請」が必要となったのだ。

このことは、「自由」が狭められた出来事として私の中に残っている。それまで必要のなかったことさえもが「許可制」になっていくこと。「許可制」ということで言えば、二〇〇八年十月、当時の麻生首相にフリーター労組が団体交渉を申し入れ、返事がなかったので貧乏人で麻生の豪邸を見学に行くという「麻生邸ツアー」を開催した時にもその恐ろしさを肌で感じた。渋谷駅で待ち合わせし、五十人程度でだらだら喋りながら麻生の家に向かって歩いていただけで、三人が逮捕されたのだ。一人は東京都公安条例違反。二人は公務執行妨害。公安条例違反の方は、ただ歩いていただけのことが「集団示威運動」にあたるのだという。格差社会に疑問をもち、麻生の家を見に行きたい、という意志をもった貧乏人が歩くことさえ許されない国。

法について、私は専門的なことは何も分からない。その上、基本的に漢字ばかりの本なども読めないし読む気も最初からほぼない。しかし、プレカリアート運動にかかわるようになって、法が大分身近になったことだけは確かだ。

麻生邸ツアーについては、現在、逮捕された三人が原告となり、国賠訴訟を起こしている。

（作家・活動家　雨宮処凛）

■読書案内

■序章

ニクラス・ルーマン『社会の法（1・2）』馬場靖雄・上村隆広・江口厚仁訳（法政大学出版会、二〇〇三年）

現代法システムのはたらきを、システム／環境の区別に準拠した法システム自身による境界画定のプロセスとして徹底的に再記述していく。法の新たな機能／活動領域を構想するドイツ法化論にも重大な影響を与えた。

ユルゲン・ハーバーマス『事実性と妥当性――法と民主的法治国家の討議理論にかんする研究（上・下）』河上倫逸・耳野健二訳（未來社、二〇〇二・二〇〇三年）

生活世界のコミュニケーション的合理性とシステム合理性の接続を担う法の規範的潜勢力を高める方向で、公共的討議の活性化を梃子《てこ》に法の活動領域を再設定していく。ドイツ法化論のもう一つの系譜として重要な意義をもつ。

リチャード・ローティ『偶然性・アイロニー・連帯――リベラル・ユートピアの可能性』齋藤純一・山岡龍一・大川正彦訳（岩波書店、二〇〇〇年）

リベラルな信念を守りつつアイロニカルに生きる可能性について、一つの明快な解答を与えようとする思索の軌跡。リベラルの要諦である公／私峻別論に帰着する結論には賛否両論あるが、思考のプロセス自体は示唆に富む。

■第1章

二木雄策『交通死――命はあがなえるか』（岩波新書、一九九七年）

「くるま社会」の下での交通事故処理の現状と人間の命の扱われ方について、根源的な問い直しを迫る告発の書。本書と真剣に向き合うことで、法や裁判、紛争解決のあるべき姿を見出す手がかりが得られることだろう。

常松淳『責任と社会――不法行為責任の意味をめぐる争い』（勁草書房、二〇〇九年）

本書は、不法行為責任の制度や理念をめぐるこれまでの日本の法的議論を対象に社会学的なテキスト分析を試みる。法的な不法行為責任制度の意義や理念を法内在的ではなく、相対的に理解する上で貴重な書と言える。

野田正彰『喪の途上にて――大事故遺族の悲哀の研究』（岩波書店、一九九二年）

精神科医の立場から大事故遺族の悲哀の問題を論じた本書は、法と悲哀（死別の悲しみ）の問題を考える上で必読の良書である。東日本大震災の発生を受けて、社会的な広がりの中で悲哀の問題を考える上でも意義深い。

■第2章

入不二基義『時間は実在するか』（講談社新書、二〇〇二年）

時間哲学（特に、マクタガート理論）の入門書。思考枠組みが明快で、時間論にまま見られる神秘的な記述がないので、哲学における時間論を社会科学でどう応用するかを考えるにあたっての良書。

野矢茂樹『同一性・変化・時間』（哲学書房、二〇〇二年）

時間について、あれこれと悩み抜く哲学書。誰も時間の外に出ることはできないのに、どうやって時間の本質について考えればいいのか（本章がこの問いに対して、一度も応えていないことにも留意）。

グレゴリー・ベイトソン『精神の生態学〔改訂2版〕』佐藤良明訳（新思索社、二〇〇〇年）

本文にも引用したが、具体的な観察結果と抽象的な思考原理とをつなぐ思弁とはどういうものかが学べる、ベイトソンの論文集。

■第3章

田中成明『現代社会と裁判——民事訴訟の位置と役割』（弘文堂、一九九六年）

法の三類型モデルを用いて、現代の法システムの陥穽とそれへの対応策を提示する。田中の法の三類型モデルは、法化へとさらに進みつつある今の法システムを見渡すうえで重要な手がかりとなるだろう。

棚瀬孝雄編『法の言説分析』（ミネルヴァ書房、二〇〇一年）

法的な語りが当事者の「紛争の語り」を切り詰めていく「法による脱文脈化」を中心テーマに据え、人びとと法との間に生じる化学反応を捉えようとする。当事者にとっての法の限界と可能性が描き出されている。

仁木恒夫『少額訴訟の対話過程』（信山社、二〇〇二年）

綿密かつ長期に渡る参与観察を通して、訴訟当事者は既存の法システムにいかに同意し、あるいはそれから逸脱してゆくかを分析する。訴訟当事者と法システムとの間には、容易には解釈しえない相互作用が生まれている。

■第4章

好井裕明編『排除と差別の社会学』（有斐閣、二〇〇九年）

「差別はいけません」という「上から目線」のお説教ではなく、ほかならぬ自分こそが差別している当事者である（かもしれない）という自問を基軸に、ジェンダーやユニークフェイスなど、種々の差別問題が論じられる。

松井彰彦・川島聡・長瀬修編『障害を問い直す』（東洋経済新報社、二〇一一年）

あたかも当事者の中に実体として備わっているかのように思いなしている「障害」が、いかに近代以降の資本主義経済社会によって「つくられた」ものであるか。「障害」の社会構築主義的性格を多角的に析出する論文集。

鷲田清一『「聴く」ことの力——臨床哲学試論』（TBSブリタニカ、一九九九年）

他者の声に耳を傾けるとき、その「聴く」という行為がはらむ困難さや権力性にあくまで自覚的でありつつ、それでもぽつりぽつりと語り出される言葉を待って他者に寄り添うことの意義深さを探究する名著。

■第5章

ミシェル・フーコー『生政治の誕生』 槙改康之訳（筑摩書房、二〇〇八年）

法権利によって国家介入を退けようとしながら内的で警戒的な社会介入政策を導き出す、十八世紀以来の「自由主義的統治性」の分析。日本語文献で刺激的な解説も読解もあるが、まず原典を一読してほしい。

児玉真美『アシュリー事件——メディカル・コントロールと新・優生思想の時代』（生活書院、二〇一一年）

重度障害児に対する医療介入（成長抑制ホルモンの投与等）の是非をめぐって論争を巻き起こした「アシュリー事件」について、障害児の親当事者が考察を行なったもの。

米本昌平ほか『優生学と人間社会——生命科学の世紀はどこに向かうのか』（講談社新書、二〇〇〇年）

二十世紀のヨーロッパ、アメリカ、日本における優生学と優性政策の軌跡を明解に整理したもの。優生学はナチズムのみに収斂《しゅうれん》されるものではなく、きわめて広く受容されていたことが分かる。

■第6章

篠原雅武『公共空間の政治理論』（人文書院、二〇〇七年）

ハンナ・アレントの公共性論とアンリ・ルフェーブルの空間論を導きの糸とし、ネオリベラル化した世界においてもなお成立可能な、公共空間のあり方を模索する。現代の公共空間を考える上で必読の書。

マイク・デイヴィス『要塞都市LA』村山俊勝・日比野啓訳（青土社、二〇〇八年）

十九世紀後半以降のロサンゼルスの一大叙事詩。「要塞都市」は、はたして近未来の日本の大都市の姿なのか。ハードボイルド小説のようなその語り口から、読み物としても十分におもしろい。

吉見俊哉『都市のドラマトゥルギー——東京・盛り場の社会史』（河出文庫、二〇〇八年）

告白すれば、筆者（兼重）が学生時代にもっとも影響を受けた本の一つ。都市空間とパフォーマンスという第6章の問題関心の背景には、本書の「劇場としての都市」という視点がある。今なお色褪《いろあ》せない都市論の新古典。

■第7章

立岩真也『人間の条件――そんなものない』（理論社、二〇一〇年）

法が個人像を想定するごとく、社会＝われわれもまた「できる人間」を想定してないか。アレントの古典タイトルを反転させた本書は、できる（有能）が無条件によいとされる「自明性」に向け、実直な思索と批判を行なう。

仲正昌樹『なぜ「自由」は不自由なのか――現代リベラリズム講義』（朝日出版社、二〇〇九年）

不自由より自由がいい。でも一体自由って何だ？　自由を扱う論は数あれ、そのどれもがスッキリしない。かくして自由を考えることは厄介だと知る。でもやはり自由の正体を突き詰めたい。そんな粘り強くヒネくれた人に。

篠田博之『ドキュメント死刑囚』（ちくま新書、二〇〇八年）

本書は、死刑という法の論理が、当の死刑囚には届かないと喝破する。ひょっとして、この届かなさを隠して思考停止すべく、法は、当人の存在証明そのものを消す（＝居なかったことにする）のではないかと思わせる。

■第8章

広田照幸責任編集『自由への問い5　教育』（岩波書店、二〇〇九年）

　対論と七篇の論考が所収されている本書は、著者たちの立ち位置の差異も含めて、「教育」をめぐってさまざまに織りなされている論点を、多角的に検討することができる。

ジグムント・バウマン『コミュニティ』奥井智之訳（筑摩書房、二〇〇八年）

　現代社会においてコミュニティが、自らの安全と自由を得ようとする人びとによって、異質で危険な他者を同定し、排除する境界線として立ち上がる様を、グローバル化、液状化の観点から鮮やかに、かつ批判的に描出する。

宮台真司・鈴木弘輝・堀内進之介『幸福論』（NHKブックス、二〇〇七年）

　本書は三人の社会学者による、「幸福」をつくりだすソーシャル・デザインについての鼎談《ていだん》が収められている。なかでも平等主義や機会均等を建前としてきた公教育論に対する「あからさま」な批判は、検討に値する。

エピローグ
——たじろぎの自己言及にむけて——

(1) 法の領分、その境界画定の両義性をめぐって

本書はここまで実にさまざまな角度から「法の領分」に関する議論を展開してきた。各章の論者が主眼に据えていたのは、法の圏内／圏外に確実明解な境界線を引くことではなく、むしろ逆に、そうした境界を画定すること／せざるを得ないことから生じる問題点をできるだけ綿密・多角的に炙《あぶ》り出し、法の境界は決して自明でも堅牢でもないという事実と正面から向き合うことであった。そのために各章が用いた視角こそ、始発駅の転車台（＝序章）でも強調されていた視角、すなわち法の境界それ自体の「両義性」を徹底的に観察し、この終点なき観察をどこまでも継続する、という態度であったといえる。本書を締め括るにあたって、転車台から放たれた機関士たちが、それぞれの問題関心に即して縦横無尽に掘り進んだグリュイエールチーズのトンネルに、あらためて緩やかな見取り図を与え、その観察の軌跡をダイジェスト版のかたちで振り返っておくことにしよう。

(2) 各章は何を論じたか

まず、第1章から第3章にかけて穿《うが》たれたのは、法と「かけがえのなさ」をめぐる観察点であった。そこでは「法の論理」という尺度によって一般化することのできない事象、すなわち、近親者の命や遺族の深い悲しみ、あるいはほかならぬこの私の思いといった唯一無二の感情を、法はどこまで扱いうるかが基調テーマとされた。そのうえで、第1章では命日払い判決、第2章では二人称現在を生きる当事者の心情と法的救済のズレ、第3章では司法参加を経験した市民の逡巡にそれぞれ着目することで、一般に法的処理には馴染《なじ》まないとされる「かけがえのなさ」を、それでも法の圏内へと係留していく可能性が示された。はじめから法の境界を割り切って固定化するのではなく、やり方次第では境界設定そのものを、より豊穣《ほうじょうか》化させていく余地があることが示されたといってもよい。またここから、「法の境界をただちに法の限界と同一視してはならない」というメッセージを引き出すこともできよう。

続く第4章と第5章は、法の境界は法の外部の社会経済構造と結びつき、相互に補完しあう結果、法の圏内／圏外を分かつ根拠には、常識的には正しそうに見える「偏向性」がつきまとうことを暴露するものであった。第4章では、女性の乳ガン治療による乳房切除からの乳房再建が保険の（＝法による保護の）圏外におかれる理由は、近代社会特有の「労働観」に基づくものであることが摘示された。また第5章では、前世紀初頭のウイーンで福祉的見地から合法的に設置された「子ども引き取り所」には、若年労働者の流通という経済的背景と、隔離と選別の近代規律権力が強力に作用していたことが指摘された。これらが物語るのは、ジェンダー・バイアスを典型として、既存の法の境界は、私たち社会の側のまなざしの「合わせ鏡」になっているということだ。だからこそ、法の境界をずらすカギは、暗黙のうちに私たちの思考を枠付けている「当たり前（自明の構造）」を不断に問い直すことの中に埋もれているのである。

第6章から第8章では、都市・インターネット・地域コミュニティという現代人の日常生活空間を代表する三局面に照準し、それらと法の活動領域が交錯する最前線が観察された。第6章では、法規制の「圏外」であるべき公共空間における「表現の自由」が、セキュリティの見地からする法規制により、――公共空間という名はそのままに――人や行為を選別／排除する方向で法の「圏内」に囲い込まれていることが問題視され、都市空間の雑多性と偶発性から生まれる活力を許容する法のあり方が提案された。第7章では、自覚的な法主体として法の「圏内」に入らずとも快適さを提供してくれるアーキテクチャ（環境管理）権力の浸透を前に、法がその活動領域を従来どおりの枠組みで線引きしていれば、ますますアーキテクチャ権力を呼び込みかねないリスクを抱えていることが析出された。第8章では、個人や集団の独自性を支援するはずの「自省的法」が、その実、コミュニティ成員に国家の政策目標を自発的に実行するよう仕向けていることが喝破された。これらから言えるのは、法の圏内／圏外の境界は、対象ごとにいったん腑分《ふわ》けされればこと足りるわけではなく、たえずその区別自体の見直しを迫られるということである。なぜなら、法の圏内／圏外の区別は、区別の両項（法の内側／外側）を切り離すと同時に、一方がなければ他方もない表裏一体の関係として、常に交錯／反転の圧力にさらされているからである。

(3) 自己言及の倫理

以上、ごく簡単に本書の議論を振り返ってきた。すでにおわかりのように、どの章にも決定打となりうる明解な解決策とか、ましてや「正解」などは見当たらない。むしろ反対に、そこにあるのは法の境界の微細な観察を通じて見えてくる法の「忸怩《じくじ》たる要素」を際立たせ、それを自分自身の立脚点に引き写しながら、繰り返し境界線のあり方を考え直していく姿である。これは、法の境界問題を自分たちの手の届かない「圏外」と捉えるのではなく、逆に、法の境界と自分自身の立ち位置／生活圏をたえず連動させていこうとする態度といってもよい。以下、本書の最終弁論という意味も込めて、こうした態度を「自己言及の倫理」と名づけ、その重要性を提起しておこう。

自己言及とはなかなか一筋縄ではいかない概念なのだが、さしあたり「自分が何事かについて言及するとき、自分自身の〝立ち位置〟を抜きにはできない」という程度の意味で理解しておこう。言い換えれば、私たちが何かを主張する場合に、「客観的立場」だとか、社会全体を俯瞰《ふかん》できる「特権的観察点」など存在しない、ということだ。これを真顔で受け止めるなら、私たちは永遠に次のような「問いかけ」から逃れられなくなる。他者／社会に向かって何事かを主張する（往々にして「正論」を吐く）とき、「貴方はいったいそれをどこから語っているのですか」という「問いかけ」である。その主張（正論）が扱っている問題を、あたかも「対岸の火事」のように、他人事として眺めやることのできる安全地帯に身を置いたつもりになって語ってはいないか。端的に言えば、「それをエラそうに語っている君自身は、いまどこに居るんだい？」という「問いかけ」、これである。

この「問いかけ」は、いま／ここにいる、この私を主語（主体）にして語ること、少なくとも、常にそれをイメージしながら語ることを要請する。自己言及とは、この要請に対して真剣に「応答」しようとする態度である。したがってそれは、「みんながそう言っている／みんなで決めたことだから」とか、「それが社会常識というものだ」とか、「法とはそういうものだ」というように、いきなり「みんな」「社会」「法」などの〈大文字〉の主語で語り始めることの無責任さに対する批判を含んでいる。〈大文字〉の主語を持ち出し、自分自身を棚上げにしたまま発言するのは、自分で自分を度外視すること、すなわち、私もまた当該問題に直接間接に関与／加担している可能性に無自覚・無頓着な態度だからだ。自己言及の思考に照らしてみれば、当該問題の渦中にいる当事者、たいていは何らかの「生き辛さ」を抱えている当事者の置かれた境遇に対して、そうした態度はあまりにも想像力を欠いたものとなろう。

自己言及には、このように自己自身の立ち位置へと折り返されてくる反省的な意識のループそのものが、同時に「圏外」の他者に向けても意識を差し向けるよう促す、という事態が伴っている。それは〈もし私が、彼女／彼（他者）の立場に置かれていたと仮定して、それでもなお同じことが言えるだろうか〉と自問自答するよう迫る。〈他者が訴える「生き辛さ」に、ほかならぬこの私自身が何ほどか関わっているのではないか〉と自己検証してみることを求める。ここには自己言及それ自体が、常に／同時に「圏外」へと自己を接続・繋留していく他者言及の契機にもなるという、有意味な逆説

（パラドックス）が存在している。

自己言及が他者言及と表裏一体であるという事態を、さらに踏み込んで考えてみよう。ある国家資格試験に関する法律に「筆記能力をもたない者の受験資格を認めない」という規定（欠格条項）があったと仮定しよう。その結果、生まれつき両手を欠損しているため文字が書けない「障がい者」のXさんが、試験会場で門前払いされたとする。この仮想事例について、「筆記能力を受験の条件に掲げるのは当たり前で、受験を認められなくても仕方がない」と考える人がいたら、この人は、以下の三つの点で思い違いをしている。

まず、自分の手では文字が書けない人も、代筆者を得たり、音声入力やタッチペンを利用してパソコンのキーボードを打てれば「文字が書ける」のだから、本人を取り巻く社会的条件次第で、その欠損は「障がい」になったり、ならなかったりする。Xさんに対する受験拒否は、必ずしも「当たり前」でも「仕方がない」わけでもない。

次に、「仕方がない」と述べるその人自身も、今日の帰り道で交通事故に遭うかもしれない。あるいは、脳出血などで両手の運動能力が麻痺してしまうかもしれない。もしも充分な受験準備を進めていたとすれば、自分が同じ境遇に置かれてもなお、単に両手がないとか動かないという理由だけで受験できないことを「仕方がない」と簡単に諦められるかどうかは、はなはだ怪しい。健常者／障がい者の区別は、いつでも自分が仕切り線（／）の「向こう側」に配される潜在性を秘めた双方向的な区別である。

最後に、そこでは私たち健常者／かれら障がい者という区別に、受験資格者（権利者）／欠格者（無権利者）という区別が重ね合わされている。しかし、この区別は決して必然ではなく、私たち自身（が定めた法律）が設けた人為的な区別にほかならない。ここには、私たち／かれらを区別しているのは当の私たち自身であり、権利者（法の圏内）／無権利者（法の圏外）を区別しているのは法自身である、という堂々巡り（トートロジー）が隠されている。こうした区別のメカニズムに気づくと、一見すれば自明で当たり前のように思われた区別の仕切り線（／）はたちまち不透明なものとなり、自己／他者、法の圏内／圏外といった区別の両項は、常に表裏一体の関係にあることが見えてくる。私たちの多くが法の圏内にいると「安心」できているのは、法の圏外に他者を排除するこうした区別の力学に支えられてのことである。そこには特権的でイノセントな「圏内」も、この私とは無関係な絶対的「圏外」も存在しない。自己（法の圏内）のあり方を考えることは、常に／同時に、自己（法）が向こう側へと括り出した他者（法の圏外）のあり方を考えることでもある。この厳然たる事実と、たえず真剣に向きあう態度のことを、私たちは自己言及と呼ぶのである。

結局のところ、自己言及に忠実であろうとすれば、法の圏内に踏みとどまりながら、圏外からの声なき声に耳を澄ませるしかない。私たちは、この態度にあえて「倫理」というコトバを充当したい。〈大文字〉の主語に安易に依存することなく、あくまで私自身の立ち位置から語り始め、その限界に自覚的であること、圏外へのイマジネーションを怠らないこと、これらを倫理的態度として提示したいのである。それは明解な基準を示してくれるわけでもなければ、決して雄々しくもない。決定不能な自己言及の循環を前にあれこれ悩みながら、自分自身の言葉を紡いでいこうとするこの態度は、どこまでも〝たじろぎながら〟でしかありえないだろう。だが、そうした構えを見失わないことこそ、法の境界を着実にずらしてゆく可能性を秘めた、ささやかだが終着点のない倫理的態度の核心なのではないだろうか。

(4) アンテナを立て続けることへ――謝辞とともに

このたび本書が成るにあたっては、各方面から多大なご助力を賜った。また、当初の計画よりも刊行が大幅に遅れたため、各方面に多大なご迷惑をおかけした。編者一同、深甚なる謝意を申し述べる次第である。

まず、それぞれの持ち場から、実践に裏打ちされた問題提起を含むコラムをご寄稿くださったみなさんに、厚く御礼を申し上げる。本書のコラムは、各章の前後に「脇役」として添えられた小休止コーナーでは断じてない。短文でありながら、山椒《さんしょう》のように小粒でぴりりと辛い。現場発のコラムは、まさに「主役」を食わんばかりの迫力に満ちている。

本書の刊行にあたり、九州大学法政学会より出版補助（法政学会刊行助成）を受けた。今回このように、広く一般の読者、とりわけ法やその役割を考える学生たちに対して、われわれの問題意識をテキストのかたちで問いかける機会を得られたのも、同会の援助によるところが大きい。ここに記して深謝の意を表したい。

さらに、本書の刊行をお引き受けくださったナカニシヤ出版編集部の津久井輝夫さん並びに石崎雄高さんには、企画構想の段階から折々に手厚いご助言とご支援をいただいた。心底より感謝を申し上げる。

いよいよエンディングが近づいてきたようだ。私たちと共にトンネル探検を楽しんでくれた読者には、圏外からの声を受信するアンテナがしっかりと立っているに違いない。しかしそのアンテナを維持するには、たゆまない充電作業が必要だ。充電はコンセントにさせば完了するわけではなく、法の領分をめぐって読者のみなさん自身が自己言及的に考え続けることのうちにのみ遂行される。たゆまぬ充電と同時多発的な発信／受信の連鎖によって、私たちが疾走した孔《あな》はいっそう細かく枝分かれし、いっそう大きく褶曲《しゅうきょく》していくだろう。そうしたさらなる「錯綜《さくそう》」をこそ、私たちは歓迎する。そのうちどこかのトンネルで、ふたたび思いがけない出会いの日が来ることを願って。

二〇一二年三月

編者一同

感染する〈否〉権力」(『九大法学』第82号，2001年)，他。
〔担当〕 第7章

土屋明広(つちや・あきひろ)
1974年生まれ。九州大学大学院法学府博士後期課程修了。法社会学・教育制度論専攻。岩手大学准教授。『学校と人権』〈人権Q＆Aシリーズ1〉〔共著〕(成文堂，2011年)，「断絶としての「在日／日本人」」(『インターカルチュラル』9，2011年)，「学校の公共化／私化」(『法社会学』第68号，2008年)，他。
〔担当〕 第8章

(なお，コラム執筆者の肩書きや所属先などについては，執筆当時のものです)

＊吉岡剛彦(よしおか・たけひこ)

1972年生まれ。九州大学大学院法学研究科博士後期課程修了。法哲学専攻。佐賀大学准教授。『周縁学――〈九州／ヨーロッパ〉の近代を掘る』〔共編〕(昭和堂，2010年)，『歴史と虚構のなかの〈ヨーロッパ〉――国際文化学のドラマツルギー』〈佐賀大学文化教育学部叢書2〉〔共編〕(昭和堂，2007年)，『ヨーロッパ文化と〈日本〉――モデルネの国際文化学』〈佐賀大学文化教育学部叢書1〉〔共著〕(昭和堂，2006年)，他。

〔担当〕 第4章

江口布由子(えぐち・ふゆこ)

1974年生まれ。九州大学大学院比較社会文化研究科博士後期課程単位取得退学。近現代ヨーロッパ史専攻。高知工業高等専門学校講師。『グローバル秩序という視点――規範・歴史・地域』〔共著〕(法律文化社，2010年)，「第一次大戦末期のオーストリアにおける学童集団疎開」(『九州歴史科学』第37号，2008年)，「第一次大戦期のオーストリアにおける国家と子ども――「父のいない社会」の児童福祉」(『歴史学研究』第816号，2007年)，他。

〔担当〕 第5章

兼重賢太郎(かねしげ・けんたろう)

1967年生まれ。九州大学大学院法学府博士後期課程単位取得退学。紛争管理論専攻。明海大学准教授。『新版　紛争管理論――さらなる充実と発展を求めて』〔共著〕(日本加除出版，2009年)，「公開空地にみる現代都市コモンズの諸相」(『法社会学』第73号，2010年)，「公共空間における紛争管理の諸問題」(『九大法学』第98号，2009年)，他。

〔担当〕 第6章

＊林田幸広(はやしだ・ゆきひろ)

1971年生まれ。九州大学大学院法学研究科博士後期課程単位取得退学。法社会学専攻。九州国際大学准教授。『共同体と正義』〔共著〕(御茶の水書房，2004年)，「安全，要注意――リスク社会における生－権力の在処を探るために」(『情況』第3期第3巻第8号，2002年)，「ポスト・フーコー的法権力の台頭――差延に

▒執筆者紹介（執筆順，＊印は編者）

＊江口厚仁（えぐち・あつひと）

1959年生まれ。九州大学大学院法学研究科博士後期課程単位取得退学。法社会学専攻。九州大学教授。『自由への問い(3)公共性——自由が／自由を可能にする秩序』〔共著〕（岩波書店，2010年），『リベラルアーツ講座　感性・こころ』〔共著〕（亜紀書房，2008年），『法と社会へのアプローチ』〔共著〕（日本評論社，2004年），他。

〔担当〕　序章

小佐井良太（こさい・りょうた）

1972年生まれ。九州大学大学院法学研究科博士後期課程修了。法社会学専攻。愛媛大学准教授。『トラブル経験と相談行動——現代日本の紛争処理と民事司法2』〔共著〕（東京大学出版会，2010年），「「死別の悲しみ」を伴う紛争事例の解決をめぐって——定期金賠償方式に基づく「命日払い」請求再考」（『交通法研究』第38号，2010年），「飲酒にまつわる事故と責任（一）-（三・完）——ある訴訟事例を通して見た死別の悲しみと法」（『九大法学』第88号，第93号，第94号，2004年，2006年，2007年），他。

〔担当〕　第１章

上田竹志（うえだ・たけし）

1975年生まれ。九州大学大学院法学府博士後期課程単位取得退学。民事訴訟法専攻。九州大学准教授。『民事紛争と手続理論の現在——井上治典先生追悼論文集』〔共著〕（法律文化社，2008年），「民事訴訟法における「行為規範と評価規範」の意義」（『みんけん』633号，2010年），「紛争処理プロセスと目的概念」（『法の理論』25，2006年），他。

〔担当〕　第２章

宇都義和（うと・よしかず）

1973年生まれ。九州大学大学院法学府博士後期課程単位取得退学。法社会学専攻。西日本短期大学専任講師。「司法への市民参加にみる「市民的能動性」の両義的性格」（『九大法学』第100号，2010年）。

〔担当〕　第３章

圏外に立つ法／理論
――法の領分を考える――

2012年4月18日　初版第1刷発行
2014年11月10日　初版第2刷発行

編　者　江口厚仁
　　　　林田幸広
　　　　吉岡剛彦
発行者　中西健夫

発行所　株式会社ナカニシヤ出版
〒606-8161　京都市左京区一乗寺木ノ本町15
TEL (075) 723-0111
FAX (075) 723-0095
http://www.nakanishiya.co.jp/

印刷・製本／シナノ書籍印刷
＊落丁本・乱丁本はお取り替え致します。
ISBN978-4-7795-0611-6　Printed in Japan

世界はなぜマルクス化するのか
―資本主義と生命―
馬渕浩二

労働者とは誰のことか？　生命が社会的に生産され、労働者へと訓育される過程を「マルクス化」として捉え、徹底的に読み解く、野心的な倫理的マルクス論。　二四〇〇円＋税

ポストモダンの人間論
―歴史終焉時代の知的パラダイムのために―
石崎嘉彦

テロ・監視社会・現代的僭主政治といったポストモダンのニヒリズムを克服するため、古典的人間論の再生、「倫理的パラダイム」の構築を目指す新・人間論。　二八〇〇円＋税

平等論
―霊長類と人における社会と平等性の進化―
寺嶋秀明

平等とは何か？　哲学や人類学などの知見を駆使して人間が平等を求める動物であることを解き明かし、平等を求める過程が社会を生むことを示す斬新な平等論。　二六〇〇円＋税

人がヒトをデザインする
―遺伝子改良は許されるか―
小坂洋右

人は遺伝子テクノロジーを制御できるのか？　ナチスの優生政策・精子バンクの実態など、人の〈改良〉を巡る事件や思想を検証し、遺伝子改良の是非を問う。　二〇〇〇円＋税

完全な人間を目指さなくてもよい理由
―遺伝子操作とエンハンスメントの倫理―
マイケル・J・サンデル／林芳紀・伊吹友秀訳

話題の政治哲学者が、遺伝子操作などの倫理的問題について「贈られたものとしての生」という洞察から真摯に語る、人間とテクノロジーについての必読の一冊。　一八〇〇円＋税

表示は二〇一四年十一月現在の価格です。